U0009356

劉君祖易經世界

身處變動的時代，易經教你掌握知機應變、隨時創新的能力。

從易經看孫子兵法

Reading the Art of War through I Ching

劉君祖
Liu Chun-Tsu

以《易》演兵

Interpretation of "War" from the Perspective of I Ching

目錄

推薦序

從權變中尋求兵勝之機

君祖兄從《周易》來演義《孫子兵法》如何從權變之中尋求兵勝之機，使孫武學術之研究又跨出一大步。

三千二百年前周文王創立完成《周易》的全文，使我中華文化向前跨出了一大步，此舉影響了整個中華子民的生活意涵與哲學思維，無論釋、儒、道、法、墨、兵乃至諸子百家，無不以《周易》為其典祖之澤，如無《周易》以為探究則有數典忘祖之慨了！

二千六百年前《孫子兵法》問世，並經幸運的保存與傳承至今，它不僅是一部指導戰爭的寶典，也是一部尋求和平的最終辦法，以現代來看它就是平衡於戰爭與和平之間的重要法器，也是流傳最古最老最寶貴的兵書，至今依然為戰爭與和平間的重要指導寶典。

《孫子兵法》總共有十三篇，這十三篇是：〈始計〉、〈作戰〉、〈謀攻〉、〈軍形〉、〈兵勢〉、〈虛實〉、〈軍爭〉、〈九變〉、〈行軍〉、〈地形〉、〈九地〉、〈火攻〉、〈用間〉。它形成一套有系統而循環運用的戰略思維，其口訣為：「始作謀形勢，虛爭九變行，地形九火間。」其兵法在於各種「權變」法則間做最大最有利的分析，如兩害則取其輕者為輕損，兩利則取其重者為重利，以達到和平之前的爭戰勝利。

此「權變」的運用與發展卻來自《周易》的「變」，當太極能生兩儀（兩儀為相反相成的條件，如黑白、前後、上下、左右、攻守、進退），兩儀就形成了我們的第一判斷，當我們面臨談判、軍事之中，我們應攻或守？我們應進或退？如果求和不成我們是否求助於戰爭的方式以達和平？

《周易》本文有六十四卦象，每卦有六爻，合計有三百八十四爻可研究運用，每一卦象都代表了一個大環境，於其間每一爻又代表了本人居於此環境的某發展位階，但是如果我們居位錯誤就會誤判情勢（商情、戰情），則可能導致失敗！因此應立即權變以求勝，此乃《周易》的權變法則，《孫子兵法》十三篇的〈始計〉、〈作戰〉、〈謀攻〉、〈軍形〉、〈兵勢〉、〈虛實〉、〈軍爭〉、〈九變〉、〈行軍〉、〈地形〉、〈九地〉、〈火攻〉、〈用間〉，就是各種權變的辨法，此兵法的各種填注如以《周易》六十四卦為其基的，則恰相容而不悖，如今《從易經看孫子兵法》恰好填補記註此歷史空洞了。

譬如現況在一個時不予我的大環境中，我如何改變小部分條件以調節現況？那就運用爻變的辦法以調節環境，如果現況為澤風大過卦（䷛，棟橈之過、親子之溺）看來各方面都負擔沉重，應如何調節部分生活條件以為改善？如果我們改變第二爻，將第二爻由陽爻變為陰爻則澤風大過卦變為澤山咸卦（䷞，交感交集、交相往來）的條件，大家同心協力，積極合作以改善現況！或者取其互卦則為乾卦（䷀，創始創建、以創新局），或是為積極努力重新開始？於《從易經看孫子兵法》之中講談的就是如何以《周易》的邏輯提出化解的方法，此乃本書極大特色！

於《從易經看孫子兵法》之中它運用了《周易》為求勝戰的「權變」，此權變的化解之道在於運用錯、綜、複、雜、變的卦變方法去尋求兵勝之機，亦為《孫子兵法》增色其羽翼，更為曠古以來獨創首演，此《從易經看孫子兵法》乃拔得頭籌之大作。

對於不論政、軍、法、商等，在《周易》之卦序歌均可探窺一二：

乾坤屯蒙需訟師，比小畜兮履泰否。
同人大有謙豫隨，蠱臨觀兮噬嗑賁。
剝復无妄大畜頤，大過坎離三十備。
咸恒遯兮及大壯，晉與明夷家人睽。
蹇解損益夬姤萃，升困井革鼎震繼。
艮漸歸妹豐旅巽，兌渙節兮中孚至。
小過既濟兼未濟，是為下經三十四。

此卦序中如果前一卦為現況的大環境，後一卦即為其將面臨未來大環境的狀況，如現況為同人卦（䷌，攜手並進、齊步同行）則即將面臨未來的大有卦（䷍，天德普照、全民富裕），如此為好事則不必有所作為；如果現況為火澤睽卦（䷥，注意時機、掌握時機），但下一步的未來卻即將面臨水山蹇卦（䷦，困難重重、彈盡援絕），我們不希望如此，所以想辦法改變現況，則取其火澤睽卦的綜卦為化解之道，是為風火家人卦（䷤，齊家治國、以平天下），那還是別理想過高，先回去齊家吧！當大環境時不我予，我可以在《易經》卦象的錯、綜、複、雜、變的卦變方法中尋求下一步的權變與辦法。

生活上的運用是每人都可以自我操控的，以改善人生，沙場上的我們不是一怒為紅顏，卻為江山社稷，權變的辦法運用在兵法是為真性情，此權變與辦法淋漓盡致的發揮卻是在兵學《孫子兵法》上，《周易》與《孫子兵法》的相遇才會有《從易經看孫子兵法》，此乃史間大作，余特誌序乙篇惠中華孫子兵法研究學會劉副會長君祖！

中華孫子兵法研究學會創會會長　傅慰孤

推薦序

開啟《孫子兵法》研究局面

我在二十一世紀來臨之際曾撰文呼籲開啟《孫子兵法》研究的新局面，其中首要的一條是研究支點的轉移和提升，希望學界同仁通過對《孫子兵法》本體精神的開掘，探究其深層次的文化意蘊（〈面臨新挑戰，開啟新局面〉，《中國軍事科學》二〇〇一年第一期）。而在《孫子兵法》研究諸多高新支點之中，以《易》演兵無疑是一顆驪珠。現在，令人欣喜地看到台灣中華孫子兵法學會副會長、《周易》專家劉君祖先生探驪求珠，摘取了這顆耀眼的寶珠。

《周易》是一部天書，一部奇書，一部神秘之書。「易更三聖」，據說伏羲、文王、孔子三位聖人發明、整理，並最終完成了這部傑作。《史記．孔子世家》告訴我們，孔子「讀《易》，韋編三絕」，他老先生竟把牛皮繩弄斷了多次。這不僅說明孔子熱衷癡迷於治《易》，也說明《易經》深奧難懂而又意蘊無窮。

《四庫全書總目》指出：「《易》道廣大，無所不包，旁及天文、地理、樂律、兵法、韻學、算術」以及堪輿、卜相等，無不可以「援《易》以為說」，借助《周易》振葉以尋根，觀瀾而索源。

但是，千百年來無數易學大師卻鮮有在兵法，特別是《孫子兵法》上作出全面系統而又正確通俗的解讀。毫無疑義，如果沒有正確的歷史觀和科學的方法論，不僅不可能正確地闡釋《周易》與兵法的內在關係，反而會走入歧途，穿鑿附會，貽誤讀者。

《孫子兵法》是世界公認的現存最古老的兵學著作，作成於二千五百多年前的春秋末年。孫子被譽為兵學鼻祖，《孫子兵法》被譽為武經冠冕。在孫子兵學源流的研究上，明朝學者茅元儀說得好：「前孫子者，孫子不遺；後孫子者，不能遺孫子。」（《武備志・兵訣評》）在《孫子兵法》中，確曾徵引過前代兵書，如〈軍爭篇〉云：「〈軍政〉曰：『言不相聞，故為金鼓；視不相見，故為旌旗』。」

在《孫子兵法》成書之前，僅據《漢書・藝文志・兵書略》記載，就有《天一兵法》、《神農兵法》、《黃帝》、《封胡》、《風后》、《蚩尤》等，但都失傳，已無從考辨它們與《孫子兵法》的淵源關係。即使是被列為《武經七書》的《六韜》，也並非姜太公（呂望）的作品，而是戰國晚期後人的偽托，至於《太公兵法》、《太公金匱》也只是見於著錄而已。一言以蔽之，《孫子兵法》問世以前的所有兵書全都亡佚。因此，「孫子不遺」的是哪些兵書現在已無從考究了。

然而，散見於《尚書》、《周易》、《左傳》等書之中的軍事佚文倒也有一些存世。以《周易》為例，它就有「師出以律，否臧，凶」（《易經師卦》），「利用侵伐，无不利」（《易經謙卦》）等一些直接談兵之文。如果從這些隻言片語去探討其與博大精深的《孫子兵法》源流關係是遠遠不夠的。

《周易》可以承擔這一重任。它雖然只是一部中華民族文明初曙時代的卜筮之書，但是它卻蘊含了極為豐富的樸素的唯物論和辯證法，因而被譽為群經之首。它關於陰陽、剛柔、吉凶的對立統一關係，關於八卦六爻的系統分析，關於趨利避害的價值取向，關於自強不息的剛健精神，特別是它那「變」的觀念，充滿了對動靜、虛實的規律性認識和對吉凶勝敗的預卜。諸如此類的思想觀念，它對社會生活各個領域的啟示和孕育是深層次的，規律性的，具有普世指導意義的。

令人欣慰的是，精通《周易》且又深曉《孫子兵法》的劉君祖先生終於推出了他的大作《從易經看孫子兵法》，創建出一個以《易》演兵的典型，破解了《孫子兵法》眾多軍事範疇的淵源端緒，從而把中國古典兵學的歷史又向前追溯了一兩千年。

難能可貴的是，《孫子兵法》「不戰而屈人之兵」的全勝思想，崇尚和平的慎戰、去戰思想，知彼知己、深謀遠慮的戰略思想，奇正多變、因敵制勝的戰術思想以及治軍訓練、兵要地理等都在君祖先生的「大易兵法」中進行了條分縷析的論證。毫無疑義，這是一個良好的開端，我深信廣大讀者會重視這部著作，我更深信將來會有更多的作者循著這一特殊視角，寫出更為精彩的好書來。

是為序。

中國孫子兵法研究會副會長、首席專家　吳如嵩

自序

思患豫防，知機全勝

我夙習兵書很久了，在兩岸教授兵法參與研討交流也逾十年，論文寫了不少，出書與廣大讀者分享兵機智慧卻還是第一次。這和我在易學上的著作等身殊不相稱，萬事都需機緣成熟，費心強求無益。人生在世，時來天地偕同力，運去英雄不自由，繼前些年連續出版了兩大套論《易》的書之後，今年又逢此機緣出兵法書，將多年心得與朋友共，真是歡喜，亦復自在。

本書的特色除了以兵論兵外，還見獵心喜以《易》演兵。《四庫全書總目》指出：「《易》道廣大，無所不包，旁及天文、地理、樂律、兵法、韻學、算術，以逮方外之爐火，皆可援《易》以為說。」將易理與兵法結合，似乎自古即有共識。然而翻遍古今相關論述，大多為泛泛比附，不見精采，實在令人失望。《易經》太難，兼通《易》與兵法更難，大概也是重要原因。

簡略來說，以《易》演兵有幾項便利與優勢：

其一，《易》為群經之首，大道之源，諸子百家無不受其深刻影響。「分陰分陽，迭用柔剛」的太極思維，以及錯綜複雜的卦爻結構，數千年來不斷刺激中華學人的創意想像，提供豪傑志士的行動參考。以《易》演兵，可站在總體文化哲學的制高點，透徹了悟兵學在人生經驗中的特殊屬性，以及它與其他專業間的密切關係。例如軍事和外交即息息相關，《易》中以師（䷆）、比（䷇）二卦相綜一體來說明，發揮得淋漓盡致。師、比又與同人（䷌）、大有（䷍）二卦相錯，世界大同為王道思想。軍事外交均屬霸道，王霸雖然有分，深層義理上卻可觸類旁通。先霸而後王，可能是歷史進化的必然。孫子倡導「上兵伐謀，其次伐交，其次伐兵。」又稱：「不戰而屈人之兵，善之善者也。」「必以全爭於天下，故兵不頓而利可全。」正和易理相通。

其二，孫子論戰而不黷武，不得已才以戰止戰；易理崇尚和平，主張更是明確。《易》上經明天道，首卦乾（䷀）（彖）稱：「萬國咸寧。」下經論人事，首卦咸（䷞）（彖）稱：「聖人感人心而天下和平。」這種悲天憫人的指導思想，能規範世間兵法，不入殺戮工具的歧途。

其三，孫子對人情人性及群眾心理的掌握相當精確，懂得以情動眾，對高層領導卻要求他們冷酷無情，不可因個人感情而誤了國家大事。《孫子兵法・九變篇》有云：「將有五危：必死，可殺也；必生，可虜也；忿速，可侮也；廉潔，可辱也；愛民，可煩也。凡此五者，將之過也，用兵之災也。覆軍殺將，必以五危，不可不察也。」《孫子兵法・火攻篇》中亦稱：「主不可以怒而興師，將不可以慍而致戰。」說的太好，為人君將者必須奉為圭臬。至於《易經》，更是曲盡人情，六十四卦、三百八十四爻，交織成四千零九十六種變化類型，人情種種靜動之態包羅無遺。各卦居君相高位的四、五爻，爻辭皆強調情緒控制，決策須以大局為重，亦與兵法相通。若能將易理對人情豐富且深刻的認識用於兵法，當可大大拓展義理內涵，推動兵學研究更上層樓。

其四，孫子暢論形勢虛實，機變靈活，讓人大開眼界。「兵無常勢，水無常形，能因敵變化而取勝者，謂之神。」「戰勝不復，而應形於無窮。」都是膾炙人口的名句。《易經》以變易、不易、簡易立教，正是討論一切變化之書。（繫辭傳）稱：「不可為典要，唯變所適。」又稱：「陰陽不測之謂神。」援《易》演兵，可更添精彩，在形勢判斷和隨機應變上更有把握。

其五，當代戰爭已進入徹底資訊化、集成化時代，從軍事理論、作戰技術到部隊組織，都有革命性的變化。孫子重視資訊，主張知彼知己，知天知地，其智慧與時俱進不成問題。《易經》千變萬化的奧妙結構，豐富精微的義理指引，本身就像台超大容量的宇宙大電腦，無論輸入什麼問題，都能解析輸出不錯的答案，可謂取之不盡用之不竭。若能善加運用，成效當可預期。

我以「大易兵法」為題綱，獨力從事這方面的探索研究已近二十年，自己深深受益。本書結集出版，也算是多年夙願得償，希望天下學《易》習兵的同修同道不吝賜教。跨世紀以來，世變憂患頻仍，國際間的重大紛爭已不大可能用軍事衝突圓滿解決，而需藉助外交、經貿、金融、資訊情報甚至宗教文化等的鬥智鬥力來綜合較量。孫子兵法中蘊藉深厚的道勝全勝的戰略思維，特能顯其殊勝，發揮大用。中華民族的和平崛起，海峽兩岸的和平統一等大業，亦與振興中華文化有密切關係。天下仁人志士，幸留意焉。

本書承蒙台灣傅慰孤將軍與北京吳如嵩先生慷慨賜序推薦，衷心感謝，他們兩位都是名高位尊的兵學前輩。傅將軍空軍中將退伍，歷任軍政要職，貢獻良多，二〇〇七年首創中華孫子兵法研究學會，邀我入會任副會長，提攜之情難忘。吳先生精研兵法一生，為兵界名宿，現任北京中國孫子兵法研究會副會長兼首席專家，學養功深，是我輩後學認真學習的典範。誠邀得他們兩位為拙作賜序，惟望兩岸能和諧相處，攜手同心，振興中華。

大塊文化郝明義先生為我多年故舊，當此世亂灰頹之時，盡心盡力投入出版行業，可感可佩，多謝他及出版同仁的盛意支持，「大塊假我以文章」再添新猷，希望讀者朋友喜歡。

劉君祖

於戊戌年八月

第一章　世界第一兵書

孫武其人

中國的兵法學以《孫子兵法》為主，無論中外都公認它是世界第一兵書，在兩千五百多年後，能夠得到這麼高的稱譽，絕不是偶然。有其道理，也有時間的考驗。孫武和孔子的年代大致相同，只是稍微後一點。孔子的時代接近春秋末期，即將進入暴烈衝突的戰國時代。而春秋末期吳越相爭，正是《孫子兵法》的偉大作者孫武活躍的時代背景。有人說中華民族有「一文一武」，一個孫文（孫中山），一個孫武，「二孫」的思想跟功業輝映千秋，這也有一定的道理。

《史記．孫子吳起列傳》記載：

孫子武者，齊人也。以兵法見於吳王闔廬。闔廬曰：「子之十三篇，吾盡觀之矣，可以小試勒兵乎？」對曰：「可。」闔廬曰：「可試以婦人乎？」曰：「可。」於是許之，出宮中美女，得百八十人。孫子分為二隊，以王之寵姬二人各為隊長，皆令持戟。令之曰：「汝知而心與左右手背乎？」婦人曰：「知之。」孫子曰：「前，則視心；左，視左手；右，視右手；後，即視背。」婦人曰：「諾。」約束既布，乃設鈇鉞，即三令五申之。於是鼓之右，婦人大笑。孫子曰：「約束不明，申令不熟，將之罪也。」復三令五申而鼓之左，婦人復大笑。孫子曰：「約束不明，申令不熟，將之罪也；既已明而不如法者，吏士之罪也。」乃欲斬左古隊長。吳王從臺上觀，見且斬愛姬，大駭。趣使使下令曰：「寡人已知將軍能用兵矣。寡人非此二姬，食不甘味，願勿斬也。」孫子曰：「臣既已受命為將，將在軍，君命有所不受。」遂斬隊長二人以徇。用其次為隊長，於是復鼓之。婦人左右前後跪起皆中規矩繩墨，無敢出聲。於是孫子使使報王曰：「兵既整齊，王可試下觀之，唯王所欲用之，雖赴水火猶可也。」吳王曰：「將軍罷休就舍，寡人不願下觀。」孫子曰：「王徒好其言，不能用其實。」於是闔廬知孫子能用兵，卒以為將。西破強楚，入郢，北威齊晉，顯名諸侯，孫子與有力焉。

有人曾認為，孫武、孫臏是同一個人，但是山東銀雀漢墓出土的竹簡《孫子兵法》跟《孫臏兵法》，明確證實了孫武、孫臏是兩個人。關於孫武這個人，《史記》沒有多少東西留下，孫臏倒是描寫得非常詳細，我們都知道戰國時代孫臏鬥龐涓的精彩故事。過去就一直有人猜測孫武可能實無其人，根本就是孫臏，各式各樣的考證論文寫出來，等到地下文物出土，鐵案如山，那些論文全部白寫了。《孫臏兵法》也是值得一看的，篇幅大概一萬多字，只是有一些殘缺。孫武和孫臏應該有祖先跟子孫的關係，可能是一脈傳承下來的。

孫臏的故事很多也很精彩，孫武則是神秘、飄忽，不為人知。就是《史記》中所留下的可貴的史料，那一段訓練吳王宮殿的娘子軍的故事就佔很大一部分。換句話說，司馬遷實在沒有多少材料可寫，只能把那一段渲染一下，至於那一段是不是事實現在也很難考證。我們都知道，他訓練宮女，殺了吳王的兩個不聽話的寵妃，藉此立威，他的膽子也夠大，利用「君命有所不受」嚴格軍紀，這種訓練使得女人都可以執干戈衛社稷，化腐朽為神奇。其實，在吳宮訓練宮女，顯現不出將才，兵法是大戰略，訓練不是什麼了不起的兵法。我想，孫武當時也是鬱悶之極，只好訓練「脂粉軍」。

孫武雖然是世界級的人物，但是他的一生不是那麼清晰。《史記》中著墨不多，就跟老子一樣，透著一點神秘性。嚴格講，也可以算是不知所終，最後推測他應該是退隱了，就像《易經》所說的遯卦（䷠）一樣功成身退。所謂的「功成」是說孫武不是一個空談理論的軍事家，他是有實際戰功的，有大量的運用兵法克敵制勝、以寡擊眾的精彩戰役。最典型的戰役就是西破強楚，攻下楚國的都城郢，但那時的主將是伍子胥，伍子胥的祖國是楚國，因父兄被楚王迫害，逃出昭關，到了吳國，借助吳國兵力報父兄之仇。這是春秋末期一段非常有名的故事。孫武隨軍行動，雖然不非常明確他在攻楚行動中的具體職務，但是具體的攻楚戰略就是出自他手，最後幾乎把楚國給滅了。這次勝利，大家很熟悉的伍子胥得報家仇，害他家破人亡的楚王就是入土也被他拉出來鞭屍。那一次的戰爭非常慘烈，勝利者燒殺擄掠，孫武看不下去了，就在伐吳之戰後不久，他就覺得自己該退了。

這一次伐楚的戰役雖然戰勝，但我們都知道《孫子兵法》素有追求和平的理念，尤其是「不戰而屈人之兵，善之善者也」這一著名的論斷。以殺戮對待戰敗國的人民，除非不得已。孫武作為山東人，南下到江浙這一帶來建立事業，但是到最後發現一樣不能做下去；伍子胥為了報仇，手段過分，孫武有沒有勸說，無從得知。這一戰之後，幾乎就沒有他的音訊，史料記載就成了空白。中國古代像范蠡、張良、劉基都是懂得功成身退的，有人說孫武隱居在蘇州城外，有人說隱居深山。還有《孫子兵法》何時初稿、定稿，由於年代遙遠，都沒有可靠的史料依據。正因為這樣，離他那個時代並沒有多久的太史公司馬遷，要為孫武立傳的時候，材料也是非常有限，可謂是捉襟見肘。

除了伐吳之戰之外，關於孫武的出生地，也是頗有爭論。幾年前，我去山東參加了兩次《孫子兵法》研討會，舉辦地都不同，而這兩地都號稱是孫武的故鄉。這一點也可以理解，因為凡是一個人成大名了，大家都希望與有榮焉，和古人拉拉關係，開發古人的資源，以利於觀光旅遊。一個是山東濱州的惠民縣，這個縣的名字倒是很好，對老百姓有恩惠，另外一個就是廣饒。這兩個地方都號稱是孫武的故鄉，但是都拿不出鐵的證據。

《孫子兵法》的現代價值

《孫子兵法》的研究如今好像也成為顯學，現在全世界流傳的前三本暢銷的書，第三本就是《孫子兵法》，第一本當然是基督教的《聖經》，第二本就是伊斯蘭教的《古蘭經》。研習《孫子兵法》的熱潮越來越盛，但是再怎樣盛，我相信不會說哪一天住旅館打開抽屜就是一本《孫子兵法》，我倒是希望將來能夠有一本《易經》。孫武被稱為東方的兵聖，時代比較久遠，西方所謂的兵聖就是德國的克勞塞維茨，他寫了一部巨著《戰爭論》，是一部艱澀乾燥的大部頭，這部書的譯本我在二、三十年前就看過，讀起來真的是痛苦不堪，其篇幅不知道是《孫子兵法》的多少倍，但是其整體的價值，經過時間的考驗之後，發現那種硬碰硬的流血殺戮式的戰爭機器，早就落伍了，比它早兩千多年的孫武的兵法著作，其胸襟、策略、思維比起《戰爭論》來說，不知超出多少。《戰爭論》僅以拿破崙戰爭為時代背景，很難經得起歷史的考驗。換句話說，東方兵聖跟西方兵聖的比較，不是一個檔次，大概只剩下孫武這一個世界兵聖了。

中國歷代以來，研究軍事的專家，不知凡幾。近現代以來，雖然有些人也大量翻譯西方的戰爭理論著作，但是到最後研究的焦點還是回歸到中國的兵法。當然，《孫子兵法》是兵法之首，幾乎可以看成是兵法之源。《孫子兵法》傳下來的只有十三篇，大概六千多字，最長的一篇叫〈九地篇〉，這一篇有一千多字，佔了接近五分之一的篇幅，這一篇也是很精彩，講到「置之死地而後生」這一論斷。

以《易》證兵

我講《孫子兵法》，跟一般的講法不太一樣。雖然以《孫子兵法》十三篇為主，但是我會綜合運用《易經》來比證，這也是我多年來的一個心願，就是所謂的「大易兵法」。大家都知道，《易經》是中國文化的源頭，對各方面的思想都有影響，也直接影響到兵法。大概在二十年前，我就希望結合《易經》、《孫子兵法》來講，這個結合當然是立體的、動態的，對往後的《孫子兵法》和《易經》的研究都有幫助，都能夠刺激提升。一方面，在學習兵法的同時，可以幫助我們複習《易經》，更進一步探討、品鑒《易經》應用的彈性，讓我們體悟得更深刻。另一方面，對於二十一世紀的《孫子兵法》研究也能夠增添一些新的靈感或者突破。這麼多年來我一直在嘗試這種研究工作，雖然要真正落實或普及是高難度的，畢竟同時懂《孫子兵法》跟《易經》的人太少，能夠論述的更少。

對於兵法的認識以及為什麼要學兵法，或者學了兵法之後要幹什麼。我想大家也清楚，《孫子兵法》講的是用兵之道，但二十一世紀並不流行打仗，世界大戰也幾乎沒有可能，用軍事衝突來解決國際紛爭的時代似乎很遙遠。但在現代社會，各種非軍事事手段的鬥爭，諸如外交、談判、商場競爭，以及諸多的人際關係等，都離不開策略，也就是用兵之道。企業競爭如同行軍打仗，不抓住瞬息萬變的市場，就很難在競爭中立足。

首尾相應

《孫子兵法》十三篇，原則上是按照順序，但是我講完第一篇之後，接著講最後一篇，因為這兩篇首尾呼應，關係密切，是一個不可分割的整體。第一篇就是沙盤推演、戰爭計畫，稱〈計篇〉，後來加了一個「始」字，叫〈始計篇〉，即戰爭還沒有開始，就要把所有的戰爭計畫做好，這當然是頭一篇。所有的戰爭計畫或者任何的投資計畫，一定要有情報來源，搜集這些做計畫的情報資訊，就得靠情報管道和網路，《孫子兵法》的最後一篇〈用間篇〉就是如此。間諜行動自古有之，在兩千五百多年前就有成體系的理論，而且非常完整，《孫子兵法》中把它架構成一個理論，經過幾千年還是不褪色，其他的兵法幾乎都沒有這樣的理論，而且是專章列在最後。〈用間篇〉這種搜集資訊的間諜戰，其績效就是第一篇〈始計篇〉的基礎。基於這種首尾相應的關係非常重要，所以我在講完第一篇後，接著講第十三篇，然後再按照第二篇到第十二篇的順序。

大易兵法

把《易經》跟兵法做結合研究，是一廂情願的想法呢？還是湊熱鬧？抑或確實有一些關聯？這一連串的問題，我曾就此用《易經》的占卦來解決之。也就是說，建構大易兵法，可以更深層次探索《易經》豐富的內涵和運用的彈性，其卦象是復卦（䷗）第四爻，把《易經》活用於兵法就是復卦第四爻爻辭所代表的觀念。第四爻爻辭稱「中行獨復」，爻辭說得很透徹，等於是背書保證。《四庫全書》中講《易經》影響到諸子百家，其中也提到兵法，甚至影響到佛道，都是言之有據的。換句話說，《易》為中國文化之源是有道理的，把《易》運用於兵法就是復卦第四爻的概念，第四爻爻辭說按照時中之道而行事，最好的策略是呼應復卦初爻核心的原創力。「獨復」的獨說穿了就是復卦初爻的天地之心、核心的創造力。核心的創造力在中國來說就是《易經》的思想，它就是一切創造力的核心，也就是復卦初爻。現在要把它運用到兵法上，兵法就從其中吸取營養成分。我相信當時的孫武在中國文化的薰陶下，不管他是自覺或不自覺，都受到《易經》思維的影響，加上其天資又高，而且家學淵源。

說其家學淵源是有道理的，他是山東齊人，後來南下蘇州到吳國成就事功，也完成了他的傳世之作——《孫子兵法》十三篇，齊魯大地出文聖人，也出武聖人，文化思想底蘊非常強的。《武經七書》以《孫子兵法》為首，其中的《司馬法》的代表人物司馬穰苴在《史記》上也是有名的，《司馬法》這部兵書在當時的齊國的貴族中傳了好多代，也是跟孫家的脈絡有關的。所以家學淵源通常蘊養了好幾代之後，就會出這種奇葩，《孫子兵法》的出現一定有長久醞釀的文化背景，包括兵學的背景、兵學的教育，以及實戰的訓練。到孫武的時候集大成，這就是《易經》裡面活的資源，也就是復卦的初爻。復卦下卦震，為一切的主宰，「帝出乎震，萬物出乎震」，在兵法的運用上就是上卦坤的廣土眾民、順勢用柔，在坤的平台上，把復卦初爻，也就是易道，《易經》核心的思維創造力，在第四爻發揮得淋漓盡致，這就是「大易兵法」。這個爻一動就很有活力了，復卦第四爻發揮作用，爻一變就是震卦（䷲），復卦的第四爻跟復卦的初爻完全相應與的，絕對契合，把內震發揮到外坤上，建立事功，運用到兵法就是大易兵法，而且是獨一無二的。跟西方的克勞塞維茨以降的近現代兵法都不同。第四爻「中行獨復」，〈小象傳〉講得就更透了——「以從道也」，「道」就是《易經》，《易經》為主，兵法為從，有主從關係。兵法所有的精湛思想的發揮或者發揚光大，如希望締造世界和平，希望不戰而屈人之兵，可以從復卦初爻所代表《易經》的博大精深的核心原創資源中提煉出來。兵法的運用完全依循易道，爻變是震卦，特別有活力。

《孫子兵法》與和諧世界

《孫子兵法》對於二十一世紀的和諧世界具有相當的貢獻。這在台灣成立中華孫子兵法研究會時，我們就得出這樣的結論。在《易經》中，是咸卦（䷞）第四爻，兵法發展的前景是下經第一卦咸卦第四爻爻辭所說的：「貞吉悔亡，憧憧往來，朋從爾思。」也就是說，很多想法未必能落實，空想徒亂人意。想法雖然不錯，「憧憧往來，朋從爾思」，想促進和平，但是不見得能夠落實，很難推動，爻變為蹇卦（䷦），外險內阻，寸步難行。所以咸卦第四爻爻辭就先給我們一個藥方，先要正心誠意，心思不要太雜，按部就班，一步一步走開落實，講究的不是想法，而是具體的做法。有做法之前，先要清除雜念，歸於一個真諦，即貞就吉，悔就亡，需要澄清思慮，正定思維。心中有所感、有感想，光是「憧憧往來」，不一定能落實。希望和平，不希望戰爭解決問題，就要有更高的智慧，不能有太多習氣。咸卦第四爻為什麼想得這麼苦？因為它就是希望和平解決，咸卦的〈彖傳〉最後說「觀其所感，而天地萬物之情可見」，然後說「聖人感人心而天下和平」，下經人間世第一卦就希望追求和平，即和諧世界。人心不希望衝突，不希望殺來殺去，這一點是沒有疑問的，同人（䷌）、大有（䷍）二卦也是這樣的思維，沒有人不厭戰，都希望和平，但是和平為什麼那麼難？咸卦講天下和平，是從聖人感人心而來，是有理論基礎的，有觀察、經驗背景的，跟上經的第一卦乾卦（䷀）的〈彖傳〉完全呼應。咸卦講「聖人感人心而天下和平」，乾卦講「首出庶物，萬國咸寧」，根本就是完全呼應。第一卦都充滿了這樣的期許，但是事與願違，第二卦就開始出狀況，像坤卦（䷁）馬上就「龍戰于野，其血玄黃」。乾卦講理，坤卦講勢，現實的形勢習氣總是讓人走迷路，沒有人要打仗，結果都上戰場。咸卦第四爻就像我們剛才講的，追求「感人心而天下和平」，但是在第四爻的操作上，首先要「貞吉悔亡」，然後要想出確定可行的步驟來落實天下和平，中間當然還要「君子以虛受人」，放寬心，要吸收各方面的資源，不要搞紛爭，不要搞內鬥，內鬥內行，外鬥外行，這也是一個民族的痼疾，是很要命的。咸卦第四爻也說明，如果光是想，不做是不行的，不做就是蹇卦的寸步難行，如果做就要跟咸卦的初爻「咸其拇」相應，要知行合一，才能落實。咸卦初爻跟四爻相應，跟「大易兵法」的復卦初爻、四爻相應是完全一樣的，外卦的第四爻跟內卦的初爻契合的關係，兩爻齊變就是既濟卦（䷾），渡彼岸，涉大川，成功搞定。

換句話說，光有咸卦第四爻還不行，初爻的實際推動步驟不可缺少。

第二章　武經七書

《武經七書》

《孫子兵法》有兩個版本的系統。一個是《孫子兵法》十家注或者十一家注，曹操帶頭，後面也有一些是文人，包括唐朝的詩人杜牧，文人也一樣對兵法有興趣。像我也是文人，對兵法也下了四十年的工夫，樂此不疲。文人愛兵，不是說愛殺人，而是動腦筋，很有意思的。杜牧是一個風流詩人，他也是注《孫子兵法》之一家。

第二個版本系統就是《武經七書》，《武經七書》是北宋朝廷作為官書頒行的兵法叢書，北宋時要考武科狀元，但是武科不能是大老粗，也有理論考試，國家就編了七本具有代表性的兵學著作，為武科科考用書，即《武經七書》。它是中國古代第一部軍事教科書，《孫子兵法》為首，《吳子兵法》第二，第三就是《司馬法》。其他的依次是《尉繚子》、《黃石公三略》、《六韜》、《唐太宗李衛公問對》。這七部兵書是北宋朝廷從當時流行的三百四十多部中國古代兵書中挑選出來的，作為武學經典。可見，這七部兵書是何等重要。它是中國古代兵書的精華，奠定了中國古代軍事學的基礎，這也是北宋朝廷在軍事理論建設上的一大功績吧。

《武經七書》前六本都是先秦時代成書，只有第七本是唐朝的。我們都知道有四書五經，但是武學這方面也有經，可見中國人很是迷戀經典。

《孫子兵法》和《吳子兵法》

《武經七書》中，《孫子兵法》列為第一，曹操高度推崇《孫子兵法》，也是第一個注解《孫子兵法》的。他的注解很簡練，其文字加起來還沒有《孫子兵法》的本文多，不過注得不錯，算是開了注解先河。曹操在後世被人認為是一代奸雄，其實他是個很了不起的人，他文武全才，身經百戰，就是諸葛亮都非常佩服曹操的用兵能力，說他用兵如神，甚至自歎不如。可是近兩千年來，傳下來的故事總是同情弱者，把諸葛亮當成了神，曹操便成了奸雄。其實，不管是文才還是武才，曹操絕不比諸葛亮低。諸葛亮在〈後出師表〉中評曹操時說：「曹操智計，殊絕於人，其用兵也，彷彿孫吳。」「彷彿孫吳」就是指其功力與孫武、吳起接近，他能夠在北方掃平群雄，用兵可見一斑。

提到吳起，不得不說《吳子兵法》，這也是《武經七書》之一。吳起是戰國時人，但是現在留下來的《吳子兵法》難免令人失望，很可能是掉了很多內容，傳下來的有限的《吳子兵法》，很難對得起孫、吳並稱的名號，其分量好像跟孫武差了不少。吳起是一個軍事天才，他也是有實戰經驗的，大小戰爭從無敗績。最後雖因政變被亂箭射死，但他卻用自己的死成功地消滅了政敵。

《司馬法》和《六韜》

《司馬法》流傳下來的文字不多，但是最早的作者比孫武還要古，是我國古代重要兵書之一。戰國初，《司馬法》已經失傳，據《史記・司馬穰苴列傳》記載：「齊威王使大夫追論古者《司馬兵法》而附穰苴於其中，因號曰《司馬穰苴兵法》。」也就是說齊威王「使大夫追論古者《司馬兵法》」，而把司馬穰苴的著作也附在其中，編成《司馬穰苴兵法》。因此，《司馬穰苴兵法》既包括有古代《司馬法》的內容，又有司馬穰苴對《司馬法》的詮釋和自己的著作。《司馬法》流傳至今已兩千多年，亡佚很多，現僅殘存五篇。但就在這殘存的五篇中，也還記載著從殷周到春秋、戰國時期的一些古代作戰原則和方法，對我們研究那個時期的軍事思想，提供了重要的資料。

還有就是姜太公的兵法，姜太公當然更早了，三千一百多年前，太公兵法彙編為《六韜》，《六韜》很豐富，有六十卷，分成六個部分，有〈文韜〉、〈武韜〉，還有以動物為名的〈龍韜〉、〈虎韜〉、〈豹韜〉、〈犬韜〉。《六韜》很值得看，當然絕對不是姜子牙寫的，但是他的思想、事蹟，以及武王伐紂的戰爭，都在其中。「韜」字本意就是弓或劍的套子，要把弓和劍隱藏起來，不要鋒芒畢露，即戰略企圖、兵力配置不可以讓別人知道，所以有一定的隱秘性。革命戰爭更是如此，要隱秘，國之利器不可以示人。

韜也是陰謀的意思，懂得包裝自己，沒有把握絕不出手，出手則一定成功。《易經》中這樣的象徵也有很多，例如解卦（䷧），解卦的最後一爻「公用射隼于高墉之上」就是如此，解卦最開始一直忍讓、包容，不管是處於弱勢還是處於優勢都是如此，陰柔讓步的寬容之中出現了殺氣，就是第六爻，這就跟練太極拳一樣，綿裡藏針，外面的動作看似柔軟，可是等到反擊的時候，力量不可阻擋。「公用射隼于高墉之上」就是柔中蘊剛，柔中伏有殺手。《六韜》的內容相當豐富，雖然後面的那幾「韜」已經脫離時代，但是前面的文、武二韜還是很精彩，值得玩味。

《黃石公三略》和《尉繚子》

有了《六韜》，就有《黃石公三略》，簡稱《三略》，分上略、中略、下略。傳說是張良的老師黃石公留下來的兵法，跟姜太公有思想源流上的關聯。《三略》不完全談軍事，從以政領軍的角度出發，就如《易經》中的師卦（䷆），強調軍事是為政治服務的。除了有軍事大戰略，還有國家戰略，即「政略」。張良在楚漢相爭那個時代背景中，《三略》的思想是很寶貴的。我們所瞭解的張良沒寫過書，但是他的大功業肯定超過春秋時代的范蠡。范蠡只是處理好一個地區而已，而張良面對的是全中國。

先秦的《孫子兵法》、《吳子兵法》、《六韜》、《三略》、《司馬法》以外，還有一本叫《尉繚子》。《尉繚子》一書在西漢已流行，一般認為成書於戰國時代。對於它的作者、成書年代以及性質歸屬，歷代頗有爭議，因為戰國時代有兩個有名的尉繚子，一是魏惠王時的隱士，一為秦始皇時的大梁人尉繚。這一部書應該是跟秦始皇打過交道的尉繚所作。《尉繚子》這一部書的文辭比較粗野，不像《孫子兵法》是天地間極好的文章，文辭很美，辭如珠玉。但是《尉僚子》在中國古代，也是一部重要的兵書，有很多可取之處，譬如重視軍法；認為政治是根本，軍事是枝幹；經濟決定戰爭勝負；注重耕戰，農業為治國之本；商業對戰爭勝負有重大影響等。

《李衛公問對》

以上六本都出自先秦，《武經七書》最後一本是唐朝的，作者為李靖。唐代傳奇〈虬髯客傳〉中的風塵三俠——虬髯客、李靖、紅拂女，他們的故事大家耳熟能詳。據說虬髯本有爭奪天下之志，因見李世民器宇不凡，知道自己不能匹敵，於是把自己所有的財產用來資助李靖，輔佐李世民成就功業。李靖是大唐名將，也是文武全才，最後封爵為李衛公，其書就叫《唐太宗李衛公問對》，簡稱《李衛公問對》，就是他與唐太宗李世民之間的問答。李世民作為皇帝，也曾身為大將統兵作戰，算得上是軍事專家，戰爭經驗非常豐富。他們都是文武全才，兩人的對答稱得上是棋逢對手，問出來的問題也非常有啟發性，值得深入揣摩。李靖跟李世民討論兵法，有很多創見。他們主要討論《孫子兵法》，像「奇正」、「虛實」這些重要的觀念，兩李之間都有精闢的討論。

這本對話體的兵書是先秦之後唯一在北宋入選七本武學經典的一部書，可能和李靖本人的戰功有關。李靖比較特殊的就是百戰百勝，生平沒有吃過敗仗。百戰百勝很難，因為人不可能不犯錯，總是會有一些敗仗，但是他在軍事上的表現令人吃驚，生平無敗績，這是很不容易的，像李世民就辦不到，就是有戰神之稱的吳起，雖然無敗績，但也有幾次是打和的。這到底是福至心靈，還是自天佑之、天縱英明，無敗將軍李靖確實存在。這一部書因為討論《孫子兵法》，值得當成補充讀物。

第三章　冷徹非情

冷徹非情

《孫子兵法》是兵書中的兵書，這部天下第一兵書集中華古兵法之大成，十三篇一旦問世，後人就不可能超越它。後世幾千種兵書幾乎都在為它做注解。換句話說，孫武在兵家這個領域獨領風騷，談到戰爭，他的理論充滿了創意，後人要超越則特別難。

我個人習讀四十年兵法有一個很深的感受，覺得中國以《孫子兵法》為首的所有兵書，幾乎都有這麼一個特色，那就是「冷徹非情」，即徹頭徹尾的冷靜思考、計算、判斷、行動，因為兵者乃國之大事，生死攸關，尤其是帶兵的，不管是政治領袖，還是軍事領袖，直接領兵作戰的，絕對不可以感情用事，要徹底冷靜，甚至冷酷，不可以受個人情緒的干擾。私情的干擾動輒就是幾十萬條人命，兵法家的著作都顯露出這種特色。可見，兩千多年前的這些兵法家敢說敢做，而且沒有一個迷信的，比我們現在的人前衛得多，這是他們務實的一面。不像那些迷信的人通常在個人的情感上有弱點，所以才需要迷信來填補內心的空虛，尋找一個寄託的對象。其實，迷信不一定能夠解決現實中大規模組織激烈對抗的問題，反而會令自己自尋煩惱，招致人生各種戰場上的重大挫敗。如果能夠冷靜應對，不受私情的干擾，取勝的機會就大，要做到這一點，需要長期的修為。兵法中也是這麼認為的，在那個遙遠的古代，兵家可以利用迷信，但是他自己絕不迷信。這都屬於「冷徹非情」。

老子在《道德經》中稱：「太上，下知有之；其次，親而譽之；其次，畏之；其次，侮之。」也就是說，一個領導人，最高的領導人，跟下面其實沒有什麼太多的接觸，也沒有什麼壓力，可是一切無為而治，井井有條，好像忘了他的存在，這是最高的領導境界。如果一天到晚跟人民接觸，親民愛民，這是第二個檔次，已經有行跡了，因為很親近他們，甚至討好他們，天天互動，百姓就會稱讚你是好君王，但是在老子看來這不是最高的境界，最高的就是根本很少接觸，不會無事找事。再下一等的領導人就是讓部下害怕，進行恐怖統治；最下一等的就是領導不像話，以致百姓對其表示輕蔑。《左傳》中所講的「三不朽」——「太上有立德，其次有立功，其次有立言」，最高的講立德，用在兵法上的「太上」，就是「非情」，可以完全不受情感的干擾，該怎麼辦就怎麼辦，這不是一般人辦得到的。太上非情，但是能夠用情，本身不受情之干擾，還可以利用情來承上啟下。

嗜欲淺者兵機深

學過《易經》的人都知道，古代有所謂的三「易」的說法，即變易、不易、簡易，〈繫辭傳〉

從頭到尾一直強調的就是簡易，化繁為簡，以簡馭繁。也就是說，人不要自尋煩惱，不要把簡單的事情複雜化，尤其大規模的軍事衝突、組織衝突，一定要化繁為簡，以簡馭繁。「易簡而天下之理得」，「天下之理得，而成位乎其中矣」，這雖然是老話，卻是顛撲不破的道理。《易經》的簡易法則，所有的管理，包括身心方寸之間的管理都是這個法則，即不要受情慾的牽扯、左右，要分得很清楚，要跳脫這個束縛。

《莊子．大宗師》中有一句千古名言：「其嗜欲深者，其天機淺。」執著、嗜好、欲望越深，難以自拔，就絕難參透天機。修道要天機，嗜欲太深，反而難悟天機。《易經》所講的「易簡」，就是想辦法藉後天的訓練、琢磨，降低人的嗜欲，嗜欲越淺，天機就可能越深。然後才有可能悟道，悟得高層次的真理大道。兵學也是如此，修道重視天機，兵法就要講兵機。知機應變，見機而作，當機立斷，就是成敗立決的前提。在戰場上的一剎那就叫「兵機」，「嗜欲淺者兵機深」，就具備成為一個大將的資格。嗜欲不可能降到零，但是至少要夠淺，嗜欲一淺，兵機就深，無論戰場、商場，機深，就不會像復卦（䷗）上爻一樣「迷復凶，有災眚，至于十年不克征」，吃大敗仗，一蹶不振。那是典型的嗜欲深，所以兵機淺。

關於「兵機」，在《吳子兵法》中直接提到，吳起去見魏文侯，那時的魏國是大國，有文才武略的人爭相遊說大國，希望能夠找到好的機會一展身手。吳起也是如此，他是以兵機見魏文侯。跟大人物見面的機會很難，要把握短短的面談時間，留下好印象，說服他，絕對不能詞不達意、囉哩囉唆，也不能長篇大論，需要在幾分鐘內征服他，引起他的注意，所以只能談「機」，懂的人就可以看出一個輪廓、整體，由局部知整體。這就叫機，能夠打動別人的心弦，讓其忘勞忘死。吳起要引導魏文侯能夠重用他，以兵機見魏文侯；孫武也是一樣，通過伍子胥推薦，見到了吳王闔閭，然後就開始有不一樣的人生。

孫武出自兵法世家，雖有自己的理論體系，但還是要有晉升之階，才能夠展露才華、施展抱負。這種機會，就要靠和國君面談，打動當時的梟雄吳王闔閭。這些實力派人物不是那麼容易被說服的，沒有真才實學的，不但不能被重用，而且非常危險。伍子胥安排孫武跟吳王的面談這樣的機會，推薦了七次才如願。這麼有本事的一個人，在當時那樣的情況下，即使好朋友伍子胥是吳王身邊的紅人，也要推薦七次，最後才見成。像孔老夫子周遊列國，遊說七十幾個國君，結果一事無成，統統被拒絕。所以如何掌握機，即說服成功的機會，很重要。孫武本身有宏大的兵法理論體系，還有保證人伍子胥，闔閭見到他的時候說：「你的兵法十三篇我都熟讀了，但希望它不是空言，我需要你試驗一下。」所以才有訓練脂粉軍隊，殺兩個宮妃的事情。那時沒有戰爭，就在宮廷中訓練女兵，不管這個傳說是真是假，都說明人要出頭不容易，要機緣，理論寫得再好，人家不敢馬上用；還有，寫得好不一定做得好，能言不能行者大有人在。尤其兵法涉及戰爭之事，那是要實務的，沒有真本領是不能行於大爭之世的。

吳起以兵機見魏文侯，那一次見面非常成功，我提到這一點其實是鼓勵大家讀書要思考，在春秋戰國時期，從孔老夫子開始，文人武者，大多一介布衣，要想展露才華，一定要遊說，怎麼遊說，如何爭取見面的機會，在見面短暫的時間內利用機會，給人最深刻的印象，像吳起見魏文侯，去的時候非常注重自己的衣著打扮，因為吳起本來是儒者（吳起為孔門弟子子夏門徒），穿的是儒服。這就是《易經》兌卦（䷹）中講的話術。

我們強調機，當然也是重視機密，有很多東西是法不傳六耳的，只是極少數人知道。發展到清朝雍正的時候，還專門建立了一個提案、討論、決策、執行的實權機構——軍機處，等於是皇帝直接的機要秘書處，國家重要的對內、對外政策都從那裡出來的。

咸卦、艮卦話兵機

我所提出來的「大易兵法」就是透過對《易經》理氣象數的認識，去理解兵法裡面的精髓，能夠以簡馭繁。《易經》中的艮卦（䷳），說明止欲修行才能嗜欲淺，才能兵機深，又能夠說服那些大頭兵。帶兵如帶虎，能夠得到人心，得到長官的賞識、領導的認可，則跟兌卦有關。要說服人家，絕對要深刻瞭解人情。像遊說君王，對君王一定要有深刻的分析認識。如有什麼弱點，喜歡什麼，這些都是事前要下的工夫。這都是兌卦的功夫。兌卦是《易經》中所謂的四大情卦之一，所有感情的卦裡面幾乎都帶著兌卦。瞭解人性人情，利用人性人情，談論事情，說服別人，起到帶動、煽動的作用，就要用兌卦。但是對於自己呢？則要用艮卦來要求，一個身居高位的領導者自己要不動如山，止欲修行到「敦艮吉」的時候，就符合我們所講的嗜欲淺、兵機深，或者「冷徹非情」。基本的八卦中的兌卦和艮卦的組合，一是咸卦（䷞），上兌下艮，是談感情、人情的卦，用內卦艮來修煉自己，然後要深通說服人、打動人之道；外卦兌也很重要，不僅要讓人家感動，還要使自己的感應強。要瞭解人世間的人性、人情，下經的人間世第一卦咸卦不可或缺。二是損卦（䷨），損卦上艮下兌，強調「懲忿窒欲」，就是要嗜欲淺，提高修為，才能損極轉益。兌卦顯露在外面的咸卦以感應為主，艮卦則藏在裡面暗地裡控制；而損卦是艮卦在外，外面克制得非常好，內心中的情慾兌則不讓它氾濫出來。

從《易經》的角度來說，嗜欲淺者兵機深，就這麼簡單，用兩個基本的八卦（兌卦、艮卦）組合成的咸卦、損卦來切入，就可以幫助掌握《孫子兵法》十三篇，以及整個中華兵學的基本訴求。

忘勞忘死、不動如山

兵家要把自己修煉成不受情的影響，如果陷在情的執著裡，就像兌卦有毀折之象一樣，毀滅斷折，自找麻煩，光看兌卦（☱）上面的缺口就知道，兌是口舌，徒逞口舌之利，口風不緊，亂說話，搬弄是非，不做實事，這都是兵法大忌。這是兌卦的負面。可是兌卦的〈彖傳〉則說明要說服人，就要深透掌握說服對象的人情。抓住了那一點，你的說服就無往不利。其〈彖傳〉稱：「是以順乎天而應乎人。說以先民，民忘其勞。說以犯難，民忘其死。說之大，民勸矣哉。」順天應人可以搞革命，「說以先民，民忘其勞。說以犯難，民忘其死」，打仗就是冒險犯難，士卒可以爭相殺敵，怎麼辦到的？就是兌卦發揮效力，士卒心甘情願，不但影響他，還影響別人。這都是兌卦的影響。艮卦則是針對自己的修煉，做到「不動如山」，「不動如山」正是《孫子兵法》裡面的話。

《孫子兵法》很早就傳到日本，尤其在唐朝那一段時間最盛，日本戰國時代武將如雲，其中有一位大將武田信玄的旗號就從《孫子兵法》來的，其旗號稱「風林火山」，即出自〈軍爭篇〉的「其疾如風，其徐如林，侵掠如火，不動如山」。可見，武田信玄對《孫子兵法》非常傾心，但是他最後是一個失敗者，並沒有成功，成功的是德川家康。武田信玄為什麼會沒有成功呢？既然用了《孫子兵法》來護法，把它凝聚到旗號上，還是輸了，因為他抄書沒抄全，只抄了四句話，全文是六句，半瓶水晃盪，抄一半，結果功虧一簣。小狐狸過河差一點點，就是沒過去；開鑿一口井，差一點點，就是失敗。失敗了就是零，還是不徹底，沒學全，學一半，不徹底，所以就有破綻。

「風林火山」講兵法調度如神，「其疾如風」，快起來像風一樣，無形無象，隨時轉向；「其徐如林」，慢起來像樹林，好像都沒動，但是有序；「侵掠如火」，如果要採取攻擊行為的時候，像火燒過去一樣，快得很；「不動如山」，則是非常冷靜。後面還有「難知如陰，動如雷震」，這是最重要的一環。「難知如陰」就是一個大將他顯現出來的氣度、態勢，讓敵人完全沒有辦法判斷，不知道他下一步要幹什麼，完全看不出來，不可預料，太難瞭解。一旦他採取動作了，也來不及應付，這就是「動如雷震」，完全合乎《易經》中震卦（䷲）的概念，不出手則已，一出手敵人一定猝不及防。

無形無象、不著痕跡

前面的「風、林、火、山」這些兵法中的理念可以通過《易經》的卦象去理解，雖然是以兌卦、艮卦為主，其實「其疾如風」已經帶進了巽卦（䷸）的無形無象、行動快速，也就是〈大象傳〉：「隨風，巽。君子以申命行事。」「三令五申」正好是孫武在吳宮練兵留下來的成語。「三令五申」是巽卦發號施令的象，巽卦也是幫助我們瞭解兵法最高段的功夫——無形，無形能夠戰勝天底下一切有形的東西，因為敵明我暗，防不勝防，用兵講究形、勢、虛實，到了無形的境界，就是最高段位。無形的卦象就是巽，跟一切打開來說出來、流露出來的兌卦正好相綜：「兌見而巽伏也」。在《孫子兵法》中講到無形的時候有一句話，稱「無形則深間不能窺」，因為無形，臥底再深的間諜都沒有辦法掌握到實情。用兵已經到了無形的境界，就是到了巽卦的境界，然後「智者不能謀」，敵人裡面再有智慧高的對手，也不知道要怎麼對付你。這就是用兵已經超脫有形的境界，進入無形的境界。這就是《孫子兵法．形篇》所稱：「故形兵之極，至於無形。無形則深間不能窺，智者不能謀。」有形一定有破綻，像武術中各種形式的拳種，一定就有弱點、有破綻、有罩門，別人對付你的招數就是攻擊這些弱點，其他的形可能就專破這個形。如果無形，不顯罩門，人家怎麼破你？換句話說，無形乃一種極度隱秘的功夫，用兵到了一種化境，到了極點，至於無形的境界。一旦到無形，那些所謂的間諜網也拿你沒辦法，對方再有什麼運籌帷幄的高手也沒有辦法對付你。這都是兵法中的名句，我們完全可以通過《易經》中的巽卦去理解。

「難知如陰，動如雷震」，除了震卦的分析，還有最後一卦未濟卦（䷿）的「震用伐鬼方」，《易經》的最後一戰就是不著痕跡的高段兵法，以前我們講震卦的時候，說要壓住身邊不服的人，不要直接動手，在外面引爆一個震波，讓它反彈回來讓敵人不敢動，即「驚遠而懼邇」，這是在震卦的〈彖傳〉中所謂的敲山震虎、聲東擊西。在兵法中常常運用，間接施壓，把一個很難纏的問題不動聲色中化解於無形。這是震卦的概念，一旦動起來就不可擋。不動的時候像艮，所以「不動如山」後面「難知如陰」，靜靜的啥也沒動，突然一下子發動，就「動如雷震」。可惜的是，武田信玄只學了三分之二，旗號過於簡化，少了後面由靜轉動的突然變化。

紙上談兵

講兵法對答如流，並不代表會用兵，這也涉及人的資質。紙上談兵的故事我們一定聽過的。趙括談兵論戰，連自己身經百戰的老爸也要甘拜下風，但是作為父親，絕不看重兒子這種逞口舌之利的優點，說得頭頭是道，真上了實際的戰場，完全是另外一回事。偏偏當時趙國的國君就讓趙括上戰場領兵，結果長平一戰被秦將白起坑殺四十幾萬人，趙軍大敗，國力自此衰退。這種結果就是紙上談兵的人做出來的，兵法理論精通，但沒有實戰經驗，也不會靈活運用，所以不能迷信會說的人。

古今中外有很多深通兵法的常敗將軍，也有很多完全不讀兵法的常勝將軍。像霍去病這個少年將領，他就不讀兵法。這位天生的勇將，很得漢武帝的讚賞，曾建議他讀孫、吳兵法，但他回答說：「顧方略何如耳，不至學古兵法。」（《史記．衛將軍驃騎列傳》）當然，這是一種比較極端的例子，我們都不是屬於這些極端的人，還是得學，學了也不要認為自己一定就能夠用得好，要做到融會貫通。不然，每個人讀了一遍《孫子兵法》都變得天下無敵的話，這就大賺了。兵法不過六千多字，人生的實戰經驗很重要，像毛澤東也喜歡《孫子兵法》，很多人問他如何運用兵法，他曾詼諧地回答，一上戰場什麼兵法都忘了，只能憑直覺。可見，紙上談兵並非良策，當時的情勢最重要，一上戰場什麼兵法都忘了，還是四個字最重要——活學活用。像《武經七書》是北宋年間的御用教科書，可是北宋打贏過什麼仗？盡吃敗仗，老是被北方的「野蠻人」來收拾，一天到晚屈辱地簽和約。因為欠缺所以強調，把武學的理論編成國家教科書，然後推行考試，偏偏是對外的武力最弱，所以兵法不用迷信，重在活用。

冷靜計算、當機立斷

兌卦（䷹）、艮卦（䷳）和震卦（䷲）、巽卦（䷸），這是相綜、相錯的兩組卦，在兵法中靈活運用這四個基本的八卦卦象（☱、☶、☳、☴），一組合就變成咸卦（䷞）和損卦（䷨）。損卦「懲忿窒欲」，講究的就是嗜欲越淺，兵機越深，還有智者不怒，有智慧的人不會隨便生氣。懂得自己的情緒控管，對於負軍政大責的人來說，這是基本常識，他不是沒有憤怒，而是可以把憤怒壓下去，就像移山填海般，把欲望壓到地底下，壓到坑道裡頭，欲望就窒息了，不讓欲望像火一樣燒起來。這種功夫就是用艮卦來壓兌卦，藉著外卦艮的種種止欲修行的方式，讓內心中的情慾（下卦兌）不要氾濫成災。《孫子兵法》第十二篇〈火攻篇〉就說：「主不可以怒而興師，將不可以慍而致戰。合於利而動，不合於利而止。怒可以復喜，慍可以復說，亡國不可以復存，死者不可以復生。故明主慎之，良將警之。此安國全軍之道也。」一個負軍政大責的明君、良將一定要有這樣的深刻認識，不可因一時情緒害得不知多少人死掉，在判斷、決策的時候，君主不可以因為自己憤怒就發動戰爭，做大將的絕對不可以因為心裡不爽就進攻。怒是發作出來的，因為他是「主」，沒有什麼好壓抑的，也沒有什麼好掩飾的，做大將的，因為上面還有老闆，心裡會憋著不痛快，那就是「慍」，心裡的那一點不痛快，不可以因為這樣子就戰火燎原。如果受「怒」跟「慍」的情緒干擾太甚，就決定讓多少人死的這種軍事戰爭，是不可以的。一個大將，一個明君，一定要「合於利而動，不合於利而止」。軍國大事一定要冷靜計算損益平衡，如果合於利，就可以出兵打仗，如果不合於利，再怎麼生氣都不能打。「利」當然是整體的利益，不是個人的利益，兵法講得非常明白，決定要不要發動戰爭就是一個「利」的原則。不是情，不是欲，不是憤怒，不是心裡不爽，這些都不可以成為出兵的理由。

情緒會轉移，盛怒的情況下怎麼可以下決定呢？這個時候下了決定，將來回不了頭，其實怒不會太久，非常狀況下的大怒，過一段時間說不定又轉換成高興了，心裡的慍可能就變成喜悅了。如果怒、慍之下犯了決策的錯誤，喜、悅的時候怎麼說呢？還不如冷靜下來做決策。憤怒之下做的決策，結果導致亡國，還要犧牲一大堆人，要知道「亡國不可以復存，死者不可以復生」，所以明君良將要慎之、警之。這個重要的提醒出現在〈火攻篇〉，當然有其意義。在冷兵器的時代，沒有火藥，火攻就相當於現在的大規模殺傷武器，像核武器、生化武器，不可以隨便用的，因為死傷慘重。火攻是殺傷力特別大的，屬於徹底毀滅型的，由火攻那種抽象出來的特殊性的犧牲慘重的戰爭，不可以輕易動用，所以明君良將更不可以在憤怒或者心裡不爽的時候就發動這種特殊形態的戰爭，除非萬不得已。火攻不可以隨便發動，就像核武不能輕易啟用，這裡就有人道的思想了，說明這是高層人物一定要有的基本認識，絕對不可以在不正常的感情、高度動盪的時候做出這種決定。

再看咸卦。咸卦就是兵學的修煉，損卦是說不要感情用事，咸卦則說明要有極強的感應力、反應力，咸卦就是訓練這一點，〈大象傳〉稱「君子以虛受人」，所有外面重要的資訊，像敵情的分析等各種事態，要能夠「以虛受人」，像山上的天池那樣。咸卦的感應快速，反應快，感應快，兵法中就有速戰速決的概念，「不疾而速，不行而至」。這就是〈繫辭傳〉所說的「寂然不動」，不動如山，「感而遂通天下之故」。損卦把艮（☶）放在外面，咸卦把兌（☱）擺在外面，也可以有正面的運用，即當機立斷的能力。

《孫子兵法》第十一篇〈九地篇〉就說「兵之情主速」，兵情以快為主，千萬不要拖，不然什麼都會拖垮。美國發動第二次波灣戰爭，在伊拉克駐兵這麼多年，花的錢不知有多少，再加上阿富汗戰爭，那就是天文數字了。所以要速戰速決，不要等到師老兵疲。兵之情以速為主，「乘人之不及」，趁人家還來不及回應，還沒有做好準備，「由不虞之道，攻其所不戒也」，由對方絕對無法料想到的路徑去攻擊其絕對不會有戒備的地方。「不虞之道」的「虞」就是《易經》中重點的字，屯卦（䷂）第三爻「即鹿无虞」，萃卦（䷬）的〈大象傳〉「除戎器，戒不虞」，中孚卦（䷼）第一爻「虞吉」，「不虞之道」就是以出乎對方意料的方法發動突襲，而且快得令對方來不及反應。這個「速」就跟咸卦有關。即便是損卦，要做損的「懲忿窒欲」的動作時，也是除害必快。損卦第一爻就講「已事遄往，无咎」，然後「酌損之」，經過計算斟酌，如果第一爻出手快，該做的事情趕快做，第四爻的問題就很快解決了，病就好了：「損其疾，使遄有喜，无咎。」損卦、咸卦是觸類旁通的錯卦，都強調快，速度非常重要，千萬不要拖。

要出手的時候，思考、感應問題當然要快，可是也有不能快的時候，像損卦前面的解卦（䷧），又解卦就得緩：「解，緩也。」一到了損卦就變成「速」，這就是節奏，所以「不動如山」之後，又能夠「難知如陰，動如雷震」，節奏該緩時則緩，該快時則快。這種節奏的轉換就讓人受不了，這就構成了兵法節奏上所造成的強大的殺傷力和壓力，所以速度的控制很重要，把它推到我們人生各式各樣的戰場上，就有很大的幫助。

由解卦的緩要轉成損卦的速，這些用在兵法上，會覺得跟人合作或者碰到什麼人，覺得很難配合行事，就如我們常講的「急驚風碰到了慢郎中」，已經急驚風了，要郎中開藥方，半天還開不出來。人生什麼時候要快，就得快速解決，不能拖。什麼時候要緩，事緩則圓，要用緩來化解掉太快出現的問題，這就涉及判斷的問題了，也就是〈繫辭傳〉所說的「不可為典要，唯變所適」，該快的時候就快，該緩的時候就得慢下來，都得視具體情況而定。

和平第一

咸卦中還有一個中國兵法的理想，就是和平，不喜歡打仗，所謂的「不戰而屈人之兵」是也。即使要打，也要最大限度降低生命財產的損失。一個以取勝為主的兵法，其終極目的就是嚮往達成和平。咸卦一開始就提倡和平的思想，在咸卦的〈彖傳〉中，咸卦就是要對人心、人性、人情有全面深入的瞭解，瞭解之後希望能夠推動和平，所以它說「聖人感人心而天下和平」。

《孫子兵法》第三篇〈謀攻篇〉就談到了「不戰而屈人之兵，善之善者也」，這就是儒家所說的「至善」，比百戰百勝要高明多了。不希望戰，而能夠屈人之兵，化解衝突，減少殺傷，這就是從人心感來的，因為人同此心，心同此理，沒有人願意在戰爭中遭遇死亡傷殘，這是一個很簡單的訴求。

第四章　太上非情而能夠用情

用情馭眾

《孫子兵法．作戰篇》云：「殺敵者，怒也；取敵之利者，貨也。車戰得車十乘以上，賞其先得者而更其旌旗。車雜而乘之，卒善而養之，是謂勝敵而益強。」

這也是〈作戰篇〉中很精彩的觀念，就是能夠用情。一個高級將領，可以訓練到冷徹非情，不讓自己的情緒敗事，影響自己的決策行動，但是他絕對沒有辦法期待他所帶領的那些士兵也是如此。在古代，當兵的大多不識字，文盲一大堆，不可能期待廣大的士兵也像將領一樣不受情緒的感染。他們是完全受情緒的感染，所以不要白費力氣想讓他們擺脫情緒的感染，那麼就用情來主宰他們，用情來馭眾。「殺敵者，怒也」就是用情，要激勵部下去殺敵，需要同仇敵愾，激怒部下，讓他們忘卻自身的安危，奮勇殺敵。同仇敵愾就是利用闡述敵人有多壞來激怒士兵，用「怒」情起到士兵們在戰場上奮勇殺敵的效用。作為將領，當然不能夠讓戰士上戰場時還心平氣和、如如不動，沒有殺氣，何來爭戰？一定要讓他的情緒高漲，對敵人非常的憤怒。要達到這樣的效果，就用

「怒」，人一怒的時候就不會顧忌自己，勇氣倍增。

「取敵之利，貨也」，這是用利誘的因素。人都貪貨，只要跟部下講，要是克敵制勝之後，很多的戰利品就歸其所有或者可以抽成，一個利字當頭，大家都會奮不顧身了。「貨」代表錢財、利益，是收買人心的手段，這一利誘，達到取敵的目的。一個是怒，一個是貨，有怒氣，是合法的殺人；有戰利品，殺人越貨就是戰場上的行為。要是讓部下拚老命，結果沒有任何報酬，沒有任何激勵，他為什麼要這麼拚命？這就是用情，利用人情之常。

後面還有一個很厲害的概念，就是「勝敵而益強」。打仗一定有消耗，敵我雙方都有損傷，就算是贏了，都可能是慘勝。對方是慘敗，我方是慘勝，都消耗得差不多。可是孫武認為不要服輸，他就告訴我們一個新思維，打勝仗之後，雖然經濟上有大的損耗，但是實力越來越強。每打一次實力是增加的，不是耗弱、減少的。那是怎麼辦到的呢？這就要看《孫子兵法》第二篇〈作戰篇〉中孫武如何算這一筆賬。那就是戰爭中的經濟因素，會算錢，算資源，算收支平衡，打仗花了不少錢，結果經濟實力還提升，是什麼道理？下面就是講人情的重要，領導統馭不懂人情，怎麼統馭那麼多人？至於如何運用達成目的，那就是〈始計篇〉的事情了，「始計」即戰前的計畫，其開篇就說「經之以五事，校之以計，而索其情」，「道、天、地、將、法」就是「經之以五」，要精密校算，比較我方、對方，作者就列了五事、七計，經過這樣的事前校算，客觀的敵我實力的比較，我們才能夠完全知彼知己，瞭解我方的真實戰備狀況，以及敵情，「而索其情」之「索」就是彎彎曲曲才可以求到，繞好多彎才能得到真實的情況。而這個情就包括五事、七計，裡面也有大量的人情、人性的深入探測。「索其情」之後就要能夠「用其情」。「道者，令民與上同意，可與之死，可與之生，而不危也」，如何讓人民跟政府、君王建立共識，就要有辦法讓老百姓跟上面一個步調，上下一心，民眾不惜為了國家的利益而犧牲，而君王為了整個國家的目標達到，這就是「道、天、地、將、法」的道，完全沒有講形而上的道理，講得很務實。像二戰時羅斯福要打納粹、要打日本，沒有珍珠港事變，他就沒有合法的權力可以參戰，因為民眾不同意，師出無名，「道」的第一關就過不了。要讓「民與上同意」，就要懂得民情，讓其犧牲奮鬥，忘勞忘死。

善用迷信

李靖跟唐太宗討論兵法，提及所謂的生生剋剋之陰陽五行，《易經》也講相生相剋。李靖說：「文之以術數，相生相剋之意，廢之則使貪使愚之術，從何而施哉。」李靖可夠壞的，大智慧的人去役使那些笨人都是懂得這一套。他自己絕不迷信，而用術數相生相剋之意，去役使那些一般人，因為他也不能要求一般人的智慧提高到很高的程度，術數是一個包裝，是一個文飾，對於一般人有用，只要達到效果，不妨運用術數相生相剋之意，把它作為將領希望兵士或者希望敵人改變傾向的工具。

這就是唐太宗問李衛公的答案。以前有很多很神秘的陣式兵法，離唐朝已經很遠，看似很神秘，又有神效，他就問這些東西的實情是怎麼樣，我們可不可以運用。李靖就說沒有這回事，從究竟來講，人不可以真正迷信那些東西來決定勝敗。唐太宗認為假定是這樣的話，既然不要迷信，這些術數相生相剋之意的層次不高，為什麼還要用它，把它廢掉不好嗎？李靖就講出上述的話。為什麼要廢呢？廢了怎麼驅使那些笨蛋？他明知是假的，但是他還是把那些保留下來，因為他要帶兵，士兵很單純，兵是笨的，而且還可以誤導敵人，敵人也是笨的，所以他善用迷信來達到效果。其實他自己一點都不迷信，如果廢除迷信，那就不能役使貪婪愚昧的人，人會迷信就是貪婪，人會迷信就是愚昧，這是一個有利的工具。明知其不究竟，但是還有存在的作用，運用它達成一些效果。這就是太上非情，但是他能用情，因為絕大多數的人不能超脫情的控制。

掌握致命的弱點

《孫子兵法．九變篇》這一篇最後說「故將有五危」，一個將領要注意其人格特質中致命的弱點，即五種危險要注意。這是提醒對一個將領的人情、人性要有所掌握，領軍作戰的人要注意自己性格的缺陷，行事風格要及時調整，不要僵硬死板，否則必敗無疑。不懂得隨機調整、靈活應變，一旦容易被敵人掌握動靜，那就是：「必死可殺，必生可虜，忿速可侮，廉潔可辱，愛民可煩。凡此五者，將之過也，用兵之災也。覆軍殺將，必以五危，不可不察也。」這句話講得特別好，有一些將領不怕犧牲，豪氣干雲，做了犧牲的準備，領袖派他到哪裡，他就死在哪裡，類似像這樣的情形，對手就會成全你。一旦出現任何一種有生、死選項的時候，都選擇犧牲，那敵方就可以製造陷阱情境讓你非死不可。知道你想死、必死，不做其他的選擇，那就讓你沒得選擇，這就是「必死可殺也」。想法如直線，不轉彎，這樣的執著就好鬥，畫地為牢，把自己限制住了。任何情況下都選擇馬革裹屍、效命疆場的人，就會給敵人造成讓你非死不可的情境。

「必生可虜也」，可以把你俘虜，讓你活下去。有一種將領貪生怕死，任何情況下能投降就投降，絕對不願意犧牲；不願意犧牲的，就製造可以投降的機會，讓你沒有鬥志撐下去，減少繼續消耗，這就是充分掌握了一個貪生怕死的將領，一定想辦法要這種將領活下去，給這種指揮官造成必生的處境，結果就絕對能夠把他俘虜。知道對方不會選擇死，就施加壓力讓其不繼續抗爭下去。

還有，「忿速可侮」，一個人動不動就暴跳如雷，很快就會被人家激怒。對於這種好鬥的人，就可以激怒並侮辱他，讓其遭受很大的羞辱。這就是通過刺激，知道對方絕對有反應，那就故意製造刺激，最後達到侮辱的效果。可見，「忿速」也是為將者致命的性格弱點。

「廉潔可辱」，標榜清廉、一介不取的，同樣可以侮辱。清廉的人，最在意別人認為他清廉不清廉。利用這一潔癖，不管是真的清廉，還是假的清廉，就可以製造一個事件來讓這個廉潔的人陷入貪污糾紛，對他造成極大的干擾效果。「廉潔可辱」，因為標榜廉潔就是其罩門，不管最後是不是平反，反正為了洗清嫌疑就很耗時間精力。可見，任何情況下都想標榜自己的廉潔，自己不沾鍋，而這恰恰就是弱點，經不起別人的折騰，是真是假都不重要，至少可以造成嚴重的干擾。

「愛民可煩」，有時候愛民，就是包袱。像《三國演義》中，劉備逃亡的時候，一大堆包袱，那些兵將還得去掩護一步一步走的老百姓，這怎麼能打仗呢？敵人就利用這一點製造難民問題。如果你愛民，我就給你很多難民，讓你不忍心放棄，如此部隊行動速度緩慢，作戰部署完全被打亂。製造那麼多的難民，給對方留下包袱，而對方因為人道，不能見死不救，要築難民營；所以一旦標榜愛民，敵人一想這好對付，就製造很多真老百姓、假老百姓，達到干擾其軍事行動、戰略決定的目的。

照講「必死」、「必生」、「忿速」這三點還情有可原，而後面的「廉潔」、「愛民」看起來都是美德，但是這種極端的標榜的美德，到最後會變成致命傷，所以一個人即使真的廉潔、愛民，也千萬不要講出來。真廉潔更不要標榜，越標榜，就越被其綁住手腳，一旦要介入這種人生戰場的鬥智鬥勇，所有的弱點千萬要掩藏，不要讓敵人完全摸透你的本性，否則「廉潔可辱，愛民可煩」。如果廉潔對付貪婪之人或者看老百姓像草蟻，根本就沒有可能對其造成任何侮辱、煩惱。所以針對性格上的弱點，這也是人情的利用。可見，面對「將有五危」，領兵作戰者一定要好好修習，做到「難知如陰，動如雷震」，讓敵人無法預測，無法算計。

真愛與驕縱

〈地形篇〉是《孫子兵法》比較長的一篇，講的是大將要做到的：「進不求名，退不避罪，唯民是保，而利合於主，國之寶也。」

「進不求名」，人一旦要求名，行動就不自如，容易上當，人家就用名來誘惑你。「退不避罪」，戰場上該進就進，不可以為了求虛名進，該退就退，退了也不怕上面降罪。為了保全實力甚至國家，做出進退的決定，不要為了求名，也不要為了避罪送死，應該是「唯民是保」，軍隊就是人民，要想辦法保護、愛惜他們，這是大原則，不要做無謂的犧牲，不要驅使他們做不當的進退，這樣其實是保了民、保了軍，最後也合於君主的利益，有擔當，敢負責，這才是「國之寶也」。

接著還有：「視卒如嬰兒，故可以與之赴深溪；視卒如愛子，故可與之俱死。厚而不能使，愛而不能令，亂而不能治，譬若驕子，不可用也。」愛惜士兵就像嬰兒一樣，可以跟他一起同生死、共患難，他去深溪，你就去深溪，你去深溪，他也跟你去深溪，生死相隨。還有「視卒如愛子，故可與之俱死」也是一樣。這就是帶兵，《易經》隨卦（䷐）的上爻就達到了這種境界：「拘系之，乃從維之，王用亨于西山。」周太王去哪裡，老百姓就去哪裡，沒有第二句話。這種生死相隨，就是因為你平常對他太好了。當然，也不要過火，即不可以驕縱，這就是「厚而不能使，愛而不能令，亂而不能治，譬若驕子，不可用也」，嬌生慣養、過分嬌寵，反而是害他，如果部下不聽令，軍事行動的組織怎麼可以完成呢？前面是真愛，後面就說不要驕縱，否則會恃寵而驕。這一篇針對人之常情可能的一些弱點、過火的行為提出建言。

奪其所愛

〈九地篇〉中說：「先奪其所愛則聽矣。」人之所愛，就是致命的弱點，放棄不了，沒有辦法割捨，所以在打仗的時候，一定要掌握對方的主要人物最擔心、不計一切要保護的或者完全不能割捨的、愛到極點的東西。仗還沒開打，先把他心愛的東西奪去，他下面就完全失去主動，一切聽你擺佈。像傳說吳三桂鎮守山海關，陳圓圓是他所愛，一旦被李自成所奪，他就方寸大亂，「衝冠一怒為紅顏，慟哭三軍俱縞素」，因為奪其所愛，方寸亂矣，所以引清兵入關，什麼都失控了，忘記了他守住山海關的責任。

太愛，則聽矣，正是這樣，現代的綁票就很有用，要勒多少錢，就給多少錢。因為所愛，不敢放棄，就可能任對方開出條件。可見，這用在人生兵法的領域也是一樣，人之所愛就是他的致命弱點，要綁票的人一定要知道其真正所愛。如果把吳三桂的大老婆綁走了，一點用都沒有，他反而會感激你，幫他解決了心腹大患，他策劃了幾十年都沒有辦法解決的問題，你幫他解決了。表面上非常的哀淒，內心肯定好爽。所以綁票一定要綁其所愛，不管古代社會、現代社會，中國社會、外國社會，人情一定有所愛，他內心深處真正愛的是什麼，可能是人，可能是物品，抓住這一點，這個人一定失常，就可以控制他，完全聽你擺佈。可見，一個人想承擔大任，自己之所愛絕不能讓任何人知道，要想辦法掩藏。以前有些人，可能愛的是小老婆，他外面一定宣稱寵愛大老婆，小老婆實際上就是其致命的罩門，絕對不讓任何人知道。

人必有所愛，《易經》的兌卦（䷹）上爻就是一個最高領導人的致命傷：「引兌，未光。」這一致命的吸引力，會毀了人的一生。所以要「難知如陰」，道理就在這裡。保護自己，還要保護自己的所愛，不要被人家抓住這一點。一個真正能夠修到冷徹非情的人，沒有所愛，這個人就難鬥了，沒有任何弱點，人家就拿他沒法子。

察人情、去迷信

〈九地篇〉說：「九地之變，屈伸之利，人情之理，不可不察也。」兵法也是千變萬化的，各式各樣的地形，各式各樣的環境，這時候大丈夫要能屈能伸。「屈伸之利，人情之理，不可不察」，〈繫辭傳〉針對咸卦（䷞）第四爻就說：「尺蠖之屈，以求信（伸）也。龍蛇之蟄，以存身也。精義入神，以致用也；利用安身，以崇德也。」可見，人情之理一定要洞察，種種人情的情境，錯綜複雜到什麼地步，為君者、為將者在兵法利用上都得瞭解各式各樣的人情，瞭解之後能夠掌握運用，追求成功的道路，免除失敗的關鍵弱點和危機。

「兵士甚陷則不懼，無所往則固，深入則拘，不得已則鬥。」〈九地篇〉中還有一句話，這和《易經》中的大過卦（䷛）、坎卦（䷜）頗為相似，人拚命的時候很可怕，「險之時用大矣哉」，如果陷得不夠深，沒有到幾乎絕望危險的情境，不會勇往直前，等到沒有後路了，那就是置之死地而後生，只能背水一戰，那就不怕死了。大過卦〈大象傳〉講「獨立不懼，遯世无悶」，說的就是在一種極端的情境下，沒了選擇，只能去應對，那時人的非常的潛力激發出來相當驚人。人最怕的就是死，如果連死都不怕，還有什麼可怕的呢？已經陷得太深，無所選擇，沒有地方可以去，所以心志專一，聽從將令。「無所往」代表沒有地方可以去，這是一個絕境，大家只能夠拚命求生，沒有別的選擇。於是勇氣百倍，「無所往則固」，破釜沉舟就是如此。一個將領有時候就要創造這種情境，使他的兵士陷在絕境中，為了求生，個個都是奮勇殺敵。如果還有其他選擇，就沒有辦法達到這種團結眾心的效果。當領導人安排部屬到危險的環境中，激發他的潛能，這就不能感情用事，因為這樣做很殘酷。這也是一個對人情在極端情境中反而會爆發潛力的深刻瞭解，瞭解這一點的將領才會這麼幹。

〈九地篇〉還稱「禁祥去疑，至死無所之」，祥是吉凶通用的，「禁祥」就是說絕不迷信。尤其在古代社會，戰爭時期，有很多迷信的流傳，人心在那種特殊的狀況下就會受限制，甚至這麼一傳使得士兵整個鬥志瓦解，士氣不振，「祥」傳播多了，於軍心不利，要嚴格禁止，所以在軍營中嚴禁傳播這樣的東西。「去疑」，指不必懷疑長官，不必懷疑同儕，不必多想其他，聽令就是。

先知先覺

《孫子兵法》最後一篇為〈用間篇〉，其中提到「先知」，講的就是關於情報的問題。如果情報站建立得很好，什麼情況都早一步知道，就像宗教上的先知一樣，敵方還沒動，雙方還沒交手，敵人的一切底細都偵察得清清楚楚。敵人對他來講完全是透明的，那麼如何達到這麼高的用間的績效，得到這樣珍貴的情報，把敵方完全摸透呢？這就是這一篇所說的：「明君賢將所以動而勝人，成功出於眾者，先知也。先知者，不可取於鬼神，不可象於事，不可驗於度，必取於人，知敵之情者也。」先知不是靠算卦，也不是到廟裡去求籤，不是單憑任何一個法門就可以掌握，要建立間諜網，必須靠深入虎穴的人員偵察、臥底。即便到了現代戰爭，間諜還是不能夠被其他手段取代，都有很大的風險。而這第一手的情報「必取於人」，要人去瞭解，什麼樣的偵測都不可能像人一樣詳盡得知敵情。以前的迷信法門很多，但兵法說「不可取於鬼神」，要預測，要達到先知，一定要派人親自去調查瞭解，要進入敵人的陣營，冒非常大的風險，取得最珍貴的情報，才能「知敵之情」。換句話說，在以前那個時代，孫武就能夠擺脫一切捷徑取巧的法門，而且完全不迷信。

人會相信鬼神，相信這相信那，被這些主導自己人生一切的行動，就是因為情執太深，不迷怎麼會信呢？不只有孫武，古代那些兵法家，腦筋都很清楚，完全不受迷信左右。有些人做任何決策行動先去問鬼神，從來不先稽查，用自己的智慧去思考問題。這樣的人，根本就不夠格作為一個決策者，什麼事情都還沒有瞭解，也不去思考分析，就先去問鬼神。其實有時即使要靠借助算卦之類的來決疑，之前也要對事情有深入的瞭解，要在心裡過一過，這就是人的智慧。當事者、決策者的智慧排第一要位，一定要先「謀及乃心」（《尚書．洪範》）。一般人都先神、先鬼，這是絕對不可以的，真正的將才一定「先稽我智」（《尉繚子．天官第一》），一定要動腦筋，用自己的智慧去思考難題，不要想都不想就走捷徑。

第五章　終始循環

首尾呼應

在進入《孫子兵法》正文之前，我先簡單提一下十三篇的架構。

第一篇〈始計〉，最早是沒有「始」字，就叫〈計篇〉，後來發覺「計」是一切的開始，推演作戰的計畫，加上一個「始」字，覺得比較清楚。最後一篇〈用間篇〉，「用間」跟「始計」的關係很密切，「用間」是基礎，也涉及到人情的奪其所愛，兵法很多重要的原則都是貫通的，整個十三篇從第一篇到最後一篇，是一個圓，終始循環、首尾銜接。在後面的篇章中有講到「恆山之蛇」，就是第十一篇〈九地篇〉提到的有名的典故，有的版本叫「常山之蛇」，恆就是常，恒卦的恒就是常道的常，我以前講過，古代大概除了《易經》之外，很多古典要避帝王的諱，漢文帝名劉恒，並沒有說把恒卦改成常卦，因為《易經》是至尊，很多的書都得避帝王諱，恆山改為常山就是如此，那麼恆山是不是現在的北嶽恆山呢？也不一定是。說起常山，我們都知道常山趙子龍。不過真正的版本應該叫「恆山之蛇」。孫武時代的恆山之蛇很特殊，確實有這種蛇，這種蛇還有一個專有名稱叫「樹蚺」，這種蛇很難鬥，很不好抓，行動靈活快速。不管蛇身多長，簡單講，「擊其首則尾至，擊其尾則首至，擊其中則首尾俱至」，一般來說，蛇的頭、尾如果長，反應不會那麼快，但是恆山蛇幾乎同一個時間到位，你要打牠的頭，牠的尾巴就來打你救牠的頭，你打蛇的尾巴，頭就來救尾巴，頭尾都不能打，都不好惹。不管蛇身多長，牠幾乎是同步救援，而擊其中段，首尾俱至，更要命了。那對於用兵來說，我們的兵力部署，不管在地圖上還是在平台上，每個戰略點都一樣，需要快速救援，敵人打任何一個部分，都會招致全部力量的瞬間反擊。換句話說，不管兵力分散到多遠，整個是流通的，任何人打我其中一部分，必定招致我們全方位的反擊。可見，行動要非常快速，聯絡絕對不能中斷，這就是「用兵如神」。〈九地篇〉就講一個將軍用兵像恆山之蛇這樣機敏，敵人想各個擊破，但是不可能，因為整體的聯繫沒有任何障礙，他打我方任何一個點，我方會在第一時間掌握，並迅速反擊。很多將領常常希望吃掉人家的一部分，但在用兵沒有一部分的概念，都是整體，息息相關。

「恆山之蛇」這一比喻一方面是用兵追求的一種化境，另一方面也是作文章的一種化境。《孫子兵法》這十三篇的結構就像恆山之蛇，首尾呼應。我們在讀第一篇〈始計篇〉的時候，〈用間篇〉就跟這個有關，「用間」就是為了要「始計」，「擊其尾則首至」。《孫子兵法》十三篇六千多字中，讀任何一篇，循章摘句，都要有整體觀，他們息息相關。寫文章也是這種境界，絕對不會有累贅，每一個局部都呈現出整體的力量。學《易經》更是如此，不管是哪一卦哪一爻，四千零九十六種變化，都是息息相關的。

情報資訊是做任何戰爭計畫最重要的基礎，「用間」如果錯了，後面全盤皆輸，第二篇〈作戰篇〉就無用武之地了。「用間」是少數的精英決定整體的成敗存亡，所以首尾兩篇我一向是結合來講，講完〈始計〉，就講〈用間〉，道理就在這裡。

全勝思維

從「用間」而「始計」，十三篇的結構既然是首尾銜接、首尾呼應，下面就要談錢了，即〈作戰篇〉。第二步就是根據情報資訊，決定要打了，擬定種種的計畫。在打之前，就要考慮經濟因素，萬事非錢莫辦，沒有錢、沒有預算則一切都不行。何況軍事上的耗費是巨大的，自古以來，戰爭都是非常昂貴的。第二篇〈作戰篇〉談的就是有錢才可以打，準備的錢可以打多久，對民生的經濟影響有多大，都要評估。如果準備了三個月的戰費，結果打了三年，那就慘了，要知道，戰爭對民生經濟的破壞是非常大的。〈作戰篇〉名為作戰，其實沒有真的作戰，而是談錢這一關。拿破崙曾留下一句很淺白的話，他說打仗很簡單，有三大要素，第一個是錢，第二個是錢，第三個還是錢。這就是兵法非常務實的部分，怎麼能不考慮經濟因素呢？如何「勝敵而益強」，錢越多就越有戰力。

錢的問題談完了，這是必要因素。再來就是第三篇〈謀攻篇〉，進入了兵法的精華。「不戰而屈人之兵」就出自此篇。孫武歷來主張和平，不到萬不得已，絕對不要硬碰硬，打那種犧牲慘重的戰爭。像二戰時期，那麼多慘烈的登陸戰，死傷慘重；而古代戰爭，不管是東方還是西方，人命就像螞蟻一樣。在兩千五、六百年前的孫武就覺得這不是上策，戰爭帶來太多的破壞，如果能夠用最少的破壞，甚至不破壞就取得勝利呢？這就是〈謀攻篇〉的主旨。我們要採取攻擊的手段，就要有勇有謀，《孫子兵法》重視最後的攻，而不是一味的守。立於不敗之地之後還要創造攻擊的契機，不攻不會取得最後的勝利，不能只守不攻，但是要怎麼攻才最好，用最少的成本達到最高的效益，這就需要好好計謀。這一篇就有一個「全勝」的思維，現在這幾年，尤其是兩岸討論全勝思想，大行其道，也稱為《孫子兵法》裡面的招牌觀念。我們千萬不要誤會全勝就是百戰百勝，不是打多少次都是贏。孫武認為百戰百勝不是善之善者，「不戰而屈人之兵」才是善之善，才是全勝。全就是保全，大多數的基礎設施沒有被打爛，得以保全。一般來說，戰爭充滿了巨大的破壞力，我方的，敵方的，還殃及無辜的人死掉很多，這是戰爭最不好的地方，造成了很大的破壞，很多基本的東西不能夠保全。《孫子兵法》硬是要高難度的求全，即盡可能地保障敵方、我方，還有所有的協力廠商，甚至就連天地之間的環境都希望保全，儘量少破壞。那要怎麼達到這一目的？就得鬥智，要做很多選擇，不要採取那種造成重大破壞的手段達到目的，這種想法就很有發展性，不只是保全自己，連敵人都保全。保全敵人，敵人的人力物力才可能轉為你所用。如果把敵人都殺光，敵人的東西統統破壞光，造成了很大的破壞，既不人道，而且敵佔區的資源不能用。即使打贏了這場戰爭，得到的只是一個破爛的不可收拾的局面。

〈謀攻篇〉這種把敵人資源轉為我方用，直接承襲〈作戰篇〉而來，讀《孫子兵法》十三篇，一篇接一篇接棒的地方特別重要，其邏輯思維一環扣一環，因果關係非常明確。敵人的資源不也是資源嗎，為什麼要把它打爛呢？只要讓它屈服，屈人之兵，同樣是取得了勝利，其資源一樣可以轉為你所用，為什麼不保全呢？為什麼要破壞？先打個稀巴爛，打完再重建，重建的成本不知道有多高。〈作戰篇〉是講經濟的，即資源儘量不要破壞，可持續利用最好，這就是〈謀攻篇〉的「全勝」思維，全勝有可能一場戰爭都不打，所有資源都得到保全。要做到全己還要全敵，這一點很難，這個思維可以推廣到我們的二十一世紀，當今的自然環境破壞得非常厲害，全勝的目標就是全天全地。打仗對自然環境的破壞很嚴重，二十一世紀不僅要保全我方、保全敵方，還要保全自然環境不受破壞，可持續利用。

全勝思維除了全天全地全人，還可以全鬼神，戰爭常常可能毀滅一個民族，毀滅一個國家的文化傳統、宗教信仰，像破壞廟宇、破壞博物館，這些都是很造孽的事情。《孫子兵法》提出保全的觀念，就是儘量保全一切不要被破壞，不只是保全人，保全天地自然生態環境，還要保全不同國家民族的文化資源。不要因為一場魯莽的戰爭把文明破壞掉，文明沒有辦法重建，假如一場戰爭把故宮文物摧毀了，怎麼重建？那是不是很大的遺憾？像阿富汗的塔利班組織，一炮就把巴米揚大佛打壞，永遠都不能重建了，對信佛的人來說，這就種下了深仇大恨的種子，永遠不能解開。用粗暴的武力去破壞人家的信仰，破壞清真寺，破壞廟宇，破壞教堂，都是不恥的行為。《孫子兵法》雖然沒有明言保全一切，但是根據前後的邏輯可以推出這些道理，尤其在二十一世紀特別重要，全勝思維，保全的思想，可持續運用的思想，涉及一切天地人鬼神的資源，就像謙卦（䷎）一樣把全勝思想發揚光大。可見，懂得如何「不戰而屈人之兵」，有了這樣的觀念，那真的是功德無量。全勝思維，不僅全己、全人，還全天、全地、全鬼神，這是非常有發展性的思想。這種「不戰而屈人之兵」的和平思維，在西方的兵法思維中是沒有強調的。

形勢虛實

下面連著三篇是精華中的精華，即〈形〉、〈勢〉、〈虛實〉三篇，概括來講就是形勢、虛實。整個《易經》就是在談形勢、虛實，任何事物都是如此，如果有了形，就可以積形成勢。這是《孫子兵法》中最精彩的部分，雖然高度抽象，但是非常的具體落實。對任何事物形勢的判斷，我們應該牢記：「形勢比人強。」「形」在「勢」先，〈形篇〉接著〈勢篇〉，由知道靜態的形勢之後，才能瞭解動態的虛實運用。過去讀兵法的人都把這三篇當成一組，就如同一個段落，全部都要搞通。不懂形就不可能懂勢，不懂形勢，就不可能明白虛實的妙用，形勢、虛實是一貫的。所有的戰略，包括一些最高層的兵法思維，面對形勢、虛實之時，都是非常重視的。

迂迴相爭

第七篇叫〈軍爭篇〉，這一篇大概可以看成是《孫子兵法》的前半、後半的分野。前面的都具備了，下面就是兩兵相爭或兩國相爭，一定有一些必爭的資源。為了攻佔或防守要害，你死我活都要爭奪，要搶先機。這種非爭不可、非到手不可的東西，大家的企圖都很明顯，最後誰爭到，那就要講究靠什麼路線爭到。這一篇就講到迂迴路線的重要性，誰先到，誰就佔上風，如何確保能夠讓自己先得到，如何誤導敵人要不到，這就是〈軍爭篇〉的主旨。

千變萬化

再下面其實就進入細節了，我們或者可以說前面談得都是比較高層次的戰略，是大綱要，〈軍爭篇〉之後面的五篇（第七到第十二）都是細節。這五篇是古代戰場地形、地勢的描述，有一些東西在現代來說有點落伍，因為冷兵器的時代是以陸戰為主，既沒海軍也沒空軍，連水戰都是附屬的。但是現代戰爭的形態已經擴及到太空，也包括那種看不見的、瞬息萬變的網路戰，完全是立體的、有形無形相結合的。但是，我們仍然可以從古代的冷兵器時代，歸納出很多重要的原則。當然，整體來說，就是在古代，這五篇的重要性仍然不如前面的篇章。

〈軍爭篇〉之後的為〈九變篇〉，一言以蔽之，就是戰場形勢千變萬化，不一定是九種變化（九是數之極），如何應變，不能拘泥，「不可為典要，唯變所適」。〈九變〉之後就是〈行軍篇〉，當過兵的人都知道，「行軍」講的是戰場的運動，一旦展開運動戰，行軍的時候就要根據地形地勢的變化保持動能。這一篇舉了很多的實例，很有趣。

再下面就是〈地形篇〉，〈地形〉後面就是〈九地篇〉，這是最長的那一篇，〈九地〉後面接〈火攻篇〉，談完常規戰爭之後，談特殊戰爭。〈地形篇〉顧名思義這是限於陸戰，地形、地物的辨識特別重要。〈九地篇〉講的是在一種極端情境下，幾乎是必敗，這種最危險的情況有時候反而可以置之死地而後生，激發人拚命的創造力，這就和《易經》中的大過卦（䷛）、坎卦（䷜）有點類似。「大過」就是非常，那種情況下展現的魄力、勇氣，用環境激發出人的潛力，往往可以反敗為勝。〈火攻篇〉描述的更是一種特殊形態的戰爭，破壞力也特別大的戰爭。

以上就是《孫子兵法》的基本架構，戰爭領域中的方方面面，十三篇全部照應到。嚴格來講，我們如果活學活用《孫子兵法》的法則，就會發現沒有古今中外的差別，商場、情場、官場等各式各樣的場合都可以。

第六章　算無遺策——始計篇第一

現在我們開始進入《孫子兵法》的具體內容，第一篇〈計篇〉和最後一篇〈用間篇〉，這兩篇的篇幅是十三篇中的典型，不長不短，但是這兩篇特別重要。我在介紹十三篇的篇章時，就提起其結構的首尾相應，完全像「常（恆）山之蛇」的靈動。

〈始計篇〉其實本來叫〈計篇〉，「始計」之「始」應該是北宋時候編《武經七書》，為了使其意思更突顯，才加上的。也就是說，在戰爭還沒開始之前，一定要有全盤的規劃和算計，諸如勝算敗算、風險利潤等，加上一個「始」就更清楚了。古人，尤其在先秦的這些思想家，文辭非常簡練，能夠一個字講清楚的，就不必用兩個字，〈計篇〉其實已經很清楚，只是後來在普及化的過程中才成為〈始計篇〉。

「始計」，開始估計算計、精打細算、知彼知己，算出敵我實力的對比，如同當今的沙盤推演，當打仗前把兩軍交戰可能需要的戰場平台以堆沙盤的形式進行模擬，在上面插上旗子，代表兵力的部署。這種現象我們在電影中能具體看到，像幾十年前的戰爭中，有所謂的山川地勢模型，沒有模型，也有山川地貌平面圖。不管是陸戰，還是海戰、空戰，甚至網路戰，都有戰情分析，即按照原先的戰爭計畫實施進行演算、追蹤，這就是「始計」。

我們人生也有很多的戰役，如重大的投資計畫、重要的人生規劃，行動之前都要算一算，算了之後，可能放棄，可能加碼。估算是針對目標物，即對敵我雙方的實力做盡可能客觀準確的評估。另外一個就是戰場的形勢、大環境，周遭的形勢，不是只有知己知彼就可以解決問題的，因為敵我都會隨著大環境的變動，而出現瞬息萬變的變化。形勢比人強，周遭的大形勢，就像泰極否來、剝極而復一樣，都會嚴重衝擊到對戰的雙方。所以兵法中，除了強調知彼知己之外，還強調知天知地，要知道天地的大環境；用《易經》的話講就是泰卦（䷊）和否卦（䷋），泰極否來的突然變化，一定要瞭解。我們所有的戰爭計畫中要算到道、天、地、將、法，道理就在這裡，不能只估算人這一方面，敵我雙方只是人的因素，還有自然環境等因素。

〈用間篇〉確實是兩個字——「用間」，因為間諜要靈活運用，在〈用間篇〉中就提到有五種間諜的分類。用得好就神乎其神，用得拙劣，那就必須甘拜下風。全在乎人怎麼用，會用的化腐朽為神奇，不會用的化神奇為腐朽。用間諜，絕對不是只有一個，有一點類似於現在進行式，永遠無所不用其極，隨時都有間諜的活動在進行。

不管是〈始計篇〉還是〈用間篇〉，用《易經》來說，就是豫卦（䷏），事情還沒開始，一定要預先準備好要做的動作。「用間」的成績作為「始計」的基礎，這是基本常識，不然怎麼算呢？只要有了偵測的基礎，瞭解客觀的實況，掌握敵情，同時也瞭解自己的虛實，才可以做行動前的決策。這些都是豫卦的預測、預備。

〈用間篇〉是〈始計篇〉的基礎，〈始計篇〉又是開始任何實際行動前的基礎。我們都知道，《易經》中的師卦（䷆）是實戰，從戰爭開始到戰後。豫卦是備戰，是前置作業，運用好情報系統做準確的預測、預算，根據預測儘量做好周全的預備。「凡事豫則立，不豫則廢。」這是《中庸》思患預防的意思。這兩篇用豫卦最能夠代表，也是非做不可的，如果你預測準確，預備充足，當然就有豫卦的豫樂的結果。豫卦也是強調鬥志的卦，〈大象傳〉稱「雷出地奮，豫」，用種種的方式，鼓舞士兵的鬥志，最好能造成萬眾一心的局面，在軍隊組織中絕不可以有三心二意的存在，一定要統一號令，大家有一個共同的目標。豫卦外卦震（☳）是行動，也是領導人登高一呼，靠著其領導魅力、卓越行動力，帶動下卦坤（☷）的廣土眾民（士兵），順勢用柔，順服其命令。中國兵法有很多明顯的是鬥智強於鬥力，很多人認為中國兵法是一種比較柔道的兵法，而不是硬碰硬的剛道的兵法。像實戰的師卦上卦也是坤，所以坤卦順勢用柔的智慧，會影響到廣土眾民如何在坤的土地上紮深根使葉茂。

豫卦還有「不忒」的概念，這是出現在〈彖傳〉中的「天地以順動，故日月不過而四時不忒」，意即天地順著時勢而活動，所以日月的運行不會失誤，四季的次序也不會偏差。也就是說要零失誤，百分之百精確，就好像天體運行一樣沒有任何誤差，一切在軌道當中運行。還有觀卦（䷓），也是觀測敵情，其〈彖傳〉也強調「不忒」：「觀天之神道，而四時不忒。」百分之百精確，在兵法中這麼高的準確度的確很難，但是至少要百分之七十以上的把握，不管是「始計」還是「用間」，都是如此。

中國鬥智六字：計、策、韜、略、謀、猷

〈計篇〉之「計」，從字形上看，就是「言之十」，一般來說，方位有八方，即東、南、西、北和東北、東南、西南、西北，但還有空間上的上、下，總共十個方向，這才是全方位的。建立理論、進行企劃、提出看法、擬定計畫，那就是「言」，「言之十」就是全方位的，這才是「計」，周到周全，算無遺策，滴水不漏，有十足的把握，絕對不會漏算哪一面，方方面面俱到。如果只算到十面的一兩面，那漏洞太多，就談不上是「計」了。

前面不加「始」，我們也知道〈計篇〉的要求是非常嚴格的，必須十拿九穩、十全十美。「計」字就是中國的智慧韜略之一，在中國鬥智的書中，大概經常出現的有六個關鍵字。第一個就是「計」，《孫子兵法》的〈始計篇〉、〈用間篇〉就滿足這個嚴格的標準。第二個就是「策」，「計策」二字常常合用，「策」字在《易經》來說，就是用蓍草占卦，一根蓍草就叫一策，策就像「大衍之數」一樣的，也是要求「不忒」。策也有鞭策的意思，馬鞭也叫策，如果覺得進度慢，拖延了進程，馬上就得揮鞭要求，讓馬跑快一點，各方面要趕上，照預定的計畫策動。跟《易經》和《孫子兵法》關係極為密切的「三十六計」，每一計都要考慮周全。從「瞞天過海」到最後的「走為上計」，都是如此，不然跑不掉，也騙不了任何人。《戰國策》這部書，也是說在戰國時候那些遊說的縱橫家留下的很多輝煌的外交談判、遊說上縱橫捭闔的業績。談判、遊說一定要有整套方案，先去見誰，再去見誰，見到了如何打動人家，都要有一套完整的方案。那就叫策，而且執行時，進度要管控，直到最後圓滿完成。

還有「韜」和「略」，《六韜》、《三略》這兩部兵書我們很熟悉。「韜」字左邊是「韋」，就是熟而軟的牛皮，有彈性，不像皮革是比較堅硬的。韜作為劍囊，是用來裝利器的，利器藏在裡頭，光芒不外露，不形於色，就是外面有一個包裝，這就是「韜」。成語「韜光用晦」就是如此，平時收斂低調，有彈性，很難被人看出來。初出茅廬的處事生硬，一下就被人家看破手腳，所以國之利器不可以輕易示人，要把利器鋒芒藏在韜裡頭。《六韜》這部兵書的名稱來由我曾經簡單提過。因為太公兵法是以武王伐紂戰爭為例，武王伐紂強調行動的隱秘性、計畫的隱秘性，很多的陰謀詭計一定要隱藏，劍一旦出鞘就要成功，沒有出鞘以前，絕對不能讓人家有所防範，就要隱匿。所以韜不是堂堂之正的陽謀，而是陰謀。這種以小博大的革命戰爭，採用的就是「韜」字訣，外面看不出來，內部的人才清楚，像〈用間篇〉裡面就提到嚴守軍事機密的重要性。

《三略》之「略」是大綱的意思，不涉及細節，像建國方略、建國大綱。「略」很重要，不能羅唆，要講要點，這個功夫非常重要，尤其那種重要人物、高級決策者，哪有那麼多時間看你囉哩囉唆的。詳細的資料只能作為背書，最後給領導人看的可能就只有一張紙，但是要點全在上頭。二戰中的英國首相邱吉爾就是如此要求下屬，在英國幾乎快被打垮滅亡的時候，他撐到美國參戰，最後勝利。在那種非常繁忙、日理萬機的時候，最重要的就是軍情，所以他常常要求下屬練習在多長時間之內把事情說清楚。跟重大人物面談，往往只有幾分鐘時間做簡報，如果唧唧歪歪講半天不入正題，機會就結束了。要言不煩，「易簡而天下之理得」，成功就在這裡頭，「略」的意義就是如此。《三略》這部兵書就是強調要點的重要性，即戰略，戰略的層次又比戰術高，戰術可能就涉及到很多細節，戰略是高瞻遠矚，定大方向的。「略」也有權益的說法。像「略」字，字面上看是各人有各人的田，「田」字就是方格跟方格之間有界限，即利益的劃分線，如果侵略，他要到你的田裡頭來，那就不可以，你就要捍衛這種攻防。所以「略」字有權益分配的關係，劃定勢力範圍很清楚，井水不犯河水，不能亂來，人不犯我，我不犯人。

還有兩個字，一個是《孫子兵法》第三篇〈謀攻篇〉的「謀」。「謀」跟「計」都是言旁，但是不一樣，是某之言，一家之言，某一個人提的企劃方案、對策決策，大家都沒有定案，哪一個方案最好或者綜合大家方案之長，才能定出一個最後的定案。以前那些最主要的軍師就是所謂的主謀，一些政軍的重要決策都要跟這位老兄研究研究，因為他是幕僚頭，所有的謀由他主導，整個團體提出來，然後他潤飾決定之後再上呈，作為提供決策時的重要參考。不像「計」是各方面都算到了，「謀」則不一定，可能有甲謀、乙謀、丙謀、丁謀，未必是代表全部。另外一個字就是「猷」。「猷」也是一種大的謀劃、大的策略，甚至大的治國治軍的方案。很有智慧、很全面的，也很有深度、廣度。

計、策、韜、略、謀、猷這六個字，就是中國兵法智慧中最關鍵的字眼，值得我們重視。

孫子曰

好，我們進入文本。〈計篇〉只有三、四百字，在文本的開頭都說「孫子曰」，這就有點耐人尋味了。《孫子兵法》到底是孫子自己寫的還是學生整理編輯的呢？因為《論語》不是孔子寫的，到處說「子曰」，就是《易經》的〈繫辭傳〉、〈文言傳〉也說「子曰」。「子」就是老師，「子曰」就是老師說，就像佛經的「如是我聞」，但佛可沒寫，只是當時參加法會的人寫下來的。「孫子曰」就有意思了，假定文章是孫武寫的，他不可能叫自己老師，這是不是他的徒子徒孫根據初稿，經過一些修改，然後錘煉編輯出來的，然後說「孫老師說」？「子」當然也不是只有「老師」的意思了，也是那個時代男子的美稱、尊稱，「孫子曰」即「孫先生講」。

但是我們又不完全排除上述兩種意思，從文本來看，也可以這麼理解，即主要還是孫子自己寫的，因為這樣的文字才華，辭如珠玉，不是一般人寫得出來的；而且思想的東西恐怕也不能完全假手於人，這是天才之作，他自稱「孫子」，也不見得不可以。「孫子曰」也是鄭重其事的意思，代表別無分號，就是我孫某人特殊的看法，這一講出來必傳千古，絕不是混講。

兵者，國之大事

孫子曰：兵者，國之大事，死生之地，存亡之道，不可不察也。

「兵者，國之大事，死生之地，存亡之道，不可不察也。」〈始計篇〉的開篇，沒有一個廢字，開門見山就談兵。這個「兵」當然不要落實為戰場上的士兵，也不是具體地講兵器，而是軍事學、兵法學，是有關戰爭的所有學問，也就是英文譯本所說的「戰爭藝術」。

「兵者，國之大事」，軍事，是國家大事。《左傳》稱「國之大事，在祀與戎」，祭祀和戰事，是國家重要的事情。祭祀就是為了政權永續和國祚綿長，也是《易經》中震卦（䷲）的概念，保住宗廟，祭祀不斷，才能夠永續經營，代代流傳。另外，要捍衛政權，就得面對對內、對外的戰爭。國之大事就這兩件事，政治和軍事，軍事當然是為政治服務的，沒有政治、政權，軍事上的攻防就失去了依據。以政領軍這是必然的，這是本質上就決定的事情。師卦（䷆）就講得很清楚，軍事是為政治服務的，戰略要服從國家的政略。兵者是國之大事，非常重要，這是不會有任何異議的，從古至今，乃至未來，都是如此。

軍事是重要的國家大事，也是「死生之地」，不可輕視，否則就可能滅亡。面臨生死存亡的關頭，就像《易經》中頤卦（䷚）、大過卦（䷛）的生死關頭，所以要高度、嚴肅地重視，要好好地做戰備，要有捍衛自己國家的實力。關於「死生之地」，其實後面的〈行軍篇〉、〈地形篇〉、〈九地篇〉談到了大量的戰場地形，以及在那種地形下人的特殊心理，裡面就有所謂的生地、死地，有的是絕地，幾乎九死一生，一旦陷入絕境、死地，就要置之死地而後生。當然，領軍作戰都是希望要有生地，戰勝的機會才比較大。因此，戰場的選擇、戰場地勢的考量，就是「死生之地」的權衡。

軍事、戰爭的學問是整個國家的大事，涉及國死、國生的問題，很重要。那麼，為什麼不講「生死之地」呢？這不完全只是一個習慣的說法，有過死裡求生的經驗的人就知道，死比生還重要，公司要倒閉很容易，百年老店在一個大的衝擊下會完蛋，所以要重視死，不要怕犧牲，要先練習往最壞處想，有沒有可能投資失敗？有沒有可能滅亡？後果承不承擔得起？先想死，再想生，才不會一開始盡往好的方面想，失去應有的警惕性。風險一定要考量，甚至再高估一點都可以。人生不如意事十之八九，先講死，再講生，這是必要的。尤其關於軍事戰爭，死很容易，只是一瞬間的事情，所以要特別小心，戰戰兢兢才能心生警惕。正是因為這樣，戰國時期造成四十幾萬趙軍被活埋的長平之戰的紙上談兵的趙括，才不會被其父親欣賞。

談兵好像在談藝術品，在談純學術的理論，軍事是涉及戰場上不知道多少家破人亡的事情，不是談談就行的，所以要認真看待。先強調死，再強調生，《易經》的〈繫辭傳〉也是如此，關於死生之說，它說：「原始反終，故知死生之說。精氣為物，遊魂為變，是故知鬼神之情狀。」先講死，再講生，這才比較務實。如果把死參透了，把可能的挫敗都參透了，做好了心理準備，就不會一蹶不振，而是努力尋找生機。如果一開始都想順利成功，忽略了可能死的重大風險，一旦遇到風險，就無法承受，下面就一場糊塗，光是造成的心理挫折就讓人生不如死。

「存亡之道，不可不察也」，「存亡之道」比較容易理解，死生和存亡差太多，都是大事，絕對不是小事。當然，嚴格講，死生與存亡還有差別，肉身的毀滅及存續為死生，而精神性的薪盡火傳、永恆永續為存亡。《易經》中的頤、大過二卦是生死，只是肉體而已，坎（䷜）、離（䷝）二卦則為存亡，影響更大。「存」字，從字形來看，是所有的資源都足以影響到後代子孫，不只是現在，而現在的「在」就是所有資源的影響僅限於當下這一塊土。

存、亡相對，生、死相對，《老子》云：「死而不亡者壽。」真正的長壽是肉身雖然死了，但精神的力量永遠沒有毀滅，永遠還存在，這才叫長壽。「死而不亡」，如果「死」等於「亡」，這句話就變得荒謬了。我們通常考慮的生存不只是考慮肉身，還要考慮精神性的，要考慮長期造成的對後代的影響。

「不可不察」，明察秋毫的察，觀察、洞察的意思。在中國古代經典中，「察」字是高度精密的。最粗淺的曰「視」，視力好不好、視野如何等；深一點曰「觀」，這就要用心，要看得很透；

再深刻一點就是「察」，要縝密分析。視、觀、察三部曲，在《論語》中孔子就說：「視其所以，觀其所由，察其所安；人焉廋哉？人焉廋哉？」第一步「視其所以」，用視的功夫看明白他現在做的事；第二個「觀其所由」，用觀的功夫看清楚他過去的所作所為；第三步「察其所安」，還要深入追蹤，用「察」的功夫看仔細，看他的心態安於什麼狀況。這樣一來，整件事情的來龍去脈可以一清二楚，就像鏡頭一樣由粗略到精細，尤其對一些比較錯綜複雜的事情，一步一步推進，視、觀、察深入審看，一個人還能有什麼隱藏的呢？「不可不察」，就說明要看得很細、很透、很深入，膚淺、浮躁都不可以。

道、天、地、將、法

故經之以五，校之以計，而索其情：一曰道，二曰天，三曰地，四曰將，五曰法。

下面就是根據觀察、洞察建立的兵學體系：「故經之以五，校之以計，而索其情：一曰道，二曰天，三曰地，四曰將，五曰法。」「道、天、地、將、法」，一出來就是五項，跟陰陽五行類似的結構，多多少少跟中國文化喜歡講「五」有關，在〈用間篇〉中，間諜也是五間。

這五項的提出，各方面都考慮到了。道、天、地、將、法是所有的計之中最根本的，後來有一個專有名詞「五事」，所以有的版本在「故經之以五」後面加了一個「事」字，當然也可能就是「經之以五事」，精簡的版本把「事」拿掉了。「經」就是經常性的項目，是常道，而且最重要，孫子列出來五項。「校」就是審校，要求精密，「校之以計」，就說明不能有任何錯。「經之以五，校之以計」，光這個還不行，不夠細，有一些還要量化，就有了後面的「七計」。「七計」其實就是「五事」，一點也沒有脫離，如果「七計」脫離了「五事」，「五事」還叫經嗎？

「經之以五」，五個最重要的項目，事關要不要發動戰爭，戰爭到底可不可以進行，需要「校之以計」，還有細節的計算，必須做這樣嚴密的功夫。「而索其情」，「而」是能夠，才能瞭解敵情，瞭解自己這方面的實情，這是不能有任何欺騙性的資料的。像現在有很多的報表欺上瞞下，就是欺騙，是對公司和機構極不負責的表現。作為一個決策者，一定要有最客觀、最真實的資料，不能多報、虛報。上世紀二、三十年代軍閥混戰時期，有時一個師經過戰爭恐怕沒剩多少人，但是為了吃空餉，有些人還是把死亡人員列在名冊上，以便多拿軍餉。所以不能太迷信報表，看報表都要練習一種眼力，能夠看出假像來。「索」就告訴我們，要瞭解事情的真實性沒有那麼容易，要探索，就得像繩索一樣曲求，而不是直求。一伸手就能得到是不可能的，得不到，就要探索，要旁敲側擊，要迂迴印證。五事、七計所提出來的基本項，目的就是為了能夠瞭解真實的狀況，彼此的實力如何，敵情如何，需要嚴謹、認真的態度。

哪五個基本項呢？道、天、地、將、法。最重要的是道，然後是自然環境，就是天時、地利，然後才是人和。就是有沒有將才？指揮官很重要，兵隨將轉，像鴻海富士康這種彪悍的企業，領導人決定的成敗大概七成以上。將領的個性、風格，其成功失敗可能都跟這個有關，這是必然的。尤其是創業者，更是如此。所以「將」太重要了。孫子談人，第一個就談「將」，其前面談的是自然環境，合起來就是孟子所說的天時、地利、人和。比天地還高的當然就像老子所說的道，這是最高的真理，不管是哪一個領域，包括軍事鬥爭，都得合乎道。我前面所講的全勝，其實還不是最高，最高的是「道勝」，即站在正義的一方，合情合理，得到了全面支持，那樣的力量就大，因為「得道者多助，失道者寡助」。道是最高的，然後才是天、地，就像乾卦〈彖傳〉所說的「大哉乾元，萬物資始」，「乾元」就是道，「乃統天」。為什麼要打仗，就要來看它合不合乎道。如果這一關過了，才可以考慮天時地利如何，國際環境如何，國內環境如何，戰場環境如何；然後誰主打，那就是將才的選擇。一旦具備，就是具體的軍事行動了。戰爭很殘酷，千千萬萬的人隨時可能犧牲，貪生怕死的人是不會幹這種事的，所以軍法是非常嚴格的，這就是「法」。值得注意的是，「將」在「法」上，領導者的人格魅力很重要，有沒有將才，比好的法還重要，有時平庸的將領和傑出卓越的將領相比，即使他們的法完全一樣，結果完全不同。

法通常都是鐵面無情，就像軍令如山，同時也涉及後勤、部隊編制、軍事組織的問題。像富士康曾被批評為血汗工廠，至於真實的狀況是否如此，我們可以肯定它的經營絕對不是一個好的氛圍，雖然不是血汗工廠，但肯定是「壓力鍋」。郭台銘很像中國傳統的法家，工於心計，有一套領導統馭的法術，然後是最嚴酷的管理，所以即使工廠的福利好，像有游泳池等，但員工壓力很大，沒有時間游。企業的績效就是壓力大來的，郭的經營風格就像《易經》中的頤卦（䷚）第四爻所講的「顛頤，吉，虎視眈眈，其欲逐逐，无咎」，像老虎一樣能追逐利益，而且無咎，除非這樣的生態徹底崩毀，否則是動不了他的。他這種優勢的存在，就是叢林中的老虎，依靠無情的軍事管理手段。

上下一心

道者，令民與上同意也，故可與之死，可與之生，而不詭也。

「道者，令民與上同意也」，道義就是使民眾與君上的主張相通。要知道老百姓不見得都同意打仗的，上面的人種種的作為，下面的人不一定同意。一人一張口，很多人有很多不同的想法，而反對派又有其個人的利益。但是，戰爭如果合乎道，能夠說服人，是所謂的正義之戰，不是無理取鬧或者窮兵黷武，那就會得道多助，有辦法藉著道義的力量，讓那些原先不同意的老百姓最後都同意，這就是「令民與上同意」。

同意就可以通過決策機構授權，像二戰時「珍珠港事變」發生，美國本土同仇敵愾，當時的總統羅斯福就可以因此對日宣戰。如果民沒有與上同意，就代表道還有問題，為何而戰、為誰而戰都不合乎道，說服不了人。換句話說，「令」字對一個領導人來說很重要，本來下面的人不是都同意的，很勉強，就要想辦法操作，製造輿論或者自己調整策略說服下面的人，站在同一條戰線上。內部一定要統一意見，因為這是國之大事，戰爭雖然帶有強制性，如果沒有贏得大多數人同意，強制就會很成問題。所以「道」講得很實際，不像老子說的惚惚恍恍、恍恍惚惚，或者如「道，可道，非常道」。這是軍事領域，有「民」就有「上」，上面想打，下面不見得想打。「令民與上同意」，上下一心，這是第一關要過的。戰爭合不合理？為何而戰？為誰而戰？還有沒有別的解決方式？這些都要考慮。

「可與之死，可與之生，而不詭也」，這一句有兩個版本，後面的「而不詭也」有作「而不畏危也」的，其實大致的意思差不多。這一句的前提是，要出生入死，如果民眾不同意，不贊同戰爭，那麼這場戰爭是不義之戰，「民」怎麼會跟「上」一起去死、一起去生呢？所以先要「令民」，先要說服他，他就不怕危險了。「而不詭」作何解呢？「不詭」即不會開小差，絕對忠誠執行戰爭的任務。因為由衷同意這仗非打不可，這仗是正義之戰，是有道之戰，師出有名。不管是「不畏危」——不怕戰爭的危險，或者是「不詭」——不搞怪，不會表裡不一，這兩者的意義是通的。總之，就是先要把內部力量和意志統合在一起，決定之後，絕不能有第二個意見，道的力量才可以發揮大用。

天時地利

天者，陰陽、寒暑、時制也。地者，遠近、險易、廣狹、死生也。

「天者，陰陽、寒暑、時制也」，天就是陰陽寒暑時令，陰陽寒暑因地因時不同，當然要重視。有的地方是寒地作戰，裝備不同，訓練也不同，而且能不能打都不知道，冬天有的地方根本就不能打；有的地方是熱地，士兵根本就不能長時間進行軍事活動。「時制」這兩個字說得很準確，即時控制一切、決定一切。學過《易經》的就知道，宇宙間主宰的力量就是時，此一時彼一時，時機最重要。不管是陰時、陽時、寒時、暑時或者是什麼時，世界環境如何，士氣如何，還有自然環境如何，「時」所涵蓋的一切天時的變化決定一切。有時候會完全地限制一個人，只有在這種制約的條件下才能進行，不然老天爺都不配合。像二戰時的「諾曼地登陸戰」就是「時制」，這是有史以來最大的一個登陸戰，各方面的配合很到位，才不至於付出很大犧牲。不同的時、不同的惡劣氣候環境下，犧牲成敗絕對不一樣。照《三國演義》中的說法，諸葛亮火燒連環船是借了東風，其實是孔明兄根據天象算到屆時有東風，才採用火攻。如果沒有東風，就不能用火攻，要知道火不會認識敵方、我方，自然氣象的影響人人均等。既然一切為時所節制、制約，這個條件當然要考慮，時不可為，花更大的資源成本也不可為。時如果可為，就可以好風憑藉力，送你上青雲。

「地者，高下、遠近、險易、廣狹、死生也」，「高下」比較易懂，有的地勢比較高，有的處在低窪。「遠近」，是遠是近，涉及作戰，包括行軍的速度、遠的目標、近的目標，近期的是要達成的，遠期的是要準備的，這都是「地」必須考慮的因素，要算計進去的。如果一個目標很重要，可是實在離你太遠了，可能要放棄，因為來不及，敵人會比你先到。遠水解不了近火，只有遠交近攻，這才是遠近的靈活運用。在戰國的時候，山東的齊國和陝西的秦國不接壤，它要加入六國一起去打秦國，就覺得不合算，因為其餘五國都跟秦國接壤，就算把秦國滅亡了，它根本就沒有可直接管轄的土地。所以遠近的因素、相對的關係，當然要考慮。震卦（䷲）中說「驚遠而懼邇」，在遠處放一個炮，目標是要把旁邊的人嚇住，這都是遠近關係的地理運用。

「險易」，平坦的地形和險峻的地形，都有不同的規劃。「廣狹」，像一個袋口的陣地和一個谷口的陣地，進的地方非常窄，一夫當關，萬夫莫開。如果正面很寬，可能就擋不住，不好防守，這就是廣狹的關係。如果是商戰，市場是廣還是狹，都很重要。如果過分飽和，剩下的空間就很狹窄，如果時間來不及或者勉強擠進去，市場佔有率就很少，也要考慮。像以前的蜀國，蜀道難，很窄狹的地方就可以苟延殘喘；如果是平原，四面受敵就很難防守，這是地域廣狹的問題。還有涉及一些人的習慣問題，有人他總覺得要比較大的戰場、平台玩起來比較過癮，蠅頭小利他不要，寧願把戰場搞得很大，他才有興趣，這也涉及廣狹。廣有廣的打法，狹有狹的打法。

還有生地、死地。死地就是置之死地而後生，使得死地變成生地。生地則貪於安逸，掉以輕心就會變成死地。《易經》講的一陰一陽會互相轉化，和高下、遠近、險易、廣狹、死生都一樣，客觀的距離可能離得很遠，可是能夠把關係套得超近，就會使遠親像近鄰一樣。

將才與管理

將者，智、信、仁、勇、嚴也。法者，曲制、官道、主用也。

「將者，智、信、仁、勇、嚴也」。「智」第一，「勇」第四，「信」即威信，要孚眾望，言出必行，信賞必罰才好管理。「仁」即要有愛心，要視卒如愛子、如嬰兒。吳起做將軍時，和最下層的士卒同衣同食。睡覺時不鋪席子，行軍時不騎馬坐車，親自背乾糧，和士卒共擔勞苦。士卒中有人生瘡，吳起就用嘴為他吸膿。這個士卒的母親知道這事後大哭起來。別人說：「你兒子是個士卒，而將軍親自為他吸取瘡上的膿，你為什麼還要哭呢？」母親說：「不是這樣。往年吳公為他父親吸過瘡上的膿，他父親作戰時就一往無前地拚命，所以就戰死了。現在吳公又為我兒子吸瘡上的膿，我不知他又將死到哪裡了，所以我哭。」這個有名的故事記載於《史記．吳起列傳》中，這就是仁，長官不愛護部屬，就不會有任何戰力。廣義來講，仁是核心的創造力，才有競爭力。

關於「嚴」，一般人會說是嚴格，軍事管理很嚴格，這是沒錯。但是要先從管理自己開始，嚴於律己，《易經》中的家人卦（䷤）就說「家人有嚴君焉」。要刮別人鬍子之前，先得刮自己鬍子，不然怎麼能夠帶得動人呢？可見，所謂的「嚴」要率先垂範，士卒沒有吃飽飯，你就不能開小灶，一視同仁，才能使整個紀律嚴明。

「智、信、仁、勇、嚴」，一般來說，很多的將領是沒有辦法完全做到的，通常很難贏得部下的尊重，想打勝仗就很難了。

「法者，曲制、官道、主用也」，這是講管理辦法。「曲制」，即部隊編制，也就是部曲，部隊的編制有一套管理辦法。「官道」，就是人事的升遷，將、校、尉、士官等所有的人事管理，各種部隊組織的編制。「主用」是講後勤補給，後勤管理也是非常重要的學問，第二篇〈作戰篇〉幾乎專門在談這個。這就是法，整個戰鬥組織的管理辦法，編制、人事、糧草輜重全部在內。

知之者勝

凡此五者，將莫不聞，知之者勝，不知者不勝。

前面把五個經常性的基本專案——「道、天、地、將、法」，做了一個說明，簡單明瞭。特別凸顯的是「人」，「法」是整套的組織編制管理辦法，是人定出來的，道、天、地，還要看排第四的將（人）怎樣體察、辨認，去靈活運用。然後有很多的工具，就是「法」。

最後就是總結了：「凡此五者，將莫不聞，知之者勝，不知者不勝。」「道、天、地、將、法」這五事，凡是自詡為將才的將領，沒有人沒聽說過，沒有人不懂得。「聞」不只是聽一聽而已，而是聽了、學了，有一定的心得和看法，要聞一知二、聞一知十。「道、天、地、將、法」是為將者需要掌握的經常性的項目，任何戰爭不可能脫離這五個基本需要考慮的因素。這五者其實很多人都聽過，沒什麼新鮮，但是理解的深淺高下，決定勝與不勝。真正懂得的人才能勝，馬馬虎虎、一知半解的人就不能勝。「知」在《孫子兵法》裡面比「聞」更深入，代表瞭解得很透徹。「知之者勝」，透徹瞭解的人，打仗就會勝。雖然也聽過「道、天、地、將、法」，但是不真正瞭解，而是人云亦云，下的工夫也不深，運用掌握起來就不靈活，那麼想勝都難。

「知之者勝，不知者不勝」，就這麼簡單。有些人運用得很巧妙，因為夠深入、夠全面，做到了透徹的掌握，這就叫「知」。《孫子兵法》六千字，「知」字出現多次，由知識而智慧，甚至探討到最根本的良知良能，統統在裡頭。瞭解得深入不深入，運用得自如不自如，決定著最後的勝負。不是說讀過、學過，曉得一些基本道理，就可以贏的。還要看下的工夫有多深，瞭解的程度有多少。

校之以計，而索其情

故校之以計，而索其情，曰：主孰有道？將孰有能？天地孰得？法令孰行？兵眾孰強？士卒孰練？賞罰孰明？吾以此知勝負矣。

下面談到更具體的了，不光是談五個基本大原則。

「故校之以計」，重複的校驗，不能出錯。「校」也有比較、較量的意思，敵我雙方的比較，方方面面都得算到，像做財務的，就得巨細靡遺，絕對不能誤算。「而索其情」，這樣才能夠掌握真實的情況。這裡可謂是千叮嚀萬囑咐，「校之以計，而索其情」就出現兩次。可見，落實得更細密一點，是必要的。古人一般寫文章是不希望重複的，但是這裡的重複就代表重要，有其必要，而且剛好是從前面基本的「五事」轉到更具體的「七計」。真想瞭解實情，那就得下盡探索的工夫，該比較的都得比較，不要馬馬虎虎。

接下來就是七計的內容了，完全是問卷的形式：「主孰有道？將孰有能？天地孰得……」「孰」到底是誰，是敵方還是我方，每一個項目比較比較，最好記分，看最後總分誰高。哪幾個項目自己佔優勢的，哪幾個項目不如敵人。「主孰有道？將孰有能？天地孰得？法令孰行？兵眾孰強？士卒孰練？賞罰孰明？」這就是較量表，也就是所謂的「七計」，該算的都算到。這比「五事」具體多了，「道、天、地、將、法」，一個字就包羅萬象；而「七計」就用列舉法，比較具體。

第一個要填的項目就是「主孰有道」，即要考慮兩邊的政治領導人誰佔據道德的高度，戰爭合理，師出有名。國家之間發生戰爭，誰是有道之君？這是第一個要比較的項目。例如二戰的時候，「主孰有道？」幾個主要參戰的大國，史達林、邱吉爾、羅斯福、希特勒，這四個主角「孰有道」？大大小小的戰役，首先就要想這個。國家政治比較上軌道、比較得民心，這個國家的領袖就是「有道」。哪一些是侵略成性的或者是殘暴成性的，在「有道」上面，領導人的分數就不會高。把「道」歸到國君或最高領導人上面，就比光談「道」實際得多，而且「道」本來就是「令民與上同意」。「主孰有道」，先比第一人，先比政治，因為政治決定軍事。

如果真要打仗了，那就是要考慮第二個：「將孰有能？」雙方的將領誰是比較能幹的？這裡偏重於將領的能耐、能幹，「主孰有道」是偏重賢，是最高領導人需要具備的。「能」是軍事專家的專業水準。誰比較強？麥克阿瑟、蒙哥馬利、朱可夫、山本五十六，這些將才，在二戰的時候確實也是風雲際會，各國的名將非常多。像三國時候也是一樣，曹、劉、孫「孰有道」？下面就是「孰有能」？這些基本分數都得落實，不能談虛的，不能談形而上的，都要設計出一些指標。

「天地孰得？」誰佔盡天時地利？天時地利的大環境對哪一邊比較有利，得天就獨厚。客觀的自然環境，整個形勢誰佔優，先就佔了便宜。蒙古的鐵騎征服天下，就征服不了小日本，因為日本地處複雜的海洋環境，「得天」，總是有「神風」來相助，把載有蒙古十萬大軍的戰船統統吹翻，最後只好放棄。法國的拿破崙與德國的希特勒率部攻打俄國，都因西伯利亞的嚴寒兵敗垂成，俄國既得地，也得天，不用動刀槍，嚴酷的自然環境就可以收拾入侵者。「天地孰得？」這就是整個的戰略形勢，現在當然更複雜了，不只是陸海空，還包括太空、網路戰。但是再怎麼新穎的戰爭形態還是不能脫離兵法的基本原則。

「法令孰行？」不是說法同虛設，立了法，就得言出必行，這樣就有力量，人就不敢輕易違法亂紀，組織的戰力就能帶動。法令在於行，有一些人不當回事，形同虛設，還是一團混亂。法令只有貫徹實行才有力道，雖然有時得罪人，但力量的強大可以令人立於不敗之地。

「兵眾孰強？士卒孰練？」前者比較偏於先天因素，像拼體力，東方人跟西方人比，就有一點吃虧。春秋戰國時，那些縱橫家分析各國的軍隊就很到位，不同國家的民眾，因風土人情不同，士兵的凝聚力和戰力各各不同。後者偏於勤能補拙，士兵本來沒有那麼強，但是嚴格的訓練，可以讓他的戰力得到提升，成為精銳之士，可見訓練很重要。士卒有沒有好好操練，操練到像呼吸一樣自然精緻，這就是藉著後天的嚴格訓練提升戰力。這又是一個比較了，是先天和後天的比較。如果兵眾先天能力強，但是完全荒廢訓練，那麼其戰力也是要打折扣的。不要講兵法是萬人敵，就是一人敵也是一樣，拳不離手，曲不離口，需要天天練，天天練的一定超過老師。練很重要，士卒訓練到一定程度高下就分開了，所以兵眾先天既強，後天又嚴格訓練，當然就更強。

「賞罰孰明？」賞罰分明是最基本的原理，絕沒有任何例外。這是強調法。

我們再回過頭來看「七計」，有脫離「五事」嗎？根本就沒有。「天地孰得」就是「天、地」；「將孰有能」，就是「將」；「主孰有道」，就是把「道」更具體化表現在政治領袖，以及他代表的國家政治得不得人心上；「法令孰行、賞罰孰明」，從「法」衍生出來；「兵眾孰強、士卒孰練」也要看「將」怎麼琢磨。「七計」涉及的都是貫徹落實的問題，其實就是「五事」的具體衍化。也就是說，照著五個基本要素，根據所有的情報資料比較比較，看看最後有沒有勝算，這樣才能瞭解實情。

「吾以此知勝負矣」，這時孫子就拍胸脯了，只要這基本資料都有，五事化為七計都衡量過了，就可以知道誰贏誰輸了。訓練的狀況、法令的貫徹、賞罰的嚴明，就如同《易經》中的師卦（䷆）最後一爻「大君有命，開國承家，小人勿用」，師卦的第一爻「師出以律，否臧凶」，就強調基層的兵眾紀律非常重要。當然，這些只是軍事的領域，凡是一個有戰鬥性的組織，勝負乃生死大事，不可自欺欺人。從「主孰有道、將孰有能」一直比較下去，得到最有用的基本分析。

將聽吾計

將聽吾計，用之必勝，留之；將不聽吾計，用之必敗，去之。

「將聽吾計，用之必勝，留之。」「吾」是指國君、君主，「將」指考慮要不要用的大將。《兵法》十三篇是獻給吳王的，其實就是孫武的自薦。要說服領導人，並委以重任，雙方絕對不可以在基本的戰略上有大出入，一開始就得談好，要有共識，千萬不要勉強。作為大將，應該站在君主的立場、政治領袖的立場，像吳起到魏文侯處謀職，孫武到吳王闔閭處謀職，就要替國君設想，國君的雄圖大略要通過有將才的人來完成，尤其是戰國時代。所以在大的方案上雙方絕對不可以有太大的出入。如果國君對大將的才能表示首肯，甚至認為大將執行自己的大略可以達成目標，這就是「聽吾計」。計是大計，不是細節，而是目標管理。像三年消除邊患，五年征服鄰國，七年統一天下，這就是目標。作為一個將領，要實現國君的構想，必須要有共識，辦不到就不要勉強。如果「將聽吾計」，那麼「用之必勝」，因為有共識，雙方都是這個想法，等於是不謀而合，這樣就可以和衷共濟。為了大計，將聽君主的，不會自作主張，那麼「用之必勝」，就「留之」，留下來委以重任。

「將不聽吾計，用之必敗，去之。」「將不聽吾計」，是指有些將領不知道軍事是為政治服務的，不依國君的企圖和規劃為目標，總是自己另行一套，這樣的將領「用之必敗」。如果還勉強用他，他完全不按照既定的方案行事，國君心裡也不爽，久而久之，甚至不要很久，一定出問題。所以，要找人才完成大計，聽信不聽信、贊同不贊同你的主張，這是第一關。如果不聽從的，用起來一定會出問題，那只好「去之」，不要用。

「將聽吾計，用之必勝，留之。將不聽吾計，用之必敗，去之。」在〈計篇第一〉。《孫子兵法》就為國君設想，提出一個標準，即國君和大將絕對要一條心，在大形勢上要有共同的看法，在基本國策上，大將要以國君為重，以後不管發生什麼樣驚天動地的變化，基本的路線不要動搖。諸葛亮對劉備就是如此，隆中對策中，提出天下三分，劉備基本上同意，同意以後，大家就按照這個執行。但是最後劉備因痛失關羽，以致破壞規矩，向東吳開戰，這樣的感情用事，就破壞了當初定下來的大計。諸葛亮只有「鞠躬盡瘁，死而後已」，因為老闆可以破壞大計，臣子不可以破壞大計，而且不能對國君有意見，不要勉強，不要心裡有疙瘩，只有照做。這在現代的用人上也是一樣。

有時候即使「將在外，君命有所不受」，要是其基本意圖和國君的想法有出入，國君不會視而不見。要麼說服大將改變主意，要是不能說服，那就臨陣換將。因為這是大事，「將聽吾計，用之必勝，留之。將不聽吾計，用之必敗，去之。」這就是兵家冷靜的性格，絕不感情用事。

因利而制權

計利以聽，乃為之勢，以佐其外。勢者，因利而制權也。

「計利以聽」，如果你們投契，有共通的願景，談得很高興，大家認為這個計有機會取勝，是有利可圖的，那麼這是一個好計。「以聽」，這一大戰略他願意聽從。如此一來，君、將一拍即合，如魚得水，水乳交融，政治的高瞻遠矚和軍事上的運籌帷幄就可以落實執行。這就是《易經》中常講的相應與，就像一個卦的「九五」和「六二」的關係，中正相應與，簡直就是天作之合。

「乃為之勢」，這時就要造勢了，而且君王要利用自己掌握的雄厚資源，幫大將造勢，要協助、支持他。他既然可以幫你執行，使策略付諸實施，你就要調度一切盡可能的資源來幫他造勢，樹立其威信，讓一些嫉妒的人不要搗蛋。一般來說，新官上任，比如說「空降」到地方的，下面的人可能會不服。當然，要降服那幫地頭蛇，也要看他的本事。但是作為國君，也要盡可能地協助自己派下去的人樹立開展工作，執行自己的方針政策。換句話說，這個人用了之後，你不能不管，要盯、要看，看他能不能服眾，儘量幫他排除障礙，幫他在外面造勢，讓他依計行事，最快進入最佳的狀態。「以佐其外」，除了從內部調度資源儘量幫忙之外，還要從外幫忙，在外面幫他疏通關節，打好招呼，或者交待一些老臣不要杯葛，不要扯後腿。可見，「乃為之勢，以佐其外」是為了加強大將的威信，讓他好辦事。

關於「勢」，是指造勢、形勢、權勢、勢力。嚴格講，形和勢不是一個概念，在《易經》中，乾卦講形，坤卦講勢，先有乾才成坤，先有形才有勢，積形造勢。「計利以聽，乃為之勢，以佐其外」，接下來孫子給「勢」下了一個定義，這個定義很到位。到底什麼叫勢呢？「勢者，因利而制權也」。

換句話說，事在人為，利是比較正面的優越的因素，有利，就要懂得因應。因為利存在，就要懂得巧妙運用，然後把它擴大運用的效果，「因利而制權」，能制出權變無方的靈活應對的方式。勢在不斷地變化，對策也要不斷地變化，這就是權。《易經》中的巽卦（䷸），作為憂患九卦第九卦，就講到「權」，權變、權宜的措施，就像孔子說的「可與共學，未可與適道；可與適道，未可與立；可與立，未可於權」，權是最高的境界。也就是說，勢是活的，不是死的。要獲利，一定要造勢，要善用形勢，即「制權」。巽卦被稱為「德之制」，巽也是權，這也是「因利而制權」，就看你怎麼活用，怎麼體察「勢」，因時制宜，因地制宜，因利制權。此一時也，彼一時也，在那時認為有利，馬上跟著調整，結果獲利，等到下一回合，環境又變了，再調整，如此機動靈活，然後又取得了最高的效益。「因利而制權」，絕對不是死板、一成不變，勢靈活得不得了。君王要幫助大將，光是「佐其外」的造勢就靈活得不得了。

兵者，詭道也

兵者，詭道也。故能而示之不能，用而示之不用，近而示之遠，遠而示之近。利而誘之，亂而取之，實而備之，強而避之，怒而撓之，卑而驕之，佚而勞之，親而離之，攻其無備，出其不意。此兵家之勝，不可先傳也。

「兵者，詭道也」，「五事、七計」談完了，下面就談「十二詭」。這裡的「十二」並非特定，數字是多少沒有關係，不像「五事」不容易加加減減的，「七計」要加加減減，細分具體比較的項目，但也不是很困難，所以不要執著於數字，因為「詭」本身就是機變無方，只是作者剛好舉了十二項例子。後面的「攻其無備，出其不意」，有人加進來稱為「十四詭」，其實「四十詭」都可以，「千萬詭」也無妨，畢竟「詭」完全是見招拆招、機變靈活的。「兵者，詭道也」這一句話在春秋末期講出來，也告訴人們戰國時代快來了，跟《司馬法》所處的時代，以及前代的戰爭已經不大一樣了。

戰國時代要鬥智，兵不厭詐是家常便飯。在《易經》中，講究兵機韜略的師卦（䷆），絕對找不到誠信的「孚」字，「兵以詐立」，這是孫子在當時的時代風氣中體察到時代的變化，絕對不像宋襄公那樣等待對方過河，排好陣勢，最後送死。所以毛澤東說宋襄公是笨豬式的德性仁心。時代風氣轉了，因應時代需要，必須要做相應的調整。像美國的西部片，剛開始時兩個人背對背，走十步回頭拔槍，再扣扳機，這是一個時代，到後來就不是按照這一套了，有人走了九步就回頭拔槍射擊的。要是老老實實就會吃虧。以前的堂堂之陣，到現在不是了，現在要兵不厭詐。對敵人講誠信，那是對自己殘忍，道理就這麼簡單，但是敢這麼明目張膽講出來，只能在春秋末年，即使在末年，講出來都有道德爭議的。

「兵者，詭道也」，兵法的本質就是詭道，不騙才奇怪。虛虛實實的戰場，就是如此，不然綁住手腳怎麼打？下面就舉例了，告訴大家實戰的經驗或者從戰史中綜合出來的經驗。兵者是詭道，〈用間篇〉就是詭道中的詭道，間諜戰更詭詐，它是沒有硝煙的戰爭，軍事行動要靠槍桿子，間諜的戰爭被稱為刀把子，白刀子進，紅刀子出，更是陰謀詭詐到極點，隱秘到一般人不會發現，但它常常是決定一場大規模戰爭勝負的關鍵。

「故能而示之不能，用而示之不用，近而示之遠，遠而示之近」，高下、遠近、險易、廣狹、死生等，都是虛虛實實。給敵人看到的，大部分不是真的。要誤導敵人，就得要點招數，不能老老實實。「能而示之不能」，指明明有實力，要裝孬種，扮豬吃老虎，這樣的示弱才能吸引人家上鉤，目的就是為了誘敵。

「用而示之不用」，即用兵時，什麼地方投入何種兵力，外面顯現出來的形態好像是你絕對不會動用這些兵力，其實眼角餘光早就盯住了那裡。為了欺敵，表現出來的是「不用」，用人、用物、用資源、用財，統統在內，用兵就有假象，像《易經》中的噬嗑卦（䷔），其另外一面就是包裝的假象，也就是綜卦賁卦（䷕），扔出一顆煙霧彈再說。

「近而示之遠，遠而示之近」，遠近運用得好，也是高手。運用巧妙的大將，可以改善客觀的遠近。明明想要打近處，擺出一副好像要打遠處的樣子，這樣敵方的近處就沒了先前嚴密的防備。「遠而示之近」是一樣的道理。總之，前面四句是顯現的表象，和實際的企圖不同。這是利用假象。

「利而誘之」，如果要調度敵人，一定要給他一塊肥肉，利誘其上鉤，等到一上鉤，其重心失去，弱點暴露，就可以出手。要利誘，一定要有一個東西吸引對方的注意力，否則就找不到出手的機會了。

「亂而取之」，讓對方陣腳大亂，心裡亂，就像綁票一樣，「奪其所愛」，使其方寸大亂，趁亂就可以取勝。如果敵方不動如山，一直保持很嚴謹的狀態，你就沒有什麼機會出手。所以先要把它搞亂，然後從中找取勝的機會，這也是詭道。戰爭就是如此，明明陷入劣勢，陷入劣勢就像下圍棋一樣，看起來大局不利，沒有了機會，這時就要拚命搞一些怪招，把對方看似很穩定的形勢給搞亂，等到對方陣腳、方寸已亂，稍微應對不當，就可能翻盤。下棋開始贏的人一直領先，總是希望一直領先到終場，始終讓事情化繁為簡，離輸局不遠的人，希望環境搞得越亂越好，如果對方搞得心煩意亂，就有可能出錯，出錯之後你才可能有翻盤的機會。讓局面由簡單變複雜化，對方就可能犯錯，原先勝算的一方希望什麼事情都簡單明瞭，這樣最適宜「亂而取之」。

「實而備之」，如果發現敵人真的很有實力，那就要防備。對方出現混亂的時候可以下手，如果對方始終是堅實的，無虛可乘，就要採取防備的手段，以防對方下手。「強而避之」，如果對方真的比我方強很多，那就最好避開。實力太強，沒有機會下手，不要主動惹對方。這都是很客觀、務實的描述，對方實就備之，對方強就避之，不要用雞蛋去碰鐵球。

「怒而撓之」，想辦法激怒敵人，讓其心緒不平穩。如果不是明君、良將，一旦激怒就容易生氣，生氣就有可能判斷錯誤，你就達到破壞的目的了。所以面對這樣的情況，絕對不要被激怒以致上當，明君、良將都是負重大領導責任的人，一定要管控自己的情緒，絕不可以隨便生氣。作為我方，我們想辦法激怒敵人，讓其失去冷靜的思考，我們就可以使其思想撓曲，讓他不那麼難對付，有機會挫敗他。可見，怒極攻心，氣急敗壞，都可以給我們製造機會。這就是情緒戰、心理戰。

「卑而驕之」，自己裝著很卑微，就可以助養敵方的驕氣。這樣的戰例自古以來也多得很。我方本來沒有那麼卑下，只是自己壓低而已，敵方本來也沒有那麼高明，但是一驕傲，就會自以為高。其實，雙方的差距哪有那麼大？藉著這樣的形勢消長，對方一驕傲就容易出事情，這就是我們常說的「驕兵必敗」。這種策略就是自己先卑，才能讓對方驕，卑也就是《易經》中謙卦（䷎）的概念，即謙卑。尊對方，卑我們自己，可以養對方的驕氣，達到毀滅對方的目的。老子云：「將欲歙之，必固張之；將欲弱之，必固強之；將欲廢之，必固舉之；將欲取之，必固與之。是謂微明。柔弱勝剛強。魚不可脫於淵，國之利器不可以示人。」意思是：將要收斂它，必須暫且擴張它；將要削弱它，必須暫且強化它；將要廢棄它，必須暫且抬舉它；將要奪取它，必須暫且給與它。這叫做微妙的啟明。柔弱勝過剛強。魚不可以離開深淵，國家的有利武器不可以向人炫耀。前面的「將欲」都是假動作，讓真實的差距誇張，藉著「消」與「息」調整自己，養對方的驕氣，對他故意示以卑微。就像謙卦最後贏得完整勝利，天地人鬼神都搞不過「謙卑」。千萬不要學豐卦（䷶）的自大，驕傲必敗，以致「亢龍有悔」。老子還說：「以其不爭，故天下莫能與之爭。」海水是最低的，河川高高在上，但是到最後統統被海吸納了。這就是不爭，最後反而沒有誰能爭得過他。不過，「卑而驕之」針對的是浮躁的敵人，如果說對手始終心平氣和，這就很難鬥。對於不動如山的人，就要想盡一切辦法攪亂其常態，用各種方法找其弱點，給自己創造機會。

「佚而勞之」，「佚」就是安逸，如果對方太安逸了，就想辦法製造干擾，讓其疲於奔命。前面所謂的「將有五危」就是如此，在官場中，有的人以清廉自負，那就用清廉做文章，捏造其貪污的罪名，讓他惹上官非。就像馬英九當年參選總統一樣，民進黨利用「特別機要費」使馬惹上官司，無心競選。雖然有驚無險，但是那些官司糾纏就夠人受的了。成語「以逸待勞」，就是要給對方製造疲勞。如果對方安逸得很，那就讓他晚上沒有時間睡覺，一夜數驚，製造小紛擾，使其神經過敏，精神緊張。「佚而勞之」的目的就是要製造紛擾，不讓人安閒、從容，使自己獲得機會。

「親而離之」，對方親密的人際關係，要想辦法離間。還有對方高層之間的矛盾，要善於利用，他們本來是配合無間，現在要想辦法讓他們心裡有嫌隙，鴻溝越來越大，就是勝利。經過分化，再親的人都會離開。

「攻其無備，出其不意」，這也是有名的成語了。突襲是無上的心法，有時候雙方實力相當，奇襲或者突襲就可能取勝，造成對方崩潰。「攻其無備，出其不意」，就是沒有準備好，不管是心理的，還是實際的戰備，都特別脆弱，絕對不會想到敵人會攻打。像日本對珍珠港發動的奇襲，就是「攻其無備，出其不意」的典型戰例。敵人絕對不會料想到，這樣的戰例有很多，像第二次世界大戰的時候，史達林就不相信納粹德國會進攻蘇聯。因為他們之前簽訂了互不侵犯盟約，而且德軍攻打英國遲遲下不來，美國也在背地裡支援英國，兩面作戰一般來講是兵家大忌，所以史達林不相信希特勒敢打蘇聯。其實那時的間諜已經得到德國要進攻蘇聯的可靠情報，但史達林剛愎自用，不相信希特勒會發動閃電戰，更不相信會啟動幾百萬大軍攻打蘇聯。結果戰爭開始，就被德軍打得雞飛狗跳，德軍的推進很神速，這種出其不意的進攻，其瞬間的能量會超過真正的實力，使得同樣強大的對方無力反抗，節節敗退。可見，「攻其無備，出其不意」，是永遠都存在的兵法的心法。要是有戒備，破壞的力量是出不來的。只有突襲的「出其不意」，才會造成極大的破壞。「攻其無備，出其不意」，要想到對方會想到的，什麼地方會防備，專門找對方絕對想不到的地方，在一個絕對想不到的時間，絕對想不到的空間，然後用全副的力量突襲，打對方一個措手不及。

「此兵家之勝，不可先傳也」，兵家取勝的最高智慧就在這裡，先傳也沒有用。這些用兵之道都沒有辦法先教的，需要隨機應變的，它是活的智慧。先告訴你，一怕洩密，二怕不會靈活運用，而且環境形勢瞬息萬變，沒有固定答案。將才的重要性，就在於善於臨敵應變，當下的判斷需要非常精準。這種「詭道」，沒有標準答案，就如《易經．繫辭傳》之「不可為典要，唯變所適」。不可先傳，也是防止洩密。不止是用兵，包括我們用人，知人知面不知心，要考核一個人很難，他要是知道你在考核他，一定擺出最好的一面，儘量表現好。這樣一來，裝腔作勢的人就多了，各方面巧用心思，怎能考驗出真相？如果突擊檢查，很多漏洞就出來了。有時突然一句試探的話，對方隨口一答，就會露馬腳，或者隨便一個行為，就會洩漏對方的心事，洩漏其品性。所以，「攻其無備，出其不意」，有時也可以顯露真相，暴露對方的瑕疵、弱點。

廟算勝者，得算多

夫未戰而廟算勝者，得算多也；未戰而廟算不勝者，得算少也。多算勝少算，而況於無算乎？吾以此觀之，勝負見矣。

最後就是〈計篇〉的結論，邏輯很清楚。「夫未戰而廟算勝者，得算多也」，看看兩邊對戰的陣容、表現，然後「廟算」，所謂的「始計」就是在做「廟算」，「廟算」就是在宗廟前面、在祖先的英靈前面議政。以前的誓師、出征，希望祖宗保佑，又希望對得起祖宗，就在宗廟前面進行沙盤推演，這就是「廟算」。因為那是一個神聖的地方，創業者的英靈在那裡，他能協助我們在做規劃的時候頭腦清晰，態度認真嚴肅。在「未戰」之前，如果我們推出來有機會取勝，這就是「得算多也」，因為沒有漏算，都有客觀的數據，又有種種的討論，這就是「得算多」，還沒打時，大概已經知道差不多可以贏。《易經》中的萃卦（䷬）稱「王假有廟」，也是大家聚集在宗廟的前面開會，以「除戎器，戒不虞」。「王假有廟」就是「廟算」。「夫未戰而廟算勝者，得算多也」，算起來機會比較大，確實的數據一出來，經過議政討論，即夬卦（䷪）所說的「揚于王庭」。朝廷和廟堂是兩個重要的議政場所，最重要的決定，先報告祖宗，或者君臣聚集在朝堂，一起決策討論。

「未戰而廟算不勝者」呢？怎麼算都沒有機會勝利，「得算少也」，因為實際推出來的，再加上一些討論，有沒有可能人定勝天、勤能補拙，有沒有可能變化，算來機會甚微，沒有什麼勝算。也就是說，籌碼太少，難以勝利。

「多算勝，少算不勝，而況於無算乎？」所以不管怎麼講，事先一定要有計畫。大的戰爭行動發生的時候，跟原先的計畫有出入，其實也沒有關係，但是絕對不能不算。「多算勝」，既然要算，儘量把重要的東西都納入考量，才有最大的機會取得勝利。如果算少了，漏算的偏偏是很關鍵的，那你就準備接受失敗的命運吧，這就是「少算不勝」，有些東西沒算到。「而況於無算乎」，還有一些人就是憑著一股蠻勇之氣，完全不算，那就絕對不可以，這樣的人，其勝負完全可以預卜。「吾以此觀之，勝負見矣」，以這樣的角度看來，勝負基本上可以預見。

「多算勝，少算不勝，而況於無算乎」，沒有講百分百的「全算」，因為利益和風險、勝算與敗算兼備，後世的政經決策，包括企業活動，這種重大的算度，大概都有一個經驗值，至少有六、七成以上的勝算吧，如果有七成勝算，就代表有三成不確定、不可測，老天不幫忙也沒有辦法，算不到的也不能勉強。俗話說，人算不如天算，永遠有一塊灰暗的地方。這叫「人間無完算」，人世間，靠人的智慧，不管如何集思廣益，不會有百分之百的勝算，人間確實無完算。有時候有無妄之災，有時有無妄之疾，整個大環境突然有變化，那不是你能夠預測到的。但是人所算的，根據「廟算」的結果至少要有七成可確定的利益，有三成不確定的風險，風險的預備方案就要做足。如果要提高到八成的勝算或者九成的勝算，就要花天文數字的調查、預算成本，結果還不是百分之百，因為永遠不會有百分之百的勝算。所以不可以有完美主義的想法，〈計篇〉也告訴我們要務實，多算就好了，就有可能勝，沒有「完算」，沒有百分之百的預算，要提高百分之一都要付出昂貴的代價，整個環境是動態的，不斷在變，算的時間、計畫的時間一拖長，剛開始算的資料就已經過時，又得重新算。可見，「廟算」還是行動主義，實際勝負是要在行動中見真章，除非知難而退，認為實在是沒有機會。千萬不要一天到晚在那邊算，不要以為孫子說「多算勝」，多多益善，一天到晚在那邊算，結果錯過了時機。腦袋很大，腳特別小，這樣的人多得很。

第七章　勝機在握——用間篇第十三

〈用間篇〉的篇幅比較長，也寫得非常精彩。古今中外以來，所有談兵法的著作，沒有人像孫子一樣用專章來討論關於如何運用間諜戰、情報戰，以及如何建立情報間諜網的，而且體系嚴謹、一應俱全。這可能也是全世界最早的一篇談情報戰的理論文章。

〈用間篇〉一開始就講戰爭太昂貴了，所以要儘量爭取在間諜戰中取得勝機，因為準確的情報會減少戰爭的耗費。涉及計算錢財的問題，這就跟第二篇〈作戰篇〉有關。〈用間篇〉一開始也是從算錢開始，告訴我們間諜戰很重要。戰爭耗費之昂貴，一般國家會受不了，會被拖垮。如果能夠花小錢省大錢，那就寧願把情報預算編得很高，用少數的精英搜集第一流的情報，在發動實際的大規模軍事戰爭的時候，因為情報準確，就不會造成浪費，可以省下很多的錢。但是，有些人不願意在情報搜集上花錢，覺得投入很昂貴，但是那只是情報戰的成本，相對於整體的戰爭費用來說，情報戰只是其中一個很小的單元，成本有時甚至可以忽略不計。

間諜戰如果成功，就可以準確行動，省去很多的消耗。所以千萬不要省小錢花大錢，情報網的建立非常有必要，在間諜戰上不要在乎花大錢。如果捨不得花錢，結果反而造成軍事行動的不利，那不是花更多的錢嗎？

戰時經濟

孫子曰：凡興師十萬，出征千里，百姓之費，公家之奉，日費千金；內外騷動，怠於道路，不得操事者，七十萬家。相守數年，以爭一日之勝，而愛爵祿百金，不知敵之情者，不仁之至也，非民之將也，非主之佐也，非勝之主也。

〈用間篇〉一開始就是資料的概算。因為戰爭絕對影響經濟，除了軍火商得意，其餘的包括民生經濟在內，大概都得被拖垮。很多人要服兵役，就會耽誤民生。戰時經濟屬於非常的狀況，所有生產的力量都被用來打仗。「凡興師十萬」，要養十萬人的部隊，還要「出征千里」，距離那麼遠，運費消耗就不得了。戰費從哪裡來？「百姓之費」，即抽取百姓的各種稅，甚至在戰爭的時候還有種種的苛捐雜稅，用來支援前線，這些稅務成為百姓的負擔，破壞了民間經濟。「公家之奉」，即政府預算投入的戰費，要想方設法找錢。「日費千金」，以當時的春秋末年孫子的估算，每一天就要費一千兩黃金，對於現在的戰爭來說，「千金」就是小兒科，現代戰爭，以美元來計算，日費都是幾億甚至十幾億。像越戰的時候，據說最多的時候一天花費一億美元，但那還是在六、七十年代。而波灣戰爭的時候，美軍為首的多國部隊，在沒有出動多少人力的情況下，日費就是一個天文數字。以美國來說，一戰耗費二千五百三十億美元，二戰耗費四．一萬億美元，韓戰和越戰耗費高達萬億美元，兩次波灣戰爭耗費七千多億美元。比起古代來說，現代戰爭絕對是奢侈的。「日費千金」，真的是多打一天就多花不少錢，所以戰爭的消耗品絕對不是按一週、一月算的，多打一天經濟損失就更大。

「日費千金」之餘，還有「內外騷動，怠於道路，不得操事者，七十萬家」，內外受到騷擾，交通運輸也受到影響，所有的民間經濟都會受到嚴重的影響，不能夠投入正常的生產，而且十萬兵要七十萬家去養。「不得操事者」，是指平常大家都投身在生產中，現在生產的人力通通調來用於軍事，經濟被迫停擺。在二戰的時候，連ＩＢＭ這樣的大企業都要挪用一部分生產線專門生產槍炮，進入戰時的生產，這對企業的影響是非常大的。

打仗很貴，什麼東西都要有預算，要估計成本效益，所以打仗一方面除了不人道，造成很多破壞之外，另外一方面大家都皺眉頭的就是太花錢，一打起仗來，除了發國難財的軍火商、投機商，其他幾乎沒有一個行業是歡迎的。戰爭會破壞平時的經濟，這是很顯然的。所有的資源都是為了建軍備戰，而且又沒有建設性。在春秋戰國時期，大規模的遠征行動是屢見不鮮的，尤其到戰國的時候，十萬軍隊幾乎是一個基本單位，春秋的時候還沒有這麼嚇人，戰國時動輒就是幾十萬，秦國大將白起光是坑殺趙國的降卒就是四十幾萬。

政府民間都得出錢，多打一天就要多花不少錢，整個社會都動盪不安，尤其以前最主要的是農業經濟，講究的是季節時令，一旦發生戰爭，農人統統都去打仗或者支援前線，以致農業生產無人進行。這就是「不得操事者」，不能拿著農具下田。那樣的影響很大，十萬大軍可以影響到七十萬家，七十萬家不是七十萬人，每一家假定有五口人，就有三百多萬人，這麼多的人才能夠支撐十萬遠征軍。加上交通費、糧草運補，如果「相守數年」，戰爭不是一下子可以結束，雙方僵持不下，一拖好幾年，那就是師老兵疲，絕對不利。所以，不到萬不得已絕不要打仗，一旦打仗，那種燒錢的事業越快結束越好，速戰速決，一拖就要命。在二十一世紀的現代，美國作為天下第一強國，就犯了這個大忌，不管是阿富汗還是伊拉克，何止「相守數年」？美國大兵撤不走，海外駐兵更是天文數字，從二〇〇三年到二〇一〇年，美國國力的疲弊、債務的驚人是有原因可循的。要維持其世界第一軍事力量的霸主地位，每年六、七千億美元的耗費，小國、中等國家怎麼出得起？光是這個就差不多佔了全世界軍費的一半。

養兵千日，用兵一時，養兵貴得要死，而且真正用的時間，用不了多久，有時候在一天之中，戰場上就有決定性的勝負。要爭就爭那一下子，可是要準備多少時間、精力和物力呢？為了不至於功虧一簣，所以「相守數年，以爭一日之勝」。古今中外的戰爭，在決戰的那一天就決定了勝負。一戰末期的時候就是典型的「相守數年」，那時以壕溝戰為主，真的是很慘，交戰雙方誰也不能推進，德國的軍隊跟協約國的軍隊，在溝裡頭僵持、消耗，天天都在花錢。電影《西線無戰事》描述的就是一戰的情形，「相守數年，以爭一日之勝」，到最後德國其實也並沒有被擊垮，只是戰備難以為繼，所以一戰就宣布失敗、投降，以妥協退讓換取休息，在二戰時再報前仇。

換句話說，「以爭一日之勝」，而「相守數年」，以春秋戰國那些諸侯國的財政實力來說，實在打不起，所以軍事戰爭要取得絕對性的勝利，情報戰的績效就非常重要。情報員的單價雖然非常高，但是情報員能有多少人呢？因為單位成本高，所以會引起一般的軍事人員的妒嫉，會覺得不公平。他們沒想到情報員是關鍵的少數，如果表現好，可以影響大局，可以少打好幾場仗。因為情報正確，對敵方的虛實瞭解得很清楚，優秀的情報戰就可以讓軍事戰不用花太久的時間而取得決定性的勝利。總體來說，情報戰是小錢，只是單位成本高，但是數量有限，總成本很低，是隱秘性的行動，不像大部隊行動，數量很大，花費也巨大，所以千萬不要因省小錢，結果卻花了更多的錢。情報戰的不成功，有時就是不肯給情報員多的預算，結果打了敗仗或者延長戰爭的時間，導致總成本更高。這筆帳，稍微想一想就知道了。

「爵祿百金」，就是指這些優秀的情報人員、特工，如果績效卓著，賞他百金，比戰費的「日費千金」不是差很多嗎？一次任務給他百金又能怎樣呢？當然，百金遠遠超過一個戰士的軍餉，但是情報員的影響太大，給予重賞，才有勇夫打入敵方換來準確的情報。《易經》的萃卦（䷬）代表出類拔萃的精英，這些少數的人要怎麼處理呢？一定要高配，即「用大牲，吉」，有時還要加官晉爵。不「用大牲」怎能得到精英，甚至是精英中的精英呢？「愛爵祿百金」就是愛惜錢財，心疼小錢，項羽最大的毛病就是「吝賞」，該賞人家的時候吝嗇，有時候戰勝之後要對下面的一些將才論功行賞，卻遲遲不決。他的對手劉邦就不是如此，劉邦豁達大度，不把錢當錢，不問出入，不必做賬，不惜耗費鉅資收買、分化間諜，屢收奇效。

做大事業的人，不在乎小錢，要是覺得賺錢不容易，「愛爵祿百金」，就會「不知敵之情者」，下面的情報員就不會幫你賣力了。情報工作不優秀，就不能瞭解敵情，那是「不仁之至也，非民之將也，非主之佐也，非勝之主也。」省小錢，結果沒有辦法瞭解敵情，這樣的領導人是不仁到了極點。「非民之將」，如果他是將，親自掌握情報網，那他不是老百姓可以付託的大將。「非主之佐也」，不是國君好的輔佐；「非勝之主也」，絕對不可能求勝。

知敵之情，必取於人

故明君賢將所以動而勝人，成功出於眾者，先知也。先知者，不可取於鬼神，不可象於事，不可驗於度，必取於人，知敵之情者也。

「故明君賢將所以動而勝人，成功出於眾者，先知也」，英明的領導人行動起來就想勝過別人，成功比其他人顯著，就是做到「先知」。還沒開打之前，就把對方摸透了，對方的行動，甚至機要會議，還沒付諸行動，通過情報都知道了。在解放戰爭的時候，國民黨吃虧比較大的，就是情報戰，老蔣的親信就是共產黨人，國民黨軍部才開完最高軍事機密級別的大會，解放軍那邊都清清楚楚，所以能夠一動手就勝人。這些都是因為先知，情報準確，就不會摸瞎，所有的行動都有針對性，不會造成浪費。

一個優秀的情報員，是不可以曝光的，所以當上間諜就不要想出名，沒有人知道你是誰。優秀的情報員需要出類拔萃，優秀的間諜要有很高的膽識和智慧，要經過嚴格訓練，面對極大的生死風險。二十一世紀幾大情報國家，像以色列的摩薩德、美國的中情局、前蘇聯的克格勃、英國的軍情五局，這四大間諜組織的情報員都特別優秀，他們不只是用錢來維繫，還要有對國家的絕對忠誠，要有「王假有廟」的效忠精神，也就是萃卦（䷬）的概念。

美國的情報機構，是全世界最複雜的，二〇〇二年成立的國土安全部，由二十多個聯邦機構合併而成，而聯邦調查局和中情局的情報都在這個部門匯總和分析。整個機構疊床架屋，把多種類的情報機構整合到一起，不見得有太高的效率，但是花錢嚇死人，尤其最昂貴的間諜衛星，一般小國根本養不起。各種情報費用差不多佔其軍費的十分之一，一年六、七千億美金的軍費，情報費用就佔六、七百億，如果那六、七百多億的花費績效顯著，一年的軍費就可以省下許多。這就是萃卦的道理所在，一定要有拔尖的、關鍵的來左右戰局，這也是〈用間篇〉的思維。間諜衛星就是「先知」，可以二十四小時監控地球任意角落，分析出地球上任一角落的狀況。花這麼多的錢用於情報，目的就是為了「先知」；用最先進的科技搶佔太空軌道，就是希望居高臨下，能夠掌握整個大地上的所有軍事行動。當然，這種花錢如流水的監控也是有弱點的，不見得有智慧，因為所有的科技都可以反制，很土的辦法就可以把它騙過去，不要花那麼多錢，可以騙過那麼精密昂貴的儀器。

間諜衛星，巨細靡遺，把地球看得清清楚楚，通過網路傳到決策者的辦公室，讓美國的政軍領袖決定全球的種種行動，講起來很是了不得，彌天蓋地，猶如天羅地網，但是為什麼還吃很多虧呢？科技優越就能先知嗎？不然。因為「先知者，不可取於鬼神，不可象於事，不可驗於度，必取於人，知敵之情者也」。這句話太精彩了，高瞻遠矚，在孫武的時代，做夢也想不到有現在這種情報衛星，但是兵法的人性、人情都讓他琢磨透了，到現在想要「先知」，也不能逃脫這個法則。

「不可取於鬼神」，這是打迷信的一棒，尤其在古代，在兩千五、六百年前，迷信的太多了。兵法家絕不迷信，這一點很難得，但是他會利用迷信，因為下面的士兵大多是大老粗，可以用迷信去操縱他們。但是他本身絕不迷信，也不會用算卦、算命，或者看星象之類決定這場戰爭怎麼打。「不可取於鬼神」就是如此，古代有古代迷信鬼神的方法，現代有現代迷信鬼神的方法，換句話說，你要取得情報，要得到「先知」，就不能通過這些達到「先知」。其實答案很簡單，如果每一個人考大學，都到廟裡拜一拜，那麼菩薩也會累死。兩伊戰爭的交戰雙方都屬阿拉伯國家，都信真神阿拉，戰爭的時候如果他們祈禱自己勝利，你說阿拉不是很為難？都是自己的子民，幫誰呢？可見，勝負「不可取於鬼神」。軍事戰的勝利在於情報戰的優越，情報戰的優越跟你向誰祈禱沒有關係，還是務實吧。

「不可象於事」，有一點比類、類推的意思。過去類似的戰爭是怎樣的，那現在就按照過去的比照推斷一下這一次的勝負會是怎樣，這就沒有很務實地去要第一手的資料，不派情報員建立情報網，滲透、打入去瞭解真實的有關敵人的情報。有些人覺得要安排一顆棋子，進入到敵方的最高核心，談何容易，因此認為這一場戰爭反正跟上一次差不多，類推一下就可以了，這一次也可以怎麼打。這樣做實在是太冒險了，因為每一場戰爭都是新的，所以一定要根據現實的敵情判斷，絕對不可以偷懶。「象於事」就是這個意思。根據既定的經驗類推，永遠不行；事物變化萬千，「不可為典要，唯變所適」，經驗僅供參考，不能直接套上去。如果說根據前面的戰事可以決定這一場的勝負，二〇一〇年足球世界盃比賽，西班牙首戰，就不會輸給瑞士隊了，因為它是最有冠軍陣容的，以前跟瑞士交手沒有輸過，十五勝三和，而那次首戰就零比一輸掉了。所以，「不可象於事」，太冒險了。

「不可驗於度」，即不可根據一定的規範來驗其為真。每一個時代都有每一個時代的科技，美國的間諜衛星是全世界水準最高的，但是再先進的科技儀器有一個最大的弱點，即沒有辦法探討人心。人起心動念的變化，人家主將或者政治領袖心中所想，間諜衛星能夠看穿嗎？那是不可能的事情，占卦說不定還可能。就算是我們看到的具體的東西，有時都是假裝的。真的要知敵情，就要探知對方的心中想什麼。敵方主將可能一念之間改弦更張，一個意念就可以影響整個戰局了。這些起心動念，間諜衛星就不能夠分析，也是不可能的事情。

那要靠什麼呢？還得派情報員，用人來判斷，即「必取於人」。「不可驗於度」說明再精密的情報機器也有弱點，會被人家騙過，甚至被反利用。所以不要太迷信那個「度」，認為那是絕對靈驗的。要知道，人是複雜的動物，一個人的想法很複雜，戰場上千萬人的想法又受制於領導人的一念之間，變數太大，不是各個時代量化規範的測驗方法可以精密掌握的。人心是活的，一個意念就變了，要瞭解他的意念，就要派人去跟他相處。換句話說，這種出生入死的情報員，絕不能省。間諜衛星怎能判斷人心？人的意念可以改，高科技趕得上嗎？所以人力的派出不可省，人是活的，不能以冷冰冰的科學儀器取代。可見，迷信、經驗、規範，都不行，只有一條路，即「必取於人」，踏實的也只有這條路，就是一定要派情報員去。派情報員當然很危險，佈置情報網也很不容易，有時候一旦被破獲了，可能魚死網破，又得重建，但是這張網不能省，只有人能搜集到真切的情報，任何東西都不能取代。中醫、西醫之爭現在越來越熱，西醫那些儀器，X光，CT，核磁共振，越看越嚇死人，真精密，真昂貴，但是有時面對生死，卻是真的無效。因為病人是活的，他的想法無法看到。

「必取於人」，這才是活的鬥智，「取於人」才能「知敵之情者也」，不然不可以真正透徹瞭解敵情，儀器也可能被騙過。一個活的情報員，一個間諜網的佈置要多久？可能幾十年，可能一、兩代，都得用心經營，這些不能以取巧的方法取代，不是花錢的問題，而是要用心的問題。

五間俱起，莫知其道

故用間有五：有鄉間，有內間，有反間，有死間，有生間。五間俱起，莫知其道，是謂神紀，人君之寶也。

下面就是孫武有名的間諜網佈建。前面已經告訴我們，不能用鬼神、迷信、類推，不能按照精密的探測方法來鉗制心靈。所以一定要培養訓練情報員，然後要分類佈建。

「故用間有五」，孫武的時代大概是受陰陽五行的影響，很多理論脫離不了「五」。五行相生相剋，彼此的互動複雜，但是穩定。道、天、地、將、法是「五」；智、信、仁、勇、嚴也是「五」；間諜也有五種，到現在其實還是這五種。這也是孫子文章的特色。

「有內間，有反間，有死間，有生間」，第一個是「鄉間」，有的版本寫作「因間」，都可以。其中，鄉間、內間、反間都不必自己訓練，直接取材於敵方的資源。「鄉間」就是利用敵人地方上的老百姓，把他收買過來，通過他的管道盡可能地瞭解他們在野的資訊。這些人，有的用錢就可以收買，有的可能不滿意自己的祖國，不用錢都可以利用，利用這些人在敵人的民間安上很多的棋子，幫助傳遞情報，像水銀瀉地一樣到處都是你的觸角。「鄉間」，有的版本叫「因間」，其實意思差不多。「因」為因其固有，就可以因地制宜。本來是對方的老百姓，但是我可以把他吸收過來。老百姓土生土長，瞭解當地的地形地物、風土民情，只要他心向著我或者願意幫我搞情報，就可以因地使用，不必從頭訓練，這就叫「因間」。

「內間」就是敵方在朝的政府官吏。當官的有時候不滿意老闆，但是他又戀棧，不肯辭官，那就把他吸收過來。把對方的反對派、失意政客，在朝的有影響力的、有實力的，花錢收買或者利誘，把他們吸收過來，在敵方既做官，又接受我方的津貼，把敵方的一些重要決議資訊傳過來。於是上至朝堂，下至民間，都有情報來源。情報戰需要花錢，很多的人事費用其實也是花在這裡，不僅僅是本國的情報總部那些人要花錢。人都貪利貪財，人情可以利用，尤其失意政客更好利用。這就是「內間」，在決策層的核心就有你的人。

「反間」，這是最時髦的了，本來是敵方的間諜，派到這邊，技藝不精，被你逮到了，逮到了再策反他，讓他領雙重的津貼。一方面好像還在繼續做敵方的間諜，但是他第二重身分是你的間諜，自古以來這種鬥智的遊戲，早就有了。這種反間，發展下可以變成「反反間」，有三重身分。我相信這種無間道，搞久了自己都會發瘋，因為他自己也搞不清楚，最後到底效忠的對象是誰。但為什麼要用「反間」呢？因為間諜的訓練太花錢、太專業，殺掉了很可惜，我們要全敵，保全敵人的資源，只要他反過來為你所用，你不就省了間諜的教育訓練費嗎？揀現成的，讓他改變效忠對象，然後還有身分的掩護，如果對方不知道，這顆棋子就特別有用。他瞭解的資訊一定比一般人多，有時比政府官吏瞭解得還多，只要他還是在那邊的間諜網中，替你服務就好了。所以，自古以來，大家都在拚命爭取「反間」。像哥倫比亞的毒梟，美國緝毒局把他抓到之後，有時候辛辛苦苦抓到，最後得意洋洋地回去，因為殺掉他，遠不如利用他，把他送回去，這樣就可以抓大魚。所以反間更複雜，每個人都知道有這個可能性，怎麼檢驗自己的間諜是否反叛，這種風險永遠在，尤其是間諜高級主管，這樣的情報戰在二十世紀和二十一世紀都有，也不乏一些轟轟烈烈的例子。

換句話說，鄉間、內間、反間，原來都不是你的人，要轉為己用，就像太極圖，這邊是白的，對方黑的裡面有一個白點，裡應外合，就可以全變成白的。

如果不能依靠上述三種間諜，自己就得派出人員，需要扎扎實實從頭訓練自己的間諜。後面兩種間諜就是自己訓練的間諜，「有死間，有生間」。「死間」就是隨時要為組織犧牲的，犧牲小我，成全大我，要他犧牲的時候，有時「死間」未必知道。可是，他死了之後，整個組織得以保全，或者給予敵方假情報，造成假象。間諜為組織犧牲，要有這個心理準備，有時候自己都不知道。這樣的「死間」，說明了這種行業的特性，不能講人情，犧牲才可以成全更多的人，有時是自願的，有時死得不明不白，甚至誤導你去送死。「生間」，就是要活著回來的，活著對組織、對國家的效益更高，讓你去了還能回來，或者把你送到那種地方去，任務一完就得派人接回來，這種「生間」需要的是更高級的間諜。死間、生間都是我方的情報員，用生死來判分兩種，其實是可以變的，孫武沒有固定說一個人是生間或死間，一切由時機決定，一下由生變死，一下死裡又變生，完全是「不可為典要」，但是犧牲的可能性是隨時存在的，常常不知道自己怎麼死的。

「五間俱起，莫知其道，是謂神紀，人君之寶也。」這一段關於情報網的總括，意思很明瞭。這五種間諜同時起用，能使敵人摸不清我方的行動規律，這就是使用間諜神妙的道理，也是君主克敵制勝的法寶。等閒的事情，用其中一兩種間諜就夠了，或者專門用一種去瞭解情報就夠了。情況複雜的，涉及整個大局，要全面發動情報網，需要「五間俱起」，要動用五種類型的間諜，誰也不知道誰是誰，只有在後面掌握的人知道。間諜網一定都是上下縱向的關係，絕對不可以有左右橫向的關係，一方面免得踩線，另一方面防止洩密。如果所有的線都操縱在後面的少數幾個人手上，哪條線要是被剿了，不會影響到別的線。所以不允許有橫的聯繫，如果像蜘蛛網一樣縱橫交織，其中某一個點被破獲了，那麼一點破則全域破，其餘的都很危險。重新調整，又得花很多錢、很多工夫。為了降低風險，情報網只有縱向的指揮，不可以有橫向的聯繫。「五間俱起」，對發動者來講才知道這種千變萬化的複雜性，敵人就看不懂了，因為到處都是間諜。有的是在自己陣營中的間諜——鄉間、內間、反間，有的是敵人派來的生間、死間，而且綜合運用。有時候「螳螂捕蟬」，但是「黃雀在後」。這就是「五間俱起，莫知其道」，使得敵人手足無措。「是謂神紀」，紀就是網絡的象徵，即網紀，出神入化，陰陽不測，就是「神紀」，「神無方」。「人君之寶也」，一定要由最高領導人親自掌握。如果只用一種間諜，變化是有限的，幾種間諜一起動，然後中間互相還有監控、策應，則會相當複雜，但是真正瞭解全域的只有一、二人而已，其他都是棋子。這就是人君之寶，是鬥智必備的東西，太重要了。

鄉間、內間、反間、死間、生間

鄉間者，因其鄉人而用之；內間者，因其官人而用之；反間者，因其敵間而用之；死間者，為誑事於外，令吾間知之，而傳於敵間也；生間者，反報也。

好，我們看具體的五種間諜。「鄉間者，因其鄉人而用之」，意思很明顯，即對方的鄉下老百姓，直接拿來用。「內間者，因其官人而用之」，對方的失意官僚，對方的貪官污吏，尤其到戰國的時候，直接就可以收買的。收買看似是很貴，有的甚至幾十萬兩黃金，但是這比打仗要便宜得多。「反間者，因其敵間而用之」，本來是敵方的間諜，不殺他，反過來用他。

「死間者，為誑事於外。」要準備犧牲我們的間諜，讓他出生入死，在外面放假情報。「令吾間知之，而傳於敵間也」。讓這個可憐蟲——準備犧牲的我方死間，讓他瞭解的是假情報，要借著犧牲他「而傳於敵間也」。「生間者，反報也」。「反」就是返，對於「生間」，就很厚道了，覺得他還有大用，不要輕易犧牲掉，還要把他救回來。「生間」入了虎穴之後，得到第一手情報，還可以活著把情報帶回來。《易經》中的明夷卦（䷣）第四爻就是「生間」，因為他「入于左腹」，打入人家的心腹，「獲明夷之心」，得到了我們一般不能獲取的最核心的情報，然後他還可以「于出門庭」，成功脫險出來。明夷卦第四爻，誰也不知道其身分，可以混到敵方的高層核心，對方的起心動念，第一手就可以掌握，然後還可以安全脫身。脫身就是要「反報」。第四爻同時也可能是內間，也就是說，早就是我方的棋子，只是從小就被送去，在敵方做高官。第四爻作為高官，離領袖很近，這樣才能掌握「明夷之心」。所以他可能是「生間」，為你所用，活著回來報告；也可能是「內間」，在敵方陣營做官。明夷卦第四爻爻變為豐卦（䷶），能夠建立豐功偉業，完全掌握非常豐富的敵情。豐卦「明以動」，就是我們所有的行動完全依據明明白白、清清楚楚的情報資訊來行動。根據準確無誤的情報去採取行動，當然可以成就豐功偉業。這是《易》卦三百八十四爻之中，一個很明顯的符合用間原則的爻。而且，那個爻就是如此，要打入敵方陣營。重點是能不能打入人家的心腹，做資深臥底。這種間諜能夠產生這麼高的用處，怎麼可以苛刻對待呢？

無所不用間

故三軍之事，莫親於間，賞莫厚於間，事莫密於間，非聖智不能用間，非仁義不能使間，非微妙不能得間之實。微哉！微哉！無所不用間也。間事未發而先聞者，間與所告者皆死。

「故三軍之親，莫親於間」。關於「三軍」，周制，諸侯大國三軍。中軍最尊，上軍次之，下軍又次之。一軍一萬二千五百人，三軍合三萬七千五百人。《周禮．夏官．司馬》載：「凡制軍，萬有二千五百人為軍。王六軍，大國三軍，次國二軍，小國一軍。」古代所說的三軍又指騎馬打仗的前、中、後三軍。前軍一般是先鋒營負責開路、偵察、應付小規模的戰鬥，帶部分軍需物資。中軍就是統帥所處的大軍，有當時作戰的大部分作戰兵種（騎兵、步兵）。後軍主要就是全軍的主要軍用物資、工匠以及大量的民工。後來，「三軍」就指整個軍隊。三軍之親，沒有比間諜跟領導人距離更近、更親密的了。

「賞莫厚於間」，重賞沒有比對間諜更厚了，而且這種賞賜因為不能曝光，還是暗地裡。「事莫密於間」，所有事情的機密沒有比間諜更要保密的了，不可以讓任何人知道。「非聖不能用間（有的版本寫作『非聖智不能用間』），非仁不能使間，非微妙不能得間之實。微哉！微哉！無所不用間也。」這裡寫得越來越精彩了。間諜這麼優秀，要給他最高的賞賜，然後他跟組織的關係特別密切，超過其他所有人，而且沒有人知道這種關係，也超過其他所有人。那麼這個用間諜的人絕對得是高手，絕對得仁、聖，而且心思智慧各方面都微妙到了絕對精微的地步。這樣的人，他才能夠用這種間諜，他才知道如何調度運用。如果有這麼優秀的情報網，而組織者昏庸無能，那根本就沒有辦法使間諜起作用。

棋逢對手，間諜才可以運用得奇妙。不管是明君還是良將，如果不是到聖的地步不能用間，這種高度鬥智的遊戲，不是一般人能玩的。非仁義不能使間，智慧修為要到微妙的地步，一般人猜測不透，不然就不能夠得到「間之實」。也就是說，不管是從哪一個管道來的資訊，你能確定都是正確的嗎？可見，又不能夠太相信一個單獨的管道獲得的情報，所以要有「五間」，要有多管道獲取，道理就在這裡。這樣才不會被蒙蔽，可以拿來印證，這就是領導人，需要有多方面的才幹，要「聖智」，「仁義」，「微妙」，不然怎麼判斷？搜集情報相對於綜合判斷情報來說，前者比較簡單，後者非常難。就像「演卦容易斷卦難」一樣，算卦的方法很簡單，但是結果出來，斷占卻不是那麼容易的事。

一個間諜，理論上不負責所有情報的判斷，他只要出生入死，搜集更多更翔實的情報，而且他也不是組織的唯一情報來源，組織對各方的情報還須檢驗和判斷，要是沒有判斷力，面對堆積如山的情報，有真的，有假的，有半真半假，就無從判斷，決策起來就很難了。所以，孫子才說非聖、非仁、非微妙，不能「得間之實」。間諜搜集的東西就一定是真實的嗎？是不是敵方更高一招，餵假情報給他？這些都會誤導我們的判斷，所以需要謹慎的核實。「微哉！微哉！無所不用間也。」情報網的發動是隨時隨地滲透到每一個地方，任何一個所在，任何一個時間，無晨、無昏、無晝夜，也沒有正式場合，隨時隨地都在進行，所以我們平常不感覺它的存在，就像用顯微鏡才能看得到微生物在動，沒有專業的顯微鏡，什麼也看不到。這就叫「無所不用間」，太微妙了，太微妙了。用心的人有時候還會有一些感應，不用心的人啥也不知道。「無所不用間」，隨時隨地都有間諜活動。換句話說，間諜人員，理論上沒有休假，隨時都可以做調查。沒有說一定要派到哪一個國家才可以做，很多事情依靠人脈經營，就可以「無所不用間」，行住坐臥，永遠沒有休息的時候，這樣才能讓敵人防不勝防。可見，間諜的世界一定要用特殊鏡頭、特殊感應，才能看到其活動劇烈，不然就好像不存在一樣。

下面就講嚴守機密的重要性了。要絕對的殘酷無情，只可以讓一家哭，絕不能讓一路哭。兵法的領域已經不講情了，到間諜的領域講情，那簡直就是笑話。如果為了整體的安全利益，不洩漏機密，對自己人都得很殘酷。一是「間事未發」，情報還有保密的必要，還不可以發出來，更不可以見報，「而先聞者」，突然洩漏了，讓很多人都知道了，甚至不相干的人都知道了，這下糟糕了，馬上就得處置；「間與所告者皆死」，要全部殺掉，這叫滅口。這件事情只有我們的情報員和間諜網才知道，所以洩漏絕對跟他們有關，不管有意無意，一定都得殺掉，堵住情報的來源，讓對方追不到、斷線。

二是告訴過誰，誰聽到了，叫「所告者」，不管是有意聽的，還是無心聽到的，馬上都得剷除掉——「皆死」，沒有第二句話。對於過太平日子的百姓來說，這是不大容易接受的，但是事實上在這個領域上就是如此。像曾國藩跟太平天國作戰時，有一次在中軍大帳召集重要幕僚在討論，有一個冒失鬼闖進帳來，他們討論到一半就不能討論下去了，曾大帥就馬上把他拖出去殺了，因為不能確定他聽到多少，可是不能冒這個險把他放掉。這就是「間與所告者皆死」，所以我們不要太有好奇心，不要包打聽，三十米以外的事情最好少管，人家看到你耳朵一長就會對你下殺手。不能讓你聽的，你可能聽到了，那就是活該倒楣，沒有辦法，只有讓你死。為了整體的利益，不能夠那麼久封鎖機密，還是「皆死」，絕不能留，這叫滅口。

一網打盡

凡軍之所欲擊，城之所欲攻，人之所欲殺，必先知其守將、左右、謁者、門者、舍人之姓名，令吾間必索知之。

所有這些情報網的建立，需要嚴守機密，參與者的薪酬也是比較高的。用間諜的人，決策、判斷需要的修為更高，不然再好的情報網都不能發揮績效，這是一定的。那麼，下面就講情報的深度和廣度，巨細靡遺，哪一個東西重要，哪一個東西用不上、用得上，搜集到的東西全部都得上去，而且要很細。軍事行動的時候，「凡軍之所欲擊，城之所欲攻，人之所欲殺」，這也是間諜裡面的任務之一。要殺誰，那麼你要知道目標。不但要瞭解你的目標，還要深刻掌握其日常行動等所有的資訊，搜集這些資訊才知道如何逮到機會一擊得手。「城之所欲攻」，要攻的城池，那座城池的所有情報都要搜集好，要打擊哪一個目標，要殺誰，「必先知其守將」，必須知道守城的敵方將領是誰。瞭解對方的守將之後，他旁邊的人也很重要，因為一天到晚在其身邊的人，才知道有沒有機會切入進去，甚至可以爭取過來。從「左右」切入有時有意無意間可以掌握到主角的行動。還有「謁者、門者、舍人之姓名，令吾間必索知之」，不管繞多少彎，一定要求間諜把這些人全部一網打盡。不但要知道守將，守將左右的人，還有通報的人、看門的人、管理寢舍的人，別看這些人官小，可都是情報的來源。像「謁者」可是一個肥缺，不管什麼大官要見上司都得經過他，有時還得給一點好處。千萬別小看這些大人物身邊的人，他們看到的機密事情集中起來就是豐富的資訊庫。這就是主要目標和次要目標要通吃；只要可能產生關聯的，主將一天到晚能接觸到的，大人物、小人物全部都要瞭解。這些情況，作為間諜「必索知之」，有時沒有辦法直接得到，間接的方法也要追索到。

反間之大用

必索敵人之間來間我者，因而利之，導而舍之，故反間可得而用也；因是而知之，故鄉間、內間可得而使也；因是而知之，故死間為誑事，可使告敵；因是而知之，故生間可使如期。五間之事，主必知之，知之必在於反間，故反間不可不厚也。

下面就是反間的利用，即如何把敵人的專業間諜人員直接轉為我用。「必索敵人之間來間我者」，敵人的間諜來打探我方的消息，要把他抓到。這是重點。「因而利之」，不要殺他，並許以利益，利誘對方；「導而舍之」，進行勸導之後，放他回去。「故反間可得而用也」，因為不殺，而且還掌握其弱點或者把柄，斷了他的歸路，這樣就可以把敵人的間諜轉為我方使用。

「因是而知之」，注意，「反間」的使用價值連城，因為他在對方情報網的中心，瞭解對方內部的情報，像「鄉間」、「內間」瞭解的可能只是周邊的情報，僅作參考。而「反間」是核心，「故鄉間、內間可得而使也」，「反間」動了，外圍的間諜可以根據反間要得到的核心情報與之配合，供其調度。「因是而知之，故死間為誑事，可使告敵」，因為反間這一中心點突破，一旦掌握、瞭解對方虛實，我方布在敵方的在朝、在野的間諜，可以因為這些發動間諜的行動。我方派去的死間，「為誑事，可使告敵」，要他把假情報餵給敵方。「因是而知之，故生間可使如期」，而且，掌握了「反間」，「生間」可以如期安全地把情報帶回我方。

「五間之事，主必知之，知之必在於反間，故反間不可不厚也」，由此可見，五間中的重點在反間，大家都在爭取把對方的東西變成我方的。所以孫武認為，反間的酬勞待遇要更高。五間中，反間的運用是關鍵中的關鍵，只要反間這步棋運用好，其他派去的生間、死間，還有在敵方臥底的鄉間、內間，都可以做到最好的調度安排。因此，像這樣關鍵的角色比一般的間諜待遇不可不厚，當反間的人風險超高，一旦破獲了，就是殺無赦。天天處在這種高風險中，代價當然昂貴。人生在世，一般來講，在意的大概也就是名利，可是間諜這個行業不能有名，就算你轟轟烈烈貢獻，大得不得了，也不會、也不可能有人會知道你是誰。那麼，剩下的就是利，要用超優厚的待遇來回報這些間諜的努力。也就是說，重賞是必要條件，錢一定不能少。

上智為間

昔殷之興也，伊摯在夏；周之興也，呂牙在殷。故明君賢將，能以上智為間者，必成大功。此兵之要，三軍之所恃而動也。

最後的結論很有意思，前面都在講理論，結論部分列舉了歷史事例，增強了說服力。然後又異軍突起，在整個文章之後出現新的用間諜的境界。這種間諜的境界，不能說它是屬於五間中的哪一種，可能哪一種都是，可能哪一種也都不是，這種間諜是要有絕高的智慧。即「上智之間」，最上層的智慧這種間諜甚至不是專業間諜，但是可以當間諜用，因為他有極高的敏感度，他到一個地方，不是專門做間諜的工作，但他懂得觀望形勢，能夠當下做出天下大事的判斷，可以由局部看透整體。這種可以獨當一面的人物，前面講的所有專業的間諜都辦不到。這些人本身就是出將入相的人物，不必專門訓練他，把這種大人物爭取過來，就可以成大功，立大業。因為這種人物不是間諜學校畢業，但是有間諜的功能，甚至不讓他搜集情報，他當下可以判斷情報，還可以臨機應變。

孫子舉了幾個例子，我們也可以用間諜這種功能跟角色去定位。伊尹和姜子牙都是夏、商、周三代革命時期的重要人物，伊尹之所以能夠幫助商湯革了夏朝的命，姜子牙之所以幫助周武王伐紂成功，是因為其中也有他們在用間上面的獨到見識。「周之興也，呂牙在殷」，呂牙就是姜子牙，我們知道，傳說姜子牙在輔佐文、武王之前，就住在商朝的首都朝歌，在那裡待了很久，對於一個有心人來說，可以瞭解得非常深刻。一般間諜只能搜集情報，可是姜子牙之類知道自己要什麼，聽聞什麼可以做出一個完整的判斷。分析能力和判斷能力皆具，同樣在伊尹身上也體現得很完美。伊尹是中國較早的名相，也是一個驚天動地的人物。我們再看前一句：「昔殷之興也，伊摯在夏」，夏朝的滅亡，商朝的興起，是因為一個關鍵的人物——伊摯，就是伊尹。注意「在」字，特指不在大本營，而是在敵人的陣營裡頭，這不就是間諜嗎？商朝興起的時候，最主要的棋子就是因為伊摯在夏朝的都城，甚至有可能就在夏桀身邊。我們都知道，伊尹最早是做廚師的。

「故明君賢將，能以上智為間者，必成大功」。英明的君主和賢能的將領，會把高超智慧的人作為間諜，必定能成就大功業。這是因為把上智者當間諜，反而沒有專業的羈絆，有更靈活全面的表現。「此兵之要，三軍之所恃而動也」，整個大的軍事行動都看先前佈下的棋如何發揮作用，情報戰優秀不優秀，這是用兵的要點，三軍要靠著情報的結果才能決定正確的行動。可見，明君賢將顯然要有用人之明，真的是要得「聖智」、「仁義」、「微妙」，不然人家為什麼幫你呢？

另外，我們要注意兩個字。一個就是「在」字，即棋子一定要在對方的陣營才能能夠瞭解，不能光憑想像或者算卦、觀天象等種種的預測手段，也不是「象於事、驗於度」，需要出生入死。這就是所謂的無間道，陰中有陽，陽中有陰，陰極轉陽，陽極轉陰，這也是太極圖在間諜領域的運用。還有一個字就是「為」字。也就是就是英文中「as」的概念，不是「is」，「is」在中文為「是」。《易經．說卦傳》說「乾為天」，意思就不是說「乾是天」，而是乾不只是天，但也可以是君，因為「乾為天，為君，為金，為馬」，所以是「as」，這叫「為」。但是「乾，健也」，意思就是說乾一定是健，即不管你是為君還是為什麼，都得有剛健的本性，那就是「是」。就像「天命之謂性」，「之謂」即「就是」，大命就是性。還有「一陰一陽之謂道」，一陰一陽就是道，任何一個道一定顯示有陰有陽的不同的面相，還在不斷地變化。看不到道，但是可以看到一陰一陽，一陰一陽就是道的顯現。形而上者謂之道，形而下者謂之器，「謂之」就是給一個名稱，這就叫「為」，那就不是「是」。「之謂」就是「是」，「謂之」是「為」。「謂之」就弱很多了，不一定是本質。

上智者明明不是間諜，但他可以發揮比間諜還好的功效，所以不要被專業限制住，敵人的間諜也可以用，不一定要情報局畢業的專業人才，要把他當活間諜用，尊重其看法，運用其觀察力，必成大功，這就是「上智之間」，不是五間可以規範的，這才是用間的高境界。無所不用其間，才是防不勝防。

第八章　勝敵益強——作戰篇第二

戰前預算

〈作戰篇〉涉及戰爭的預算。想打仗，就要算一算花多少錢。篇名為「作戰」，其實並沒有作戰，而是想要發起一場戰事，先看財力。財源在哪裡，如何省錢，戰前都是要預算的。

孫子曰：凡用兵之法，馳車千駟，革車千乘，帶甲十萬，千里饋糧，則內外之費，賓客之用，膠漆之材，車甲之奉，日費千金，然後十萬之師舉矣。

這一段和〈用間篇〉如出一轍，思想是一致的。〈用間篇〉一開始就告訴我們軍事行動很花錢，所以要儘量把錢花在用間上，大錢就可能省掉不少。「凡用兵之法，馳車千駟」，孫子處在春秋末戰國初，春秋時期還有車戰，而且主流的兵種是戰車，旁邊還有護衛的步兵。戰車在平原地帶還有用武之地，到了比較特殊的地形，就顯得笨拙了。因此，春秋時的戰爭規模有時看起來雖大，但是大規模的殺戮還是很少。而到了戰國，各式的兵種出現，大規模的殺戮戰爭已是常事，一場大的戰爭動不動就是騎兵幾萬、步兵幾十萬。此時的戰爭講究靈活多變，趙武靈王學胡人，胡服騎射，就是因為寬袍大袖妨礙作戰。春秋時期的車戰在戰國時期幾乎銷聲匿跡，因為車戰不僅耗費大量的財力、物力，而且遠沒有騎兵、步兵的作戰靈活。但是《孫子兵法》提到車戰非常重要，我們就知道孫子還是春秋末期這個時代的人。

「馳車」就是往前衝刺，就像現在的裝甲車一樣往前衝，「千駟」，「駟」就是四匹馬拉的一輛戰車。往前衝刺，要用到一千輛四匹馬拉的戰車。以前只有諸侯大國才有千輛兵車，萬乘只有天子才有資格。諸侯的規格是四匹馬拉車，如果是周天子的規格，可能是六匹馬拉車，所以《易經》中的乾卦〈彖傳〉才說「時乘六龍以御天」，這一點在洛陽出土的文物可以為證。一般諸侯是千乘，打仗的時候整個國家能出一千輛兵車。但是光有這個還不行，因為一定要有輜重補給，還有「革車千乘」，即有多少在前面衝鋒的戰車，後面就有多少補給的輜重車，那些車用皮革包裝，速度就不會那麼快。革車也要準備一千輛，因為要消耗，所以革車很有必要。

「帶甲十萬」，十萬大軍遠征都得披盔戴甲。盔甲也是要花錢的，真的是處處都要花錢。「千里饋糧」，大兵要行動，糧草先行，但是補給線拉得太長，也很危險；如果沒有防護，很容易給人劫走糧草。這種後勤作業往往決定了戰爭的勝負。在現代來說，就是物流的速度。以軍事領域來講，美軍在後勤體系的高效率非常科學，據說全世界有名，在波灣戰爭中，不同的軍種、不同的物資都啟用了強大的交通工具，在某一個時間點準時送到某一個地方。對於現代戰爭來說，要做到這一點非常的不容易，如何規劃也是一門科學，不能說讓前方缺糧，或者補給線拉太長，後面追不上。左宗棠去新疆平叛的時候，曾國藩坐鎮為其供給，所以左宗棠沒有後顧之憂。不然前方戰士吃緊，後方還在浪費，供應不上，這就糟糕了。「千里饋糧」的話，運費就非常昂貴。為什麼說美國人在打越戰時的花費是天文數字？因為美國這些少爺兵在越南戰場上打仗，居然不要求就地取材，連清水都是從美國本土用飛機運去，這樣的補給豈不貴得要命？要知道，打仗的時候，有時連馬尿都得喝。所以，由這個細節就知道美軍越戰必敗。當時的越共軍隊在洞穴那麼糟糕的情況下都能夠存活下來，再強大的科技優勢都沒有用。

「則內外之費」，就是所有軍事行動的費用。「賓客之用」。賓客就是外交使節、外交人員，孔子說「出門如見大賓」，這是外交活動做得好，否則就是出門如見敵。《易經》中的師卦（䷆）跟比卦（䷇）是一體的兩面。所有軍事行動，都有一定的外交預算，這叫「賓客之用」。兩國相爭，不斷來使，傳信息的一般是賓客，他們來來往往，都得花錢，尤其是戰國時期的合縱連橫，「賓客之用」則更大。

「膠漆之材，車甲之奉，日費千金，然後十萬之師舉矣」。兵器和器械都要用膠漆保養，也要花錢；戰車、盔甲都得維修，打壞了還得不斷地生產。這些都是「日費千金」，這樣十萬之師才能動。要不然，根本就動不了。

速戰速決

其用戰也，勝久則鈍兵挫銳，攻城則力屈，久暴師則國用不足。夫鈍兵挫銳，屈力殫貨，則諸侯乘其弊而起，雖有智者，不能善其後矣。故兵聞拙速，未睹巧之久也。夫兵久而國利者，未之有也。故不盡知用兵之害者，則不能盡知用兵之利也。

因為耗費甚巨，所以一定要速戰速決。「其用戰也」，十萬之師投到戰場中，「勝久則鈍兵挫銳，攻城則力屈，久暴師則國用不足」。十萬之師每天都要花錢，把錢都用在戰爭中，就算最後取勝，可是一旦久戰，會嚴重挫傷國民經濟。很久才取勝，兵器也鈍了，士卒的銳氣也受挫，正如《左傳》云「一鼓作氣，再而衰，三而竭」。「鈍兵挫銳」，如果是攻堅戰，則會死傷慘重，一旦「攻城則力屈」，攻城時力氣不夠了，不要命都殺不上去。「久暴師」，整個軍隊在外面暴露太久了，「則國用不足」，一定會影響到國家經濟。不斷地燒錢，打了這麼久，還沒有一個確定性的結果，錢就不夠了。投資也是一樣，跨國投資，一定要考慮資金鏈的供應。

「夫鈍兵挫銳，屈力殫貨」，東西都用完了，力量也不夠了，空空如也。「則諸侯乘其弊而起」，春秋戰國時候，兩國交戰，旁邊還有虎視眈眈的觀望國，兩虎相爭，必有一傷，這就成了「鷸蚌相爭，漁翁得利」。國際形勢很複雜，不只是敵國，旁邊的國家雖然是隔岸觀火，但在雙方力竭的時候難免趁火打劫。這就是「諸侯乘其弊而起」。「雖有智者，不能善其後矣」，遇到這樣的情況，有再高智慧的人，都很難善後。因為你已經沒有了力氣，人家還是生力軍，揀便宜足夠。可見，師老兵疲，久戰絕對不利。要避免這些，前面就要精算，要評估風險，要看到花錢的可怕之處。

「故兵聞拙速，未睹巧之久也。夫兵久而國利者，未之有也。」這就是第一段的結論。有智者也不能善其後，所以用兵只聽到說寧願笨一點，速戰速決就可以節省時間、節省開銷。而取巧看似妙招，如果拖久了，再妙的招也不妙了。可見，很樸拙的求勝，省錢省時間，有人喜歡耍花招，結果花招把時間拖長，花好多錢還不如難看一點、平實一點。所以用兵寧拙勿巧。「未睹」二字就說明從來沒有見到歷史上的戰役是專門靠取巧，然後長久能夠撐持的。只要一拖久就得花錢，國家就受不了。「夫兵久而國利者，未之有也」，用兵時日長久，結果國家還能獲利的，從來沒有。所以絕對不能讓戰事拖下去，否則會拖垮所有人。

過去研究《孫子兵法》經常會有一些爭議，因為孫子說「兵聞拙速，未睹巧之久也」，而用兵有時候就要用巧，使用四兩撥千金的靈活機變，以小博大，這些就是巧，不是硬碰硬，不是拙。但是碰到時間會拖得久的時候，「速」比什麼都重要，再巧的手段都是錯。可見，「兵聞拙速」，就是為了求速，有時候動作笨拙一點也無所謂。如果硬碰硬、結結實實打，可以快一點結束戰爭，那就寧願不要拖。通常的巧，有時候要佈局，就算是很巧妙，可是拖久了還沒有一個決定性的結果，那就會對整個戰局不利。換句話說，孫子並不排除用巧，如果取巧不拖時間，那當然更好。如果又笨又久，那也是沒有辦法的。

「故不盡知用兵之害者，則不能盡知用兵之利也。」這一句話很重要，永遠是合乎時代的。任何一個大的行動付諸實踐之前，先練習往最壞處想，就像我們現在講的評估風險。風險一定會有，只是大小而已，有可能是七成的勝算，就有三成的敗算。七成可以獲利，至少有三成的風險，問題是把風險算進去，萬一發展到這個地步，你能不能承擔？有沒有後招？所以，先把最壞的情況想好，然後有所準備，如果認為就算是最衰的地步，都能夠經得住，那就可以放手幹。如果不評估風險，認為無所謂，這就叫「用兵之害」，包括花錢、拖時間、影響經濟，以及銳氣盡消等。所以，要完全瞭解用兵可能帶來的各方面的禍害風險，「用兵之害」是風險，對風險要完全瞭解，有所準備。否則，沒有辦法真正追求到利益。「用兵之利」，利益必然伴隨著風險，所以《易經》中的益卦（䷩）卦辭說「利有攸往，利涉大川」，有重大風險，但是冒險犯難，方可得利。「不盡知用兵之害者」，就是不徹底瞭解風險的本質，沒有對各種風險進行分析、準備，也沒有辦法完全做正面思考，當然「不能盡知用兵之利也」。這是孫子千錘百煉的思維，從商、從政、從軍，都一樣，要盡知利害，就像太極圖，先把黑的那一面好好研究研究，不要老看到光明的那一面。

資源取之於敵

善用兵者，役不再籍，糧不三載，取用於國，因糧於敵，故軍食可足也。

「善用兵者，役不再籍，糧不三載，取用於國，因糧於敵，故軍食可足也。」善於用兵的人，不會再三從國內徵兵，不會再三從國內運送糧草。武器裝備由國內供應，從敵人那裡奪取糧食，這樣，軍隊的糧草供應就充足了。

軍隊糧草供應不會有問題，準備的絕對夠吃，怎樣才能做到夠吃呢？不僅吃自己的，還要吃敵人的，運用敵人的資源。遠征的軍隊第一次出發的時候帶著裝備人員，帶著交通工具，因戰事變化萬千，時間不由控制。要走一個月，這一個月的糧食都得帶著，從國內補給的隨身帶著，這是「隨糧」，由大本營提供。等到跟敵人交戰了，一旦糧草供給出現困難，就可以到敵人的國境去獲取糧食，這叫「因糧於敵」。一入敵境，糧食絕對不要寄望於本國補給，只有消耗敵人的資源，節省自己的資源。也就是說，戰前國家供應必備的一些東西，一旦行軍過程中用完了，補給跟不上，就要自己想辦法生存，絕不可能坐等本國再送糧食。什麼情況下可以送糧食呢？如果敵人已經消滅了，或者取得了勝利，在國內的人要去迎接軍隊凱旋歸來，進行犒勞，這就是「迎糧」。也就是說，糧食的預備只有兩次，一是隨糧，二是迎糧，絕不運第三次，用完了就得自己去解決糧食問題，這就是「糧不三載」。如果什麼東西都仰賴大本營的補給，那誰供應得起呢？因此，一定要就地取材。像如今海外的分公司也是一樣，剛開始帶了基本的人員配備，預算用完了，生存下去就得靠自己的業績，不能變成大本營總公司的無底洞。運費太貴，要自己想辦法，最好是消耗敵人的。就像間諜也要「因間於敵」，「因糧於敵」這個思維也是如此。所以要全己，還要全敵，道理就在這裡，敵人的資源也是資源，轉為你用才是最划算的。

「役不再籍」也是如此，招一次兵就好，不能說打得不順，繼續徵兵再送到前線送死。換句話說，徵兵要一次性在一定的時間內徵來多少人。就這麼多人，就這麼多糧食，就得搞定。沒搞定的話，追加人，追加預算，追加糧食，絕對不行。要多少人就給多少人，一次性搞定，這叫「籍」，作戰之前人員的準備一定要精算，千萬不要吹牛。很多工程投資都是剛開始說得好容易，到後來不斷追加，那就變成了一個很壞的習慣，像台灣的高鐵就是這樣。所以善用兵的，估計得很準確，不多也不少。「役不再籍」就是知道再徵兵的困難，「糧不三載」也是如此。戰爭經營中的糧食，一定想辦法從敵人那邊取得。

「取用於國」，國家能夠給你的是一些基本的配備；「因糧於敵」，主要消耗的糧食一定要從敵人那邊去搜刮。「因糧於敵」就是《易經》大畜卦（䷙）的「不家食吉」，為什麼要吃自己的老本呢？要吃就去吃人家的，這樣才能「利涉大川」。為什麼每一個間諜都要自己訓練呢？人家幫你訓練得好好的，把他弄過來不是很好嗎？「不家食吉」和「因糧於敵」一樣的道理。「因糧於敵」後，「故軍食可足」，軍隊糧食夠吃。戰場的勝利能夠讓你取得敵人的糧食，所以非取勝不可，取勝就可以掠奪人家的糧食，然後還可以把投降之後的敵人收編到自己的隊伍中，徵兵也省了。

所謂的「焦土抗戰」就是「因糧於敵」的反面運用，敵方的遠征軍到你的國家來，不可能帶那麼多糧食，一定要搜刮你們的，我們要撤退的時候，就把所有他可能搜刮的糧食燒光。這就叫焦土抗戰，就像俄國或蘇聯一敗拿破崙，二敗納粹，就是靠這一點，利用地理的縱深，敵軍後勤供應無法跟上。敗退的時候不留任何東西給敵人，這種焦土抗戰就是針對「因糧於敵」的戰略思維的反制。有些老闆用人才也是焦土抗戰，他用的人，如果他不能用了，他就讓別人也不能用。戰國時候的商鞅，結果讓秦孝公用了，秦國轉弱為強。本來他在魏國，也是中原強國，但是魏國國君沒有這種識才的本事，不能用，同時魏國也開始奢侈浮華走下坡路。魏惠王的時候，當時的老丞相公叔痤就有識才的本事，他看出商鞅是驚天動地的人物，死前建議魏惠王重用商鞅，做丞相，結果被酒色掏空了智慧的魏惠王，以為老丞相是病昏了才做這種推薦，不接受。老丞相就說，如果你不用他，就得殺他，要不然將來他到別的國家就會來滅你。這種眼力不得了，不能為我所用，就得「焦土抗戰」，不可以「因糧於敵」、「因人才於敵」，結果魏惠王就覺得更好笑了，以為老丞相危言聳聽。不過，老丞相還算厚道，既建議魏惠王殺商鞅，又私下建議商鞅逃亡。結果商鞅棋高一著，他哈哈大笑，說魏惠王不用他，就不會殺他。後來的發展果然如此。可見，千萬不要把有用的東西留給敵人，否則競爭的消長馬上就扭轉。

務食於敵

國之貧於師者遠輸，遠輸則百姓貧；近師者貴賣，貴賣則百姓財竭，財竭則急於丘役。屈力中原，內虛於家。百姓之費，十去其七；公家之費，破軍罷馬，甲冑矢弩，戟盾矛櫓，丘牛大車，十去其六。故智將務食於敵，食敵一鍾，當吾二十鍾；其稈一石，當吾二十石。。

「國之貧於師者」，戰爭一旦啟動，遠征軍補給線拉長，會導致國家和百姓貧窮。大軍經過，一定會造成沿途的民生物資通貨膨脹的現象。這是基本常識，一個地方如果沒有兵經過，或者沒有兵營駐紮，沒有那麼多流動人口，物價一定很穩定，供需比較平穩。如果一下子需求這麼大，很容易造成通貨膨脹，通貨膨脹的結果當然嚴重影響到國家經濟的命脈。「國之貧於師者」就像蝗蟲一樣過去，「遠師」就得「遠輸」，運補線拉長；「遠輸則百姓貧」，民間要供應軍糧，百姓所剩無幾，同時物價一定受影響。「近師者貴賣」，離軍隊近者，供不應求，哄抬價錢，東西也變貴。「貴賣則百姓財竭」，這對國家的宏觀經濟絕對是非常消耗的。「財竭則急於丘役」，國家財力陷入絕境，就會進入惡性循環，即開始不斷更新名目進行徵稅，老百姓不堪負荷，不僅要交稅，還要服「丘役」，也就是要服兵役。

對老百姓來講，買東西貴了，東西又少，要交的稅又多，然後家裡的男人這一主要的勞動力又去當兵，這種惡性循環，導致「屈力中原，內虛於家」；更有甚者，「百姓之費，十去其七；公家之費，破軍罷馬，甲冑矢弩，戟盾矛櫓，丘牛大車，十去其六」。「罷」即「疲」，民間的財力消耗大半，國家的財力只剩下原來的十分之四，六成都消耗打光。也就是說，不斷的徵稅，在逐鹿中原的時候力量耗盡了，又沒有辦法取勝，「內虛於家」，使得「百姓之費」變成原來的十分之三。打造的兵器破的破、爛的爛，「甲冑矢弩，戟盾矛櫓」等戰爭所使用的武器都消耗光。「丘牛大車」，「丘」是以前的行政區域，就像《易經》渙卦（䷺）講的「渙有丘」，運輸用的牛車同樣被消耗，這些資源都是「十去其六」。民間的財力消耗變成十分之三，政府的財力消耗變成只有十分之四，這樣一來，國家不是垮了嗎？

「故智將務食於敵」，所以一個有智慧的大將絕對要吃敵人的，不會吃自己的老本。「務」就是非這麼幹不可，一定要想辦法從敵人那邊取得消耗。「食敵一鍾，當吾二十鍾；萁稈一石，當吾二十石」，「萁稈」是馬吃的飼料，吃敵人一中的主糧，等於靠運輸自己生產的二十倍，所以吃了敵人一鍾，就等於自己生產、運送二十鍾。馬吃的也是一樣，馬吃一石乾草，就等於我們給牠準備二十石一樣，一來一回相差真的是太多。

勝敵益強

故殺敵者，怒也；取敵之利者，貨也。故車戰得車十乘以上，賞其先得者，而更其旌旗。車雜而乘之，卒善而養之，是謂勝敵而益強。

故兵貴勝，不貴久。故知兵之將，生民之司命，國家安危之主也。

「故殺敵者，怒也」，這一點我在前面講過，要敵愾同仇，就要利用手下那些人的憤慨情緒，要激怒他們奮勇殺敵，絕對不能心平氣和。上了戰場，下不了殺手，手軟絕對不行，所以怒才能奮勇殺敵。田單在守即墨城的時候，就故意讓圍城的燕軍在外面挖他們的祖宗墳墓，激怒這些齊國後代的兵士。

「取敵利者，貨也」，把敵人的資源取到手，不要破壞，不要燒掉。下面就是一種非常的激勵手段，讓士兵分享戰果，使之奮勇當先。

人為財死，鳥為食亡，重賞之下必有勇夫。「故車戰得車十乘以上，賞其先得者，而更其旌旗。車雜而乘之，卒善而養之，是謂勝敵而益強。」打仗本來是消耗，結果越打越強，很多敵人投降了，變成了你的人，兵力越來越強，然後敵人很多資源轉為你所用。所以不但不會越打越弱，反而越打越強的道理就在這裡。虜獲了敵人十輛車以上，馬上賞那些奮勇爭先的先鋒，改換他指揮。如果是敵人的兵一時落敗，把他編制到自己的隊伍，就要更換軍旗，打散他們原定的編組，化整為零，重新編制，這樣他們就不是一個團隊，不然敵人投降過來可以相信嗎？這就是防人之心，打散其編制，免得都是他的子弟兵。就像企業中，今天他為了多賺三萬塊來這裡，明天有機會了，人家花三十萬又挖走了，而且他帶著子弟兵就走了。先「賞其先得者」，然後換主管，「更其旌旗」，換旗號。「車雜而乘之」，要監控，不能都是敵人的降兵，中間也要夾雜有你的兵。「卒善而養之」，對降兵還是要善待。可見，對於投降者不能完全沒有戒心，要用你的編制去消化降兵的編制，隨時有監控，指揮權也要打散，不可以保留原樣，免得降將來時帶來子弟兵，去時帶走子弟兵。獎賞奮勇爭先的將士，又把虜獲來的敵人編制重新改造，「是謂勝敵而益強」，這樣會不斷增強部隊的活力，而且不怕將來出狀況。

「故兵貴勝」，打仗就是要取勝，不貴久。「故知兵之將」，真正瞭解兵法的將領，「生民之司命」，老百姓的生命都懸在他的手上，由他來主控，「國家安危之主也」，也是國家安危的主宰。國家和百姓的命運主宰在一些關鍵人的手上，如果這些人明白這個道理，老百姓可以託付給他，所以〈計篇〉所說的「道、天、地、將、法」中的「將」非常重要。

〈作戰篇〉與其他兵家之證

〈作戰篇〉是計算每天打仗要多少錢，打仗不是定期領薪水，花錢幾乎是連續的，每一天都不知道要花多少錢，就像計程車的表一直在跳，跳得你心疼。所以一定要衡量，要儘快結束戰爭，不然花錢如流水，一直跑下去。

〈作戰篇〉有兩個注意事項。一是「不盡知用兵之害者，不能盡知用兵之利也」，先考慮最大的風險，承擔能力，再考慮能不能獲利。如果沒有做過審慎的風險評估，那麼所有的利都是虛幻的。用人、做事都是一樣，不要老是想著花好月圓、一切順遂；先評估風險，而且要「盡知」任何一種形勢的風險。二是「因糧於敵」，我們一再強調，〈作戰篇〉的關鍵就在這裡。任何人自已擁有的資源，從生產到培訓成為氣候，不知要花多大的精力，為什麼不把敵人的資源轉為我方用呢？用敵方的間諜，糧食消耗材用敵方的，那是多麼的划算。所以，只要取得戰場的主導性，資源都要能夠用，就會越來越強，這就是「勝敵而益強」。

「因糧於敵」是反客為主。大唐名將李靖的兵法著作《唐太宗李衛公問對》，認為戰爭的勝負是由多種因素促成的，不可歸結為單純的一個原因，「兵家勝敗，情狀萬殊，不可以一事推也。」它還認為事物都是在發展變化的，強弱、優勢、主客都處在變化之中，「『因糧於敵』，是變客為主也；『飽能饑之，佚能勞之』，是變主為客也。」這是強調主客在兵法中的運用。凡是跑到人家的國度，難免勞師遠征，是客軍，作為防守的一方，對付侵略者，是主軍。主軍有主場優勢，地形地物熟悉，而且易敵愾同仇，共同抵禦侵略者。反之，作為客軍，到別國國土上作戰，後勤的問題就很重要了。下面這一段就是著名的主客之論。

太宗曰：兵貴為主，不貴為客；貴速，不貴久，何也？

靖曰：兵不得已而用之，安在為客且久哉。《孫子》曰：「遠輸則百姓貧。」此為客之弊也。又曰：「役不再籍，糧不三載。」此不可久之驗也。臣校量主客之勢，則有變客為主，變主為客之術。

太宗曰：何謂也？

靖曰：「因糧於敵」，是變客為主也；「飽能饑之，佚能勞之」，是變主為客也。故兵不拘主客遲速，惟發必中節，所以為宜。

太宗曰：古人有諸？

靖曰：昔越伐吳，以左右二軍鳴鼓而進，吳分兵禦之；越以中軍潛涉不鼓，襲敗吳師，此變客為主之驗也。石勒與姬澹戰，澹兵遠來，勒遣孔萇為前鋒逆擊澹軍，孔萇退而澹來追，勒以伏兵夾擊之，澹軍大敗，此變勞為佚之驗也。古人如此者多。

如果懂得「因糧於敵」，雖然是客軍，但是到了人家的地盤，好像變主人，人家的糧食自己打開糧倉就用了，這叫變客為主，取得了主動的優勢，不必千里迢迢從自己的國家去運糧食，懂得因糧於敵，就可以反客為主，化被動為主動，取得主導的優勢。黃石公的《三略》中也講到：

> 用兵之要，必先察敵情，視其倉庫，度其糧食，卜其強弱，察其天地，伺其空隙。故國無軍旅之難，而運糧者，虛也。民菜色者，窮也。千里饋糧，士有饑色。樵蘇後爨，師不宿飽。夫運糧千里，無一年之食，二千里，無二年之食，三千里，無三年之食，是謂國虛。國虛，則民貧；民貧，則上下不親。敵攻其外，民盜其內，是謂必潰。

「千里饋糧」，總有吃不飽的時候，萬一接濟不了，「士有饑色」，要是被人家劫了糧，那就更慘了。補給跟不上，在戰場上會時刻充滿不測，這不是一件好事。如果老是這樣，不能「因糧於敵」，「是謂國虛」，國家就因為這種長程的補給慢慢弱下來，「是謂必潰」，總有一天會滅亡。

關於《孫子兵法》十三篇，我曾用易占去探討其主旨，關於〈作戰篇〉得出來的結果就是講大畜卦（䷙）的第一爻，爻變有蠱卦（䷑）之象。〈作戰篇〉強調後勤補給的重要性，主張「因糧於敵」，大畜卦正是多方儲備，卦辭稱「不家食吉」，就是不要吃自己的，吃天下，吃四方，就是「因糧於敵」。「因糧於敵」就「利涉大川」。〈始計篇〉占的結果是无妄卦（䷘），四個陽爻變，變為坤卦（䷁）。〈始計篇〉是第一篇，〈作戰篇〉是第二篇，无妄卦、大畜卦相綜，是一體的兩面，也就是說，在「始計」的時候馬上就要算錢，千萬不要輕舉妄動，不要妄想，五事、七計一定都要都算完，要周到，到作戰的時候，一定要儲備足夠的資源，才能發動戰事。大畜卦的第一爻，就強調很多資源要從敵方獲取，如果沒有這種準備，老吃自己的，就想發動戰爭，一定敗事，就會如爻辭所稱「有厲，利已」、「不犯災也」。爻變為蠱卦（䷑），說明如果後勤不足，切勿輕啟戰端。「有厲，利已」就是嚴正提醒，倉猝起事，事情難免敗壞。

《司馬法》說：「大小，堅柔，參伍，眾寡，凡兩，是謂戰權。」也就是說，任何事情不能只做單線思考，絕對不能單打一，想獲得利益的同時要評估風險，因為利益必然伴隨著風險。不要盡想著成功，也要想到失敗，任何事情要做兩端思考，這才叫「戰權」。任何戰事一定要權衡，做好各種準備。

司馬穰苴這個概念，到了戰國時期的《尉繚子》得到了進一步發揮：「故知道者，必先圖不知止之敗，惡在乎必往有功。」真正懂得兵法之道的，一定要懂得適可而止，可能剛開始如秋風掃落葉，但到最後後勤卻跟不上導致最終失敗。「不知止」，就是不斷擴充，好大喜功。所以，沒有百分之百的把握，不能說非成功不可，先要想到萬一失敗時的處理能力、風險承擔的問題。

荀子作為戰國儒家的殿軍，韓非子和李斯的老師，他也到過秦國，那時就覺得秦國多半會統一中國，《荀子》一書中有非常寶貴的闡述兵法的篇章——〈議兵第十五〉，荀子所論絲毫不遜於《孫子兵法》，荀子之學是有用之學，比喜歡唱高調的孟子有用多了。孟子有很多理想，只是人永遠達不到，他高調了一輩子，辯才無礙，文采飛揚，但一件事也沒做成。荀子就不同了，他的學說很平實，也是經驗之談，所以他的弟子才會出法家的大人物，還有在事功上確有建設的李斯。〈議兵篇〉稱：「無欲將而惡廢，無急勝而忘敗，無威內而輕外，無見其利而不顧其害，凡慮事欲孰而用財欲泰，夫是之謂五權。」「將」就是「萬般將不去，唯有業隨身」的「將」，是拿來用的意思。也就是說，不要老是想用，老是想好，沒想到任何事物用一用之後可能會廢掉，什麼事情都要練習往最壞處想。還有不要只想聽好消息，只想成功，不要急於求勝忘了可能失敗。「無威內而輕外」，有些人就是內鬥內行，對外面的又輕敵，千萬不要有這種行為，這種心態要降到零。「無見其利不顧其害」，不要只想到利益，而沒有想到害處。「凡慮事欲孰而用財欲泰」，考慮事情一定要深思熟慮，不要很拮据，要夠寬裕。「夫是之謂五權」，這就是用在軍事五種最高的權變、衡量事情的法則。

第九章　不戰而屈人之兵——謀攻篇第三

〈謀攻篇〉接〈作戰篇〉而來，「不戰而屈人之兵」這句千古名言就出自此篇。〈作戰篇〉提出，不但要使自己的資源少浪費、少消耗，還要儘量爭取把別人的資源變成自己的資源，不管是糧草輜重，還是人才，都是爭取之列。所以不要把別人打得破爛不堪，要設法保全，只要取得主導權，別人的資源可以轉為你所用，這就是〈謀攻篇〉的全己、全敵，是兵法中非常重要的全勝思維。要知道，資源都是給人用的，並不存在著國籍之分。

不戰而屈人之兵

孫子曰：夫用兵之法，全國為上，破國次之；全軍為上，破軍次之；全旅為上，破旅次之；全卒為上，破卒次之；全伍為上，破伍次之。是故百戰百勝，非善之善也；不戰而屈人之兵，善之善者也。

孫子說，「夫用兵之法，全國為上」，「國」是指敵國，即用兵之道，保全敵國為上策。「破國次之」，要是把敵人擊敗，把城池燒掉，資源不能再用，這是最笨的。所以上策是保全那個國家，破國除非不得已。「全軍為上、全旅為上、全卒為上、全伍為上」，這種保全的思維從國家的最高層次一直到軍隊的最小單位。軍、旅、卒、伍都是軍隊建制單位，按照《周禮》的說法，「軍」為一萬兩千五百人，「旅」為五百人，「卒」一百人，「伍」為五人，是最基本的戰鬥單位。據說希特勒在一戰時就是一個伍長而已，可是後來做了三軍統帥。

「全」的思維從國家的層次到整個軍、旅、卒、伍，要貫徹到底。換句話說，從最高的政治單位到軍事單位，都要考慮儘量保全能夠保全的資源，全國如此，全軍也是如此，反正就是要「全」。要保全，不要破壞。「是故百戰百勝，非善之善者也。」百戰百勝很困難，中國過去的名將大概只有李靖可以辦到，就是戰神吳起雖無敗績，但也有打平的時候。百戰百勝很難得，但這不是最高的手段，因為百戰百勝可能把自己的資源消耗殆盡，同時也把敵人的資源破壞不少，這就不是更高的思維——「善之善者也」。

「不戰而屈人之兵，善之善者也」，這才是最高的境界。讓敵人的意志屈服，接受你的政治條件，儘量少殺傷，這樣合乎人道，資源還可以永續利用。這就是所謂的兵不血刃，就是「不戰而屈人之兵」。「不戰而屈人之兵」有時甚至不需要軍事層面的大戰，通過外交戰、間諜戰讓敵人知難而退，進而獲得成功。儘量用謀略化解爭端，這是上策。硬碰硬的戰爭，犧牲慘重，沒有辦法全勝，全己而且全敵自然成了空話。可見，「不戰而屈人之兵」是最高的兵法——善之善者也。

上兵伐謀

故上兵伐謀，其次伐交，其次伐兵，其下攻城。攻城之法，為不得已。修櫓轒轀，具器械，三月而後成；距堙，又三月而後已。將不勝其忿而蟻附之，殺士卒三分之一，而城不拔者，此攻之災也。

「故上兵伐謀，其次伐交，其次伐兵，其下攻城。攻城之法，為不得已。」上乘的兵法是利用戰略挫敗敵人，其次則是通過外交斡旋取得勝利，再次就是利用軍事威懾迫使敵人屈服，最下等的方法就是攻城掠地達到取勝的目的。硬碰硬的攻佔城池，這種戰爭犧牲慘重，那是萬不得已才用這種攻堅的方式。「伐謀」，一般解釋就是說謀略戰，但是說了等於沒說，「謀」其實就是國家政策，是大戰略。也就是匯總各方資訊，像情報戰就是資訊的來源，把這些資訊綜合衡量，最後形成對敵決策。敵方的企圖還沒付諸實現，我方通過真實準確的情報就瞭解到了對方的底細，敵人就不敢動彈，這樣一來，還需要打仗嗎？爭端化解於無形，不需要後面的硬拼，這就叫「上兵伐謀」。

其次就是外交戰，到了要外交斡旋的時候，其實已經有很嚴重的紛爭了，要通過外交進行調解。「伐謀」是化解於無形，「伐交」就是利用外交權衡周邊的勢力，用《易經》中比卦（䷇）的方法解決問題，外交能解決的爭端自然是好事。如果外交談判破裂，那就只能付諸軍事戰的衝突，即「其次伐兵」，軍事戰也可以用各種方法打，不一定要用攻堅的手段，硬碰硬這種損失慘重的方法不可取。「其下攻城」，攻城是最下乘的，就像二戰的時候納粹和日本軍隊堅決不投降，就得進行登陸戰，犧牲不少士兵。像太平洋戰爭中，中途島、硫磺島之戰都是犧牲慘重。攻城之法實在是萬不得已，完全違反〈作戰篇〉的原則。

「修櫓轒轀，具器械，三月而後成」。「櫓」是古代攻城的器具，稱樓櫓；「轒轀」是古代攻城時一種四輪工具。也就是說，修造這些工具的工程和準備作戰用的器械，至少要三個月才能完成。古代戰爭，城池固若金湯，為最後的根據地，攻城的器具一般都是大型器械，從出廠到現場搭建，都要耗費大量的人力物力；要準備齊全這些器械，不是一下子就可以的，所有的準備達三個月之久，甚至更長。這三個月日費千金，還沒開打，那要花多少錢呢？像二戰時諾曼地登陸，盟軍不知道花了多少錢做準備工作，軍隊要秘密調動，情報工作要全面攤開，一切的後勤供應要通暢，而且準備時間不能拖得太久，否則士氣也會出問題。換句話說，光是準備就需要充分的時間和大量的金錢。

「距堙，又三月而後已」，「堙」是修築攻城用的土山，因為敵人的城牆很高，從下面往上攻一定不利，所以要把彼此的高度差拉平。在城外堆土成丘，可以平視對方，如果能比城牆再高一點就可以俯瞰城牆內的防守狀況。取得高位，佔據制高點，對敵情可以瞭解得更透徹。但是這樣的「距堙」，又要花費三個月。所有的準備工作，都是為了減少犧牲，但是大半年已經過去了，攻堅戰還未開始。

為了準備充分一點，防護周嚴一點，還得注意：「將不勝其忿而蟻附之，殺士卒三分之一，而城不拔者，此攻之災也。」如果領兵的大將因對峙日久，動不動就生氣，情緒管理不好，那是軍隊的災難。因為半年大軍沒動，就花了這麼多錢，難以抑制焦躁的情緒，強逼士兵去爬雲梯攻城，像螞蟻一樣附著在堅壁上，一瞬間就「殺士卒三分之一」。所以，領軍的主將有壓力，半年沒有寸進，要是萬一不冷靜，急於突破，兵士損失三分之一，城池還沒有辦法攻下來，這就是攻城帶來的災難。所以，孫子說「其下攻城」，除非萬不得已，否則攻城的犧牲太大了。

全爭於天下

故善用兵者，屈人之兵而非戰也，拔人之城而非攻也，毀人之國而非久也，必以全爭於天下，故兵不頓而利可全，此謀攻之法也。

最極端的、最下策的攻城是如此的不划算，是災難，真正善用兵的人一定要懂屈人之兵，讓他意志屈服。

「故善用兵者，屈人之兵而非戰也，拔人之城而非攻也」，善於用兵的人，不靠硬碰硬的手段拿下對方，有很多其他的方法，像滲透、挖地道、搞內訌等。「毀人之國而非久也」，把一個國家滅亡不需要多長時間。成語「傾城傾國」就是如此，有時靠一個女人就夠了。「必以全爭於天下」，更要爭取保全資源，全勝於天下。這才是最高的兵法，沒有花大成本，沒有大破壞。「故兵不頓而利可全，此謀攻之法也」，「頓」即困頓、疲憊。軍隊不用擔心疲憊，但是利可以全，這才是孫子建議的謀攻之法。

有的人認為，〈謀攻篇〉到此就可以結束了，但是兵法家是非常務實的，絕對不唱高調的，所以還要細算，下面就是在現實的基礎上計算，很冷靜地計算數量上的優勢。

務實為第一

故用兵之法，十則圍之，五則攻之，倍則戰之，敵則能分之，少則能守之，不若則能避之。故

小敵之堅，大敵之擒也。

大國跟小國打，不能一天到晚光念經，一般來講，在孫子那個時代的交戰，「十則圍之，五則攻之，倍則分之，敵則能戰之，少則能逃之，不若則能避之，故小敵之堅，大敵之擒也。」說得真有意思，雙方交戰，一定有大國、小國，所以人要務實，實力不如人，就要有彈性策略，不要太堅持所謂的大國尊嚴；如果堅持，不識時務，一旦敵人的實力領先，你所有堅持的資源就會變為敵人所用，這就是「小敵之堅」。沒有勝算，堅持到最後被「大敵之擒也」；人家掌握壓倒性的優勢，你堅持到最後還是落敗，淪為階下囚，獲得的資源也轉為敵人所用。要是不堅，在剛開始沒有消耗，勝負沒有那麼明顯之前，不是有很多運作談判的空間嗎？

好，我們看前面的那一段話，強調了數量上的優勢不能忽略。「十則圍之」，如果我們的軍隊是敵人的十倍就可以包圍他，把他困死。當然，一定要有十倍於敵的優勢才能這麼幹，不然圍不起來，有裂縫讓敵人有機可趁，進而突圍。封鎖，有時候不但是軍事封鎖，也可以是經濟封鎖。冷戰時期，美國動不動就要制裁哪一個國家，還要發動全球的國家跟他一起禁運，像制裁朝鮮、伊朗，把他們封鎖圍堵。但是，除非你有十倍於他的經濟力量才能全面圍堵，不然別人照樣走私獲利。以前美國圍堵中國，最後還是以失敗告終，不得不和中國建交。後來的圍堵伊拉克、圍堵朝鮮，都是力有未逮，因為殺頭的生意有人做，要讓他完全圍住，要有至少十倍以上的超優勢。這就是「十則圍之」，沒有強大的領先優勢是不行的。

「五則攻之」，如果力量五倍於敵人，可以採取主動進攻。進攻的一方一般要有比較大的兵力。「倍則戰之」，如果實力是敵人的兩倍，可以跟他對打，因為有數量優勢。「敵則能分之」，「敵」就是匹敵，實力一比一，勢力相敵。關於這句話，敵我雙方實力一比一，誰也沒有必勝的把握，過去有兩個解釋，一是說把對方切成兩段各個擊破，這個好像也言之成理，因為「分」也是半的意思；另外一個就是把自己的部隊分成兩股或三股，這邊打頭，那邊打尾，靈活機動作戰。很多用兵之道就是分合的運用，分了之後，靈活機動，一邊為主，一邊為從，進行車輪戰。雙方實力一比一，沒有了數量優勢，就在於調度的靈活。「敵則能分之」，因為數量上沒有優勢，就充滿了變化。也就是說，所有的橘子不要放在一個籃子裡，要靈活出擊，創造取勝的機會。

「少則能守之」，如果數量優勢不如敵人，千萬不要主動進攻，堅守即可。守的一方，不必依靠數量優勢。「不若則能避之」，「不若」指實力不如對方，如果實在不是敵人的對手，那就快閃。大丈夫能屈能伸，孫子絕對不會建議說不是對手也要幹到底。「不若則能避之」，就是《易經》中的遯卦（䷠），腳底抹油快閃，還有下一次機會。

找死的就是「小敵之堅」，結果是「大敵之擒」，這樣太不智了。人生有時候要堅定、堅強，但是如果實力太弱，以實力原則來講，相差懸殊的大敵，你越堅，對你越不利。因為兵法不是鬥力的，而是鬥智的。力不如人，就要強化你的智慧，就像《易經》中的小畜卦（䷈），在密雲不雨的沉悶格局中，以小博大，在艱難的夾縫中求生存，這種手段完全是鬥智的。

「小敵之堅，大敵之擒」的前面也告訴我們，數量上的優勢為第一，不能感情用事，不顧一切，無視於事實，頂頭硬幹，那是不行的。硬幹不叫兵法，不需要攻城時，非要去硬打硬拼，像螞蟻一樣前仆後繼，只會白白犧牲。兵力如果是人家的十倍、五倍、兩倍，或者相當，都可以根據相應的對策應對。如果實在差太遠，就趕緊閃人，在生存面前，這也沒有什麼不好意思的。現在打不過你，不代表以後打不過你，所以「少則能守之，不若則能避」，要有忍耐力。

《易經》第二卦坤卦（䷁）就教我們這個「能」，有沒有這個能耐，能不能忍，能不能順勢用柔，有短、中、長期形勢的判斷。乾卦（䷀）要知，坤卦要能，良知良能，這兩者配合得好，才是能耐。「能」字最古的意思是一種像熊一樣的動物，現在的「熊」字下面就是「能」字加四點，古代的這種能獸的皮是很厚的，就像練柔道一樣，要練摔，在沒有碰到敵手之前，會自己爬到樹上，然後摔下來，多摔幾次，皮越摔越厚，這就叫「能」。有沒有這個本領，皮要厚一點，不要不好意思，不打最好，要打當然要求勝，而不是要無謂的犧牲。而求勝就要有智慧，有時候就得忍，有進有退。

勢均力敵「則能分之」，懂得靈活調度，分分合合，以分合為變。「少則能守之」，兵力不足，但守比攻需要的兵力比較少，可以以寡擊眾，能守就守，只要不喪失據點，但是不要採取攻勢，因為力量不足。如果「不若」，實在差得太遠了，那就只能避之，不要找死。要知道。實力的大小，這是客觀因素，「小敵之堅」，堅什麼呢？堅持到最後還是「大敵之擒」，那就沒有必要了。

將在外，君命有所不受

夫將者，國之輔也。輔周則國必強，輔隙則國必弱。故君之所以患於軍者三：不知軍之不可以進而謂之進，不知軍之不可以退而謂之退，是謂縻軍；不知三軍之事而同三軍之政，則軍士惑矣；不知三軍之權而同三軍之任，則軍士疑矣。三軍既惑且疑，則諸侯之難至矣。是謂亂軍引勝。

「夫將者，國之輔也」，一個大將確實是國家重要的輔助。「輔周則國必強，輔隙則國必弱」，既然是良將佐國，最重要的輔助，如果這個大將考慮事情周密，那就是國之干城，國家一定強盛；如果說他毛病多了，到處都是空，到處都是縫，充滿了瑕疵，充滿了致命的弱點，國家一定弱。前文說「將有五危」，太清廉、太愛民都是「隙」，是致命的人格弱點。這樣的人有情，有情就有弱點。所以一個將才渾身都是毛病，漏洞太多，這個國家一定弱。

前面的〈作戰篇〉也講過將的重要性，「知兵之將」，真正懂得兵法的將領是「民之司命」，老百姓的命運都在他手上，而且是「國家安危之主也」，確實如此。將在外，君命有所不受。沒有辦法事事請示，因為戰場千變萬化，現在還可以通過最便捷的資訊聯絡，請示一下重大的事情，以前的戰場遙遙萬里，怎麼遙控呢？很多重大的事情必須大將自己決定，所以責任很重。《易經》中的師卦（䷆），第五爻的政治領袖跟第二爻大將之間相應與的關係就是師卦的重點，「王三錫命，丈人吉」，講的就是這個道理。

〈謀攻篇〉要全勝，要「不戰而屈人之兵」，要伐謀、伐交，大將很重要，是國家的輔佐。所以君王面對所任命的大將，要尊重，又不能失去節制，分寸的掌握很重要。既然要尊重其專業領導，那就不要事事干涉，要懂得合理授權，只要授權不至於失控。《易經》坤卦第五爻的「黃裳，元吉」，臨卦（䷒）的第五爻「知臨，大君之宜」，這都是領導統馭術，這些卦中的「六五」跟

「九二」之間的關係一定要處理好，「六五」作為國君，要包容，又不能失控。

「故君之所以患於軍者」，這裡的「君」是政治領袖，在後方，「軍」是負責實戰任務的大將，在前線。國君不能不控軍，但又不能事事都管。如果管過頭，外行指導內行或者官大學問大，大將就難做事了。如果還不放心他，在大將身邊安排幾個探子監軍，去分他的權，那就完蛋了，等於是自掘墳墓。自古以來因為這種信任關係不容易，所以千萬不要勉強。君和將一定要有共識，才能合作，不要有任何一點勉強。作為國君，對於大將，有任何一點勉強，就不要用；既然用了，就得用人不疑，還要幫大將造勢，鞏固其領導威望。就像「將聽吾計，用之必勝，將不聽吾計，用之必敗」，留之？去之？在當初任用的時候就得把關，免得事後遺憾。如果當時已經經過很嚴謹的程序，後來又唧唧歪歪，管太多，那就是自找麻煩。一旦這樣，就會成為禍患。「故君之所以患於軍者三」，而這種禍患基本有三個。

其一是「不知軍之不可以進而謂之進，不知軍之不可以退而謂之退，是謂縻軍」。對大將多方掣肘，使之縛手縛腳，這叫「縻軍」。軍隊到底是該進還是該退，前方將領自己會有專業判斷，他負成敗責任，國君不知道這個時候不可以進，可是因為自己的政治企圖，強迫將領一定得往前衝，這叫「不知軍之不可以進而謂之進」。或者，軍隊正是可以乘勝攻擊的時候，上面突然來一個要求將領撤退的命令，結果因為國君的某種錯誤判斷、對自身政權的不安全感，失去了大好時機，這就是「不知軍之不可以退而謂之退」。該進的時候讓他退，該退的時候讓他進，不由前線的將領決定，由後方的君主決定，這兩種結果都要命，這就是所謂的「縻軍」；拿著繩子遙控，既沒有進入狀況，也不在第一現場，致使前方將士進退無措。不瞭解前線，在後方假充內行，這便是二戰時希特勒常犯的毛病，他認為自己是無上權威的領袖，對德國那些非常專業的軍事指揮官動輒干涉。德軍剛開始攻打他國的時候，憑著閃電戰，攻城掠地，所向披靡，造就了德意志帝國短暫的輝煌，後來希特勒就如同《易經》乾卦走到盡頭的「亢龍」，以為自己是神，無所不能，在戰爭進行到中後段的時候，他很多的軍事決策是很不專業的，有時就是白白犧牲，讓自己戰到一兵一卒，不懂得保留實力轉進，這就是典型的「縻軍」。德軍再強，碰到這種無上的元首命令，是將士們的第一個禍患。

其二是「不知三軍之事而同三軍之政，則軍士惑矣」。國君不懂三軍軍事，但是要插手管三軍之政，軍中出現兩頭馬車，到底是聽將軍的，還是聽國君的？將權不專，「則軍士惑矣」，士兵們迷惑得很，無所適從。可見，這種干涉是很幼稚的，完全違反軍事專業常識。

其三是「不知三軍之權而同三軍之任，則軍士疑矣」。「權」即權變，事情一變化，馬上就要有權變的措施。《易經》的巽卦（䷸），也是〈繫辭傳〉憂患九卦的最高段位，就強調「巽以行權」，發號施令，要像風一樣無形無象，隨機應變，這就是「權」。在後方的國君，如果不懂得權變的重要，不明瞭外界的局勢瞬息萬變，「而同三軍之任」，就把指揮三軍的責任扛在身上，指指點點，「則軍士疑矣」，士兵們怎麼不會猶疑不定呢？

「三軍既惑且疑，則諸侯之難至矣。是謂亂軍引勝。」這三種禍患會導致三軍將士既迷惑，又猶疑不定。就像乾卦第四爻「或躍在淵」，是躍升還是跳下，就有疑、有惑。「則諸侯之難至矣」，疑惑不定的話，號令不一，然後外行老是干涉內行，列國有機可乘，就要乘虛而入。不經打，士氣也不好，諸侯就來挑釁、找麻煩了。「諸侯之難」在春秋戰國時代永遠是這些國君和統兵大將們念茲在茲的，所以絕對不能在鷸蚌相爭的時候，給旁觀者以漁翁得利的機會。〈作戰篇〉就講過，久戰不下，則「鈍兵挫銳，屈力殫貨，則諸侯乘其弊而起，雖有智者不能善其後矣」。國君始終要有憂患意識，否則「諸侯之難至矣」，「是謂亂軍引勝」，這就是把自己的軍隊搞亂。軍心紊亂，指揮體系混亂，都是自亂陣腳。本來人家沒有機會可趁，你自己反而搞出無限的破綻，怎麼不會引來敵人乘虛而入？

這一段很有意思，一個叫「縻軍」，一個是疑惑造成諸侯之難，造成外患，叫「亂軍引勝」，總共只有兩件事情。孫子怎麼說有三種禍患呢？如果分項，「進」算一項，「退」算一項，「疑」算一項，「惑」也算一項，那就是四項，再不然就是兩項，怎麼會是三項呢？「縻軍」包括進退，疑惑是「亂軍引勝」，只有兩項。以前的人早就注意到了這個問題，嚴格講起來就是兩件事：一個是縻軍，包括進和退；一個是管得太多，什麼都要插手，讓將士疑惑不定，結果引來外患——「亂軍引勝」。是不是筆誤或者別的原因，還得要當事人孫武來揭開這個懸案的謎底。

知勝之道

故知勝有五：知可以戰與不可以戰者勝，識眾寡之用者勝，上下同欲者勝，以虞待不虞者勝，將能而君不御者勝。此五者，知勝之道也。

「故知勝有五」，《孫子兵法》中的「知」是特別重要的字，意思為智慧、知識。換句話說，「知」就是鬥智，講究專業水準，無知就是迷信。「知勝有五」，希望求勝，就跟「知」有關，很多仗在沒打之前，要有戰力的評估，將相和不和，君將關係如何，根據這些，差不多就可以判斷結果是勝是負，這就是有經驗的過來人，歸納出來的五項經驗。孫子可能受陰陽五行的影響，動不動就是「五」，哪五個呢？

一是「知可以戰與不可以戰者勝」。實力相差太遠，根本就不能發動戰爭。如果可以，就要有「知」，知才可以戰，「不可以戰」，就不會圖僥倖，有自知之明。既要有始計，也要有戰力評估，這樣才有獲勝的把握。

二是「識眾寡之用者勝」。寡有寡之用，眾有眾之用，寡就是資源實力不足，眾就是資源實力雄厚。眾寡之用不同，小畜卦（䷈）能夠以小博大，以小事大，就懂得寡之用。大有卦（䷍）則是眾，資源雄厚，一應俱全，故大有卦有「眾之用」。以寡擊眾、以眾擊寡的時候要懂得其用。資源不足的時候短時間玩一下，那叫「寡之用」。資源充沛的時候不能浪費，還要發揮最大好處，像你是人家的十倍，就包圍他，如果你不到十倍，就不要採取包圍的策略，而是主動進攻。小畜卦在〈雜卦傳〉中就是「寡也」，大有卦就是「眾也」。小畜卦和大有卦就是講眾寡之用，「不患寡而患不均」，如果又寡又不均，那就非完蛋不可。「識眾寡之用」這是最基本的常識。小畜卦在寡的時候就不跟人家硬拼，而是鬥智，以小事大，埋頭發展自己，所以小畜卦的〈大象傳〉稱「君子以懿文德」；《論語．季氏篇》云：「遠人不服，則修文德以來之。既來之，則安之。」要發揮寡的用，就要懂得槓桿，哪一個是槓桿的施力點，要掌握好。小一點也要有特色，要有獨門的絕活，沒有特色就沒有存活的根基。小國、大國和小公司、大公司，同樣面臨競爭，小的如何生存，就要有不一樣的地方。因為小，就不可能面面俱到，一定要抓重點去發展，要迎頭趕上，要在某一方面爭取世界第一，在整個全球的供應鏈中做得最好，才能達到「眾」的目的，這樣才有立足之地。

三是「上下同欲者勝」。領導人跟下面的人上下一心，有共同的欲望或願景，在這一點上他們絕對合作，就像風雨同舟一樣，共同面對挑戰。「欲」字講得赤裸裸，這也是兵法家可愛的地方，完全不唱高調，重視事實。像在〈計篇〉的時候還有一點包裝，稱「令民與上同意」，要爭取民意的支持，同意為何而戰，為誰而戰，要師出有名。「同意」跟「同欲」不一樣，「欲」是把所有的利害關係統統綁在一起，非合作不可，這樣一來，「上下同欲」，就團結一心，取勝的機會也大。

四是「以虞待不虞者勝」。「虞」字在《易經》中是很重要的一個字。萃卦（䷬）〈大象傳〉「除戎器，戒不虞」；屯卦（䷂）第三爻「即鹿无虞」；中孚卦（䷼）要建立彼此的信任關係，第一爻「虞吉，有它不燕」，就要徵信。在兵法中同樣如此。君將關係要成立，也要經過一個嚴格的徵信，徵信一過，就要用人不疑。「虞」字外形是一個人披著一張老虎皮張口大叫。虞人是古代打獵的時候很重要的一個官職，作為嚮導，就是事先有計畫、周密的部署，才能引導人去打獵。兵法的「始計」、「作戰」、「謀攻」，一路來都是在做「虞」的動作；「用間」也是在做「虞」的動作。「不虞」就是所有這些該做的基本功不做，心血來潮就上陣，完全沒有做準備。如果有充分準備，對待那些完全沒有準備的人，當然勝。

五是「將能而君不御者勝」。大將如果很能幹，非常專業，超過國君的能力，國君就不要遙控指揮，完全放心讓其主導前方戰事，這樣就會取勝。道理雖然如此，但是歷史卻不盡然。很多的大將能力太強，君主就懷疑其功高震主，容不得他，事事干涉，這樣怎麼會勝呢？當然，這句話千萬不要誤解，孫子強調「將能」，但並不是失去為將的分寸而功高震主；還有，大將如果「不能」，君當然要御，就得管。如果「將能」，國君省心，何必要管呢？

「此五者，知勝之道也」，上述五種，就是預見勝利的方法。

知己知彼

故曰：知己知彼，百戰不殆；不知彼而知己，一勝一負；不知彼不知己，每戰必敗。

「故曰：知己知彼，百戰不殆；不知彼而知己，一勝一負；不知彼不知己，每戰必敗。」這裡就出現了舉世名言，而且很有發展性。「知己知彼」，不是百戰百勝，千萬不要亂講，而是「百戰不殆」，即立於不敗之地。所謂的「百戰百勝」，孫武不會這麼說的。很多人說「知彼知己，百戰百勝」，其實《孫子兵法》中沒有這樣的話。沒有人會百勝，因為還有「知天知地，勝乃可全」，周遭自然環境不知道，光知道敵我雙方，就想百戰百勝，要是氣候突變，雙方都毀滅了呢？知彼知己只是最起碼的「用間」、「始計」的工作；「知彼知己」只是說經得起打，即「百戰不殆」，不會被打垮，沒有說一定取得勝利，更何況「百戰百勝」也並非兵家追求的最高目標。「百戰百勝，非善之善者也，不戰而屈人之兵，善之善者也。」但是俗話老是把它縮短成「知彼知己，百戰百勝」，這就誤導太多人了。

「不知彼而知己」，如果不瞭解敵人，對自己的虛實很清楚，「一勝一負」，勝負各半而已。

如果「不知彼不知己」，那就是「每戰必敗」，每一次戰爭都會被打垮。不知彼也不知己，不瞭解自己真正的實力，沒有自知之明，也不瞭解敵人，那是不開玩笑嗎？知己比較容易，知彼困難，就得啟用間諜，要提高勝算，至少不被打敗，就要做到「知彼知己」。知彼最好的方法是靠用間，知己靠部隊的戰力、國家的國力，不能只看報表，要有深入的掌握，不要被帶有水分的報表矇騙。

〈謀攻〉與其他兵家之證

謀攻是計畫要攻擊，絕對不能亂來。第一個最重要的觀念是「不戰而屈人之兵」，第二個觀念是「將能而君不御者勝」。這一章主要就是這兩個觀念。關於「不戰而屈人之兵」，《六韜》中提出「全勝不鬥，大兵無創」，全勝就是保全資源，不鬥怎麼會破壞呢？不僅全己，而且全敵。但是真正了不起的兵力運用，是你不會受傷，「與鬼神通，微哉微哉」，這就是極高的智慧。

在《六韜．文伐》中，有一段關於「文伐」的論述，有十二節。

文王問太公曰：「文伐之法奈何？」

太公曰：「凡文伐有十二節：

一曰：因其所喜，以順其志；彼將生驕，必有好事；苟能因之，必能去之。

二曰：親其所愛，以分其威；一人兩心，其中必衰；廷無忠臣，社稷必危。

三曰：陰賂左右，得情甚深。身內情外，國將生害。

四曰：輔其淫樂，以廣其志，厚賂珠玉，娛以美人。卑辭委聽，順命而合，彼將不爭，奸節乃定。

五曰：嚴其忠臣，而薄其賂，稽留其使，勿聽其事。亟為置代，遺以誠事，親而信之，其君將復合之。苟能嚴之，國乃可謀。

六曰：收其內，間其外，才臣外相，敵國內侵，國鮮不亡。

七曰：欲錮其心，必厚賂之。收其左右忠愛，陰示以利，令之輕業，而蓄積空虛。

八曰：賂以重寶，因與之謀，謀而利之。利之必信，是謂重親。重親之積，必為我用。有國而外，其地大敗。

九曰：尊之以名，無難其身，示以大勢，從之必信。致其大尊，先為之榮，微飾聖人，國乃大偷。

十曰：下之必信，以得其情，承意應事，如與同生。既以得之，乃微收之。時及將至，若天喪之。

十一曰：塞之以道，人臣無不重貴與富，惡死與咎；陰示大尊，而微輸重寶，收其豪傑。內積甚厚，而外為乏。陰納智士，使圖其計；納勇士，使高其氣，富貴甚足，而常有繁滋。徒黨已具，是謂塞之。有國而塞，安能有國。

十二曰：養其亂臣以迷之，進美女淫聲以惑之，遺良犬馬以勞之，時與大勢以誘之，上察而與天下圖之。

十二節備，乃成武事。所謂上察天，下察地，征已見，乃伐之。」

伐謀是文伐，伐交是文伐，伐兵與攻城才是武伐。武王伐紂，姜太公提出文伐十二節就是因為武王是以小博大的革命戰爭，有很多地方可以鬥智。真正需要武伐的時候一戰就可成功。文伐可用外交、金錢、間諜、女色等，看似沒有用兵器，但是照樣造成「伐」。

武王問太公曰：「予欲立功，有三疑：恐力不能攻強，離親，散眾，為之奈何？」太公曰：「因之，慎謀，用財。夫攻強，必養之使強，益之使張。太強必折，太張必缺。攻強以強，離親以親，散眾以眾。」「因之」就是敵人有什麼就要懂得運用，譬如敵方內部有什麼矛盾，就挑撥離間，或者爭取過來。這就是製造問題，但是藉力使力的同時，要「慎謀」，還要用錢去砸，財帛動人心。

《尉繚子》稱：「曲勝，言非全也。非全勝者，無權名。」「曲勝」是指贏得局部戰爭，沒有保全所有的資源，不像「不戰而屈人之兵」那麼輝煌的戰果。所以「曲勝」沒有什麼了不起，可能還會耽誤大局，未必討得了便宜。因此，非全勝者當不得「權」這種智慧的好名稱。可見，尉繚子也是追求全勝，希望「兵不血刃，而天下親焉」。

《黃石公三略》稱「兵有全勝，敵有全因」，全勝已經變成一個專有名詞，不是我們一般人講大獲全勝或者百戰百勝。「敵有全因」，是指敵人的任何資源，我們都可以巧加運用，譬如他們有人際矛盾，我們就可以利用他們的矛盾，君將猜忌、將相不和等巧加運用，他們自己就會亂成一團。「戰之所以全勝者，軍政也」，要全勝，平常的經營管理就要有一套，養兵千日，用兵一時，軍隊要重視素養的訓練。發生那種不期而遇的事情時，可以及時進行危機處理。平時就得養，到時候氣勢就是不同，這就是「軍政」。

《吳子兵法》云：「戰勝易，守勝難。」美國軍隊就是如此，在波灣戰爭中，可謂戰無不勝，但是勝利要長久持續下去就很難。「天下戰國，五勝者禍，四勝者弊，三勝者霸，二勝者王，一勝者帝。是以數勝得天下者稀，以亡者眾。」也就是說，一直取勝最後真正統一天下的霸權很少，反而因為老打勝仗最後滅亡的很多。美國的伊拉克戰爭、阿富汗戰爭大獲全勝，但問題是贏得戰爭容易，贏得和平卻有無上的艱難，陷入戰爭的泥潭，只有拚命花錢，然後君跟將之間的關係也會出現矛盾，像美國的四星上將因為阿富汗問題，就被歐巴馬免職，這就有點像當年杜魯門對付麥克阿瑟一樣。

關於「將能而君不御者勝」，是強調國君和大將之間的關係處理。《司馬法》說：「古者，國容不入軍，軍容不入國。軍容入國，則民德廢；國容入軍，則民德弱。」軍隊是一個特殊的團體，要講軍威、軍容，這一套跟平常的老百姓或者文人機構不一樣，政治的那一套不要帶到軍隊中去；軍隊是講究肅殺、威武，軍隊這一套不能夠搞到朝廷或地方去，那一套行不通。所以軍隊就要像一個軍隊，如果把平常老百姓或者文官那一套搬到軍隊中，軍隊絕對不會強；如果「軍容入國」，變成軍事化管理，大家過太平日子還要接受這麼多約束，會很難受。這就是分寸的講究。

《荀子・議兵第十五》稱：「權出一者強，權出二者弱，是強弱之常也。」這是強調權一定要統一。「所以不受命於主有三：可殺而不可使處不完，可殺而不可使擊不勝，可殺而不可使欺百姓，夫是之謂三至。」一個大將不受君王的命令有三點特殊條件下才可以，第一個是你可以殺掉我，但是我不服從你亂七八糟的命令，讓我的軍隊處於一個不完備的狀態，充滿了弱點，隨時可能被敵人突殺的狀態；第二個是，一定要逼著我去攻擊敵人，在不可能贏得情況下，我就要抗命，再不然我就要辭職；第三個是「可殺而不可使欺百姓」。這就是「三至」。

《孫臏兵法》稱：「君令不入軍門，將軍之恒也。」軍中只聽將令，不直接聽君令。漢朝周亞夫屯軍細柳營，皇帝入營未得將令，都得下馬步行。「君令不入軍門」，這是最大的將德，這是常道。「御將，不勝」，對大將管得太多絕對不勝。「得主專制，勝」，得到君王專門的信任、授權，這個仗容易取勝。

《六韜》說：「國不可從外治，軍不可從中御。」國不可從外治，這是當然的事情，君不可以遙控軍隊。「軍中之事，不聞君命，皆由將出」，軍隊中的事情，不能等待君王命令，所有決斷應由將帥做出。

《唐太宗李衛公問對》稱：「兵不豫言，君命有所不受。」很多事情是臨機應變的，只能交待大原則，沒有辦法具體指示，環境變了，大將必須臨機應變，不但是這樣，連出國的外交人員都不能事事請示，有些事情就得自己做決定，自己為自己的決定負責。

整個〈謀攻篇〉，從《易經》的角度來講，我們占卦的答案就是咸卦（䷞）第六爻，動動嘴就行了，就可以「不戰而屈人之兵」。第六爻「咸其輔頰舌」，以三寸不爛之舌搞定。外交戰很多也是動口，「伐謀」的目的就是為了和平，是「不戰而屈人之兵」；咸卦的〈彖傳〉稱「天地感而萬物化生，聖人感人心而天下和平」，「不戰而屈人之兵」最後換來的就是和平。

第十章　積形造勢——形篇第四

〈形〉、〈勢〉、〈虛實〉這三篇是兵法中的精華，整個《易經》中講的就是形勢、虛實，如何判斷形勢，瞭解力量資源之間的虛實，即陰陽的互動。華人社會中，對於形勢、虛實即便不知道怎麼定義，大概都能夠有所體會，可以說這也是中國文化中滲透很深的哲理。大的形勢，小的形勢，虛者實之，實者虛之。但是這麼系統性的闡述，除了《易經》在六十四卦三百八十四爻中出神入化的介紹，甚至是動態的四千零九十六種包羅萬象的變化，形勢虛實歎為觀止、比較系統性之外，例證、闡揚、發揮得這麼系統的，就是《孫子兵法》十三篇了，談完了「形」再談「勢」，談完了「勢」再談「虛實」，前後的順序也是一點都沒有錯，這三篇真的要好好地玩味。

吳起論將五德

關於將領的五德，吳起有專門的闡述。《吳子兵法》稱：「故將之所慎者五：一曰理，二曰備，三曰果，四曰戒，五曰約。理者，治眾如治寡。備者，出門如見敵。果者，臨敵不懷生。戒者，雖克如始戰。約者，法令省而不煩。受命而不辭敵，破而後言返，將之禮也。故師出之日，有死之榮，無生之辱。」

〈勢篇〉一開始，孫子就說「凡治眾如治寡」，說的就是領導的統馭能力。不管是帶大數量的兵，還是帶少數人，都沒有什麼差別，能夠化繁為簡、以簡馭繁。所以作為一個統兵的將領首先要有這個本事，「理者，治眾如治寡」就是理的能力，治理的才幹。這是第一。

第二個就是「備」，預備周全，「備者，出門如見敵」，時刻保持戰備，始終要有敵情意識、危機意識，離開家裡安全的大門，敵人還沒有看到，就像面對敵人一樣，保持戒慎恐懼的心，好像住在叢林裡頭一樣，始終做好戰備。就像《易經》豫卦（䷏）的「利建侯行師」。「出門如見敵」與《論語》所說相比，完全不一樣，《論語》教我們「出門如見大賓」，態度是和善的。不過，「見大賓」是外交活動，「見敵」是軍事活動，也就是比卦（䷇）的外交和師卦（䷆）的出師。一出門都要敬慎其事，做好戰鬥或者是談判的準備。同人卦（䷌）第一個爻「同人於門」，說明不能窩在家裡做宅男，要出門透透氣，動一動，曬曬太陽。「同人於門」，這是同人卦的基本功，鼓勵出去交朋友。隨卦（䷐）也是如此，人要隨緣，第一爻「出門交有功」，要出門交朋友，既然不是諸葛亮，就不要天天待在家裡等別人來找你，要主動把愛傳播出去，積極展開人脈經營，出門就不會落空——「不失也」，絕不會失之交臂。「出門如見敵」是吳起這個天生的兵法家的提醒，作為將領，不管任何情況下，都要有敵情意識，做好準備。

「果者，臨敵不懷生」，一個將領絕對是很果斷的，什麼都想透了，很果決，真正碰到敵人時，不存苟活的想法，一定是跟敵人幹到底。「不懷生」，不存有活著的想法，才會死戰。

「戒者，雖克如始戰」，雖然克敵制勝，但是贏了之後的事情更多，像美國贏了波灣戰爭，但是後患無窮。所以，克敵制勝跟剛開始打仗一樣審慎，一點都不敢驕傲，因為有太多戰場清理的事情，或者戰後的和平問題都得謹慎對待。可見，按照吳起的說法，用在軍事領域這是必要的，如果展開在人生中，這個人活著真是太累了。出門就如見敵人，隨時不做生還之想，贏了都不敢放下心來，真是難做人。

「約者，法令省而不煩」，「約」即化繁為簡、以簡馭繁；「法令省而不煩」，法律不要多如牛毛，像漢朝之所以奠定，在攻入咸陽後就約法三章——「殺人者死，傷人及盜抵罪」。當然這樣的法令不能保持長久，但是在戰亂時期是必要的，對民心的穩定及拉攏各派勢力可以起到立竿見影的效果，所以有時法令要省約，不要太詳盡，而且軍中都是大老粗，命令要簡單可行。

吳起用五個字來解釋將領的五德——理、備、果、戒、約，很是到位。但是這樣一個從理論到實踐的軍事天才，最後卻不得好死，被亂箭射死。他曾經在好幾個國家實行變法，據說殺妻求將，人說他沒有夫妻恩情，還有母親死了不回家奔喪，說是會耽誤他的前程。他這樣謹慎其事，但是最後也死得很慘。變法者通常都會得罪既得利益群體，他們的反噬很危險，所以他才如此有戒懼意識，最後還是不得善終。看起來儒家講的「出門如見大賓」還是有道理，似乎是仁者無敵、匪寇婚媾，沒有敵人。可見，只要有敵人，你再怎麼戒備，老虎都有打盹的時候，陰溝裡翻船、禍起蕭牆都有可能。

另外，《六韜》也有論將的部分，將是兵法的關鍵，其中也提到了五德，這個五德和孫子所提的智、信、仁、勇、嚴，大致相同，只是作者不如孫武，把勇敢排在第一，孫武把智慧排在第一，不以勇取勝。《六韜．龍韜》論將，以勇為首，其次是智、仁、信、忠，把嚴改成忠，效忠主子，效忠國家。

〈形〉、〈勢〉概述

〈形〉、〈勢〉二篇，堪稱千古奇文。〈形篇〉又稱〈軍形〉，為軍事部署。事物都有形，有了形之後，才有概念。像貓有貓形，狗有狗形，鳥有鳥形，男人有男人的形，女人有女人的形，百形百態。乾卦（☰）〈彖傳〉說「雲行雨施，品物流形」，在流動的階段形還沒有定，等到一段時間凝固了，大概就是那個形了，定形之後就很難變。

形是靜態的，「勢」就不同了，有形的事物會互動，裡面就有看不見的勢，動起來就不得了；就像《易經》六十四卦，爻有爻變，卦有卦變，千變萬化，看不見的勢就讓人感覺到有壓力。勢是動的，但是勢從形來，沒有形，哪來的勢？形基本上可見，勢不可見；形相對是靜態的，勢是多形之間的互動，醞釀成一股力量，形成動態的勢，而且千變萬化。在《易經》，乾卦講形，坤卦（☷）講勢，坤卦〈大象傳〉就稱「地勢坤，君子以厚德載物」，從「品物流形」到「地勢坤」，就是積形成勢。喜歡藝術的人去看畫展，去看梵谷的畫作，就會感覺到作品裡邊有勢，看得眼睛發直，他可以在美術館畫廊待一個下午。而對畫不懂的人，感覺不到其中的勢，他的眼裡還是形——擺在那裡的僅是一幅畫而已。有些人一看到《易經》，讀兩句就睡著了，有些人會感覺到那個力量不一樣，覺得澎湃洶湧。可見，勢由形來，形有不同，一互動，勢就很微妙。有了形、勢之後才有虛實，虛者實之，實者虛之，最微妙的是全面展開的運用，但是最基本的就是形、勢。下圍棋的也瞭解，棋是有形的，連成一氣，有的形就很糟糕，很難看，不美。形有了之後，就發現有勢了，就不在乎一時的得失了。佔幾個目，佔幾個角，不如取外勢有很強大的力量，等到一攻殺的時候，敵人就跑不掉了，於是就開始回收他的利益。所以有人追求實利，實際的利益賺了拿了再說。有人追求未來的強大的外勢，在攻擊中取利。「勢」這個字上面是執，一手抓著，下面就是「力」，是有力量的。就像《易經》中的坤卦所代表的廣土眾民，當然有勢。有高山，有深水，有群眾，順勢用柔，積形成勢。

勝可知而不可為

孫子曰：昔之善戰者，先為不可勝，以待敵之可勝。不可勝在己，可勝在敵。故善戰者，能為不可勝，不能使敵必可勝。故曰：勝可知而不可為。

〈形篇〉一開始就是「昔之善戰者，先為不可勝」，孫子認為，過去那些善戰者，先鞏固自己，以求立於不敗之地。也就是說，先不急著去打人家，把自身的弱點找出來，鞏固自己，讓自己變得非常堅強，沒有瑕疵或弱點，任何強敵來都不能輕易擊敗你。把自己造就成一個對敵人來講不可勝的狀況，這就要求自己積極作為，充實自己，「以待敵之可勝」，等到你的實力超過敵人，就有了取勝的機會。這些完全可以操之在己，尋找敵人的破綻，利用空檔的瞬間，造成你相對的優勢，速戰速決，就可擊敗敵人。這種造勢，有時需要長期的等待，就像《易經》中需卦（䷄）漫長的等待，經過「需于郊」、「需于沙」、「需于泥」、「需于血」、「需于酒食」，最終「有不速之客三人來」。這樣的等待要有耐心，等到敵人出現狀況，如內部不和，以致陣腳大亂，你就有了瞬間取勝的機會。等待這個千載難逢的機會，需要的耐心是巨大的，在那個機會沒有出現之前，千萬不要輕舉妄動，儘量鞏固自己，不出手則已，一出手就成，這樣才能立於不敗之地。可見，強化自己是操之在己，而敵人有沒有出現破綻，只能密切注意，「以待敵之可勝」。一方面充實鞏固自己，一方面留心敵人的狀況，不要硬碰硬，等到有可乘之機再出手。

這就是「不可勝在己，可勝在敵」，如果敵人始終沒有破綻，那就繼續等。這不是一廂情願，有時也是意志力的競賽，看誰先出錯，誰犯的錯誤多。致命的錯誤就在那一剎那、電光石火間。萬人敵的兵法是如此，一人敵的武術也是如此。像兩個人對打，好的出手機會，就是那千分之一秒。高手過招沒有隨便出手，都是「不可勝在己，可勝在敵」，不能強求。

「故善戰者，能為不可勝」，這是你唯一能做的；「不能使敵必可勝」，敵人如果沒有出現狀況，沒有辦法讓他出現狀況變成你可以取勝，那就實際一點，好好鞏固自己，等敵人犯錯誤，你少犯錯誤。任何人都沒有絕對的把握創造那樣的勝機，一旦出現那樣的機會就不要放過。《易經》中的姤卦（䷫）「有隕自天」，就是一剎那，隕石沒掉下來之前，一點辦法都沒有，天地沒有相遇，「品物」就不會「咸章」，能做的就是「以杞包瓜，含章」，慢慢編織天羅地網，等待機會。這就是姤卦第五爻：「以杞包瓜，含章，有隕自天。」一旦準備成熟了，機會讓你抓到了，馬上就革故鼎新，爻變就是鼎卦（䷱）。養兵千日就是「以杞包瓜，含章」，用兵一時就是「有隕自天」，從而造成「天地相遇，品物咸章」的局面。就像坤卦第三爻「含章可貞，以時發」，時間到了再動手。

下面就得到一個結論：「故曰：勝可知而不可為。」這也是兵法的公式，勝利不能強求——「不可為」，對方要是沒有機會給你，強求也不行。「勝可知」，但是我們可以運用智慧，進行分析判斷，如什麼時候該出手，什麼時候要加強準備。「勝可知而不可為」，沒機會的時候就要忍得住。

自保而全勝

不可勝者，守也；可勝者，攻也。守則有餘，攻則不足。善守者藏於九地之下，善攻者動於九天之上，故能自保而全勝也。

「不可勝者，守也；可勝者，攻也」，既然自己不可勝，又不被敵人輕易擊敗，就要採取守勢。等到敵人出現破綻，有了取勝的機會，那就採取攻勢。如果一天到晚防守，不能轉守為攻，怎麼能獲得勝利呢？所以要攻的時候，要爭取勝機。

「守則有餘，攻則不足」，如果只是固守，資源一定要綽綽有餘；如果要進攻，燒起錢來十倍都不夠，所以一定要有必勝的把握，才採取擴張的動作。要知道，同樣的兵力拿來攻擊敵人是不夠的，「十則圍之」，「五則攻之」，沒有準備好，能夠進攻嗎？僥倖一把就賺回來，那是很少有這個機會的。就像投資，要看自己的財力，要綽綽有餘，不然做什麼也會說不夠。戰爭也是一樣，「守則有餘，攻則不足」，資源的配置決定要採取守還是攻？如果要攻，那可得「大畜」；如果只是守，資源再少，「小畜，寡也」，也可以守得不錯。如果要「利涉大川」，不多方準備，那是不夠的，所以要儘量用外面的資源。

這就是「善守者藏於九地之下，善攻者動於九天之上」，九是極數，善守的人就藏在地底的地底，人家打不到，就像賓拉登，「入於穴」（訟卦䷅的第二爻），打不贏，就鑽到地洞中，再強的敵人也莫可奈何，然後還神出鬼沒，流竄不息。善守的誰都打不進去，「藏於九地之下」，什麼樣的武器都打不到，他只要糧食夠，在裡面不出來，你一點辦法也沒有。善攻的掌握絕對的主動權，居高臨下，掌握制空權，什麼時候衝下來就「有隕自天」，能瞬間轉成動能的爆發力，動於九天之上。善攻的人動於九天之上，在九天之上，看得很遠很廣，就像蒼鷹搏兔，看準的時候疾衝下來，雷霆萬鈞，不可阻擋。

「故能自保而全勝也」，「而」是能夠，意思是大將要懂得〈形篇〉的道理，要善守，要先會守，「先為不可勝」，等到你該攻的時候，就從「藏於九地之下」，一下變「動於九天之上」，攻守俱佳。自保就是因為善守，全勝就是善攻。全勝仍然是〈謀攻篇〉說的全勝，取得勝利，破壞最小，保全資源。在自保的基礎上，能夠保全自己，全勝的時候擒賊擒王，也能保全敵方有用的資源轉為我方所用。「自保而全勝」這五個字可謂金玉良言。想要全勝，想要「不戰而屈人之兵」，首先得自保，立於不敗之地，出手的時候力量就大得不得了。

勝負的判斷

見勝不過眾人之所知，非善之善者也；戰勝而天下曰善，非善之善者也。故舉秋毫不為多力，見日月不為明目，聞雷霆不為聰耳。

「見勝不過眾人之所知，非善之善者也」。「見勝」，評估勝負，如果見解庸俗、膚淺，見識太低，一般人大概就是那個智慧的層次，你也沒有超過多少。所以判斷勝負，對勝負的見解，如果沒有超過一般庸俗所知道的見解，「非善之善者也」，不是最高的，不是第一流的。「戰勝而天下曰善，非善之善者也」，戰勝了，大家都說你高明，但那絕對不是最高明的。因為群眾見識有限，他們都說你好，你就真的好嗎？這就是一流兵法家的自負。像孫武這種眼高手也高的，一定會面臨很多庸俗的捧場，尤其是市場化的法則下，到處都講經典，你能分辨高下嗎？笑話越多的就越高，不是笑話的聽不懂，膚淺的太多，嘩眾取寵的太多。打仗也是一樣，高手過招的內涵、造勢，若是一般人所知的，絕非「善之善」；「戰勝而天下曰善」，大家都說你善戰，那你絕不是真正的高手。真正的高手是別人都不知道你怎麼贏的，「陰陽不測之謂神」，如果都測了，那也太簡單了吧？真正的高手，人家還沒看懂，他已經把事情辦妥了。俗話說，「真人不露相，露相非真人」，中國文化分上品、下品，永遠是這樣的。「戰勝而天下曰善」，大家都鼓掌，「非善之善者也」，叫座不一定叫好。

孫子下面就開始舉例子了。雖然話講得難聽，但是對那些智慧低的人來說是必要的。「故舉秋毫不為多力，見日月不為明目，聞雷霆不為聰耳」。「秋毫」，指動物秋天換的毫毛的尖端，那個毛多輕，把秋毫舉起來，能說你是大力士嗎？像《易經》，乾、坤、屯、蒙、需、訟、師，說起來就像「舉秋毫」，單是要把〈雜卦傳〉的道理講出來，那就是「善之善者」了。「見日月不為明目」，看到太陽，看到月亮，那算眼睛好嗎？「聞雷霆不為聰耳」，聽到雷電，算你聽力很好嗎？

舉秋毫、見日月、聞雷霆，這些層次太有限了。

勝於無形間

古之所謂善戰者，勝於易勝者也。故善戰者之勝也，無智名，無勇功，故其戰勝不忒。不忒者，其所措勝，勝已敗者也。故善戰者，立於不敗之地，而不失敵之敗也。是故勝兵先勝而後求戰，敗兵先戰而後求勝。善用兵者，修道而保法，故能為勝敗之正。

「古之所謂善戰者，勝於易勝者也」，善於用兵的人，往往是勝於無形間，發生什麼事情別人根本都不知道，他已經把事情解決好了。「勝於易勝」就如同履霜的時候就把事情解決了，不用等到堅冰出現，把堅冰打得稀裡嘩啦，然後天下鼓掌說你會打堅冰，那會笑死許多高手的。在霜的時候就化解掉，因為除霜容易，這就是「易勝」，搞到不可收拾的時候，花那麼大力氣，取得轟轟烈烈的勝利，然後大家都看到了，這有什麼了不起？不知不覺中把問題解決，老子也是如此認為：「其脆易泮，其微易散。為之於未有，治之於未亂。合抱之木，生於毫末；九層之台，起於累土；千里之行，始於足下。」做事情在有一點點徵兆的時候就把它解決了，不是很容易就取勝嗎？如果拚老命犧牲不少人，搞到不可開交，才取勝，那多麻煩！真正的善戰者是勝於易勝，總是防微杜漸，總是履霜堅冰，老早就把問題解決了。這才是高瞻遠矚、明察秋毫。

「故善戰者之勝也，無奇勝，無智名，無勇功，故其戰勝不忒」，真正的勝不是那種庸俗的群眾鼓掌的勝，沒有智慧的名聲和勇敢的戰功，而這些是因為他在戰勝的時候沒有任何差錯。這完全是無形無象，後知後覺者，根本就不知道怎麼回事。像間諜戰就是如此，很多驚心動魄的間諜交手場合，外人無從得知，但是他們暗地裡的交手，就可能把一個彌天大禍給弭平了，這時的人們恐怕還在做夢呢。這些無名英雄，是真正的善戰者，他們得勝，沒有火熱的場面讓你看到，不出奇，很樸實，但是很結實地把事情解決了，不嘩眾取寵，不故意渲染賣弄。所以真正的戰勝者是很務實的，解決問題，取勝最重要，而且要以最低廉的成本，不是為了表演給大家看的，所以稱「無奇勝」。要弄智慧，在戰場搏殺的時候顯現勇猛，這些在兵法中已經是下乘。要知道，預防勝於治療，真正的善戰者之勝，具備大師級的風範，就像藝術品中的妙品、神品、絕品，絕對不一般。一般人能夠欣賞的層次有限，還有人云亦云，某個專家說他好，就跟著說好啊好啊，心裡沒有主見，就像「戰勝而天下曰善」。

「無奇勝，無智名，無勇功」，真的是勞而不伐的謙德，就像謙卦（䷎）那麼高的山藏在地底下一樣。謙卦不著相，「無奇勝，無智名，無勇功」，很多人有那個愛心，不會突顯自己，圖那些虛名虛利。「故其戰勝不忒」，能夠這樣做的人，他的勝利才能百分之百的精確，沒有一點誤差。只要他在乎虛名，嘩眾取寵，戰勝就有了水分，一擠，水都掉了。「不忒」是豫卦（䷏）、觀卦（䷓）〈彖傳〉強調的百分之百的精確，就是零誤差，像春夏秋冬一樣，「四時不忒」；我們的觀察、預測要精確到這個地步。「戰勝不忒」，同樣是戰勝，有的是不忒，有的是忒得一塌糊塗，犧牲這麼多人造成你的勝利，一將功成萬骨枯，就是希望把自己突顯出來。「不忒者」才是真正做實事的人。

「不忒者其所措必勝，勝已敗者也」，「不忒者」，沒打仗已經決定我勝敵敗。他採取的任何措施、任何動作，結果必勝，精準得不得了，絕不會有閃失。「勝已敗者也」，敵人已經敗相紛呈，還需要實際交手嗎？

「故善戰者，立於不敗之地，而不失敵之敗也」。前文的先求「立於不敗之地」就是「先為不可勝」、「以待敵之可勝」就是「不失敵之敗也」。一旦敵人出現破綻了，機會絕對不要錯過，搞不好幾秒鐘，就可立於不敗之地。我在講《易經》時講過，隨卦（䷐）的第一爻就是這個境界：「官有渝，貞吉，出門交有功。」隨卦的第一爻變為萃卦（䷬），專心致志等出手的時機，靈活性與原則性具備，可攻可守，這樣就可以立於不敗之地。近可攻，退可守，就是隨卦初爻，「立於不敗之地」，但「不失敵之敗也」，就如〈小象傳〉說「出門交有功，不失也」。

「是故勝兵先勝而後求戰，敗兵先戰而後求勝」，本就已經勝定了，就求戰，把它完成。敗兵心無成算，只靠賭大運，希望拜濟公，先戰而後求勝，一點成算都沒有。「善用兵者修道而保法，故能為勝敗之政」，正就是一個標準，止於一的標準，勝敗的標準衡量在哪裡？就是懂得「修道而保法」的那一方，他能決定戰場上誰勝誰敗，他就是標準。「修道而保法」是什麼呢？就是前面的「道天地將法」五事，這是基本面；道就是「令民與上同意」，要取得授權，不然怎麼發動戰爭呢？民意不支持不行。如果民意不支持，再看欲望行不行，要「上下同欲則勝」。如果第一次提出來的口號不能喚起民意的贊同，那就再去修一修，換一套說法。這是第一關，是基本面，為何而戰，為誰而戰，是不是正義之戰？這是最基本的。法是什麼？規章制度。從最高的道到最後一個法都得貫徹。

法一旦立了，除了有變法的特殊狀況，絕不能隨便破壞法，不然公平從哪裡來？所以「修道而保法」的人，就能為勝敗之正，多半是贏家。道不修，法不保，特權一堆，愛怎麼幹怎麼幹，多半是輸家，不能為勝敗之正。從道、天、地、將、法的五事來講，這都說得通。可見在〈形篇〉中，「修道而保法」不是泛泛而談，誰不想「為勝敗之正」呢？

兵家五法則

兵法：一曰度，二曰量，三曰數，四曰稱，五曰勝。地生度，度生量，量生數，數生稱，稱生勝。故勝兵若以鎰稱銖，敗兵若以銖稱鎰。

「法」在〈形篇〉中是有意義的，兵家的法則，又是五個：度、量、數、稱、勝。第四個是「稱」，勻稱，恰到好處，也就是《易經》中最好的卦——謙卦，因為平衡，大家滿意，天地人鬼神都可以通。謙卦〈大象傳〉說「裒多益寡，稱物平施」，這裡的「稱」就是分配很合理。還有，「稱」也是稱重，有多少分量，就是稱前面的「度、量、數」。有了度，就有量，有量就有數，然後稱一稱合適不合適、均勻不均勻，最後就決定是勝還是不勝，稱就勝。

「地生度，度生量，量生數，數生稱，稱生勝」，注意「稱生勝」，不稱的，沒有達到理想境地的，就不容易取勝，因為畸形發展，結構有問題，結果就是大過卦（䷛）的「大過，顛也」，不像頤卦（䷚）那麼勻稱、穩定的生態結構。所以，兵家法則，注重分配合理，像人的表現跟才具相稱，才能任用各種將領。

「地生度，度生量、量生數、數生稱，稱生勝」，這是很有名的連珠炮一樣的因果關係。度、量、數都可以量化、計算，「稱」是總評估，如果結構上比較稱的，就會取勝；如果不稱的，就會落敗。那麼，這到底在講什麼呢？舊注中多半拘泥於實戰，認為是戰場上能夠容許多少兵員來決定一場戰績的勝負，這樣講格局難免太小，不是〈形篇〉孫武提倡的主旨。他所講的不一定是一場戰役，而是凡要跟人家決戰之前要做的準備，一定要有一個精算的過程。戰力是從綜合國力來的，兩國要相爭，戰力絕對跟整個國力有關。我們現在講綜合國力，有很多的指標就是國力的評估。國力從哪裡來，可能跟人口有關，人力就是生產力，但是還要講究人口的素質，如果人口那麼多，GDP總量那麼大，人均GDP要同步，還有文化教養、核心的科技，這都是關鍵的競爭力。

「形」是打仗前的實力，真正打的時候能夠產生什麼勢，這可是很扎實的功夫，中間一定要算的。第一個就是度，多大的幅員，多大的國土，多大的疆域，不是說戰場有多長、有多寬，那樣格局太小。因為戰場有縱深，廣土眾民、地大物博就不一樣了，所以剛開始一定要有度，這是戰力來源的國力。但是，戰力並不等於國力，我們不能把所有的國力都用於打仗，現代有現代的計算，古代有古代的計算，古代計算綜合國力，主要是農業。先看幅員的大小，這是度。量，指養多少人口，人口不能都當兵，是軍隊的資源，能夠從這裡面出多少兵，出多少軍費，這都是能算的。由地生出度，有多大的地，就生出度；由度就生出量，人口的量，然後當兵的能夠有多少，武器也可以這麼算。「量生數」，兩國相爭都經過「地生度，度生量，量生數」，最後的戰略就是依據綜合國力——土地、人口、兵力、戰力等，做一比較，然後看稱不稱；如果實力懸殊，那就不用講了，強者一定贏，弱者一定輸。

還有就是發展要均衡，像朝鮮就是絕對不稱的國家，前蘇聯會垮台也是因為輸在不稱上，窮兵黷武，使得國力損耗太大。光是強軍，而經濟實力不強，只能是畸形發展。現代戰爭中，軍費的預算一旦超過國民經濟總量的百分之五就不得了了。在和平時期，發展是硬道理，還有很多地方要用錢，如果把其他必要的發展都縮減，用來買武器，充實軍隊，做窮兵黷武的準備，這樣的國家能久嗎？因為不稱，就不能勝。我們平常評價一個美女長得漂亮，身材勻稱是第一的。因時代差異和地域的不同，有時審美觀不同，像唐朝時期的女人覺得越胖越好，現在一般則是追求苗條勻稱。但是，豐滿也好、苗條也罷，都要給人勻稱的感覺。

《易經》中，謙卦講的「稱」，是國力均衡發展。豐卦（䷶）講的「豐」，是指如日中天的大國，但是大國一定要「稱」，才能永久。平衡發展，才能夠永續經營，取得長久的勝利。軍事預算佔國家總預算的比例要合理，不能用國民經濟的大部分去買武器。這就是綜合國力與戰力、政治與軍事的全盤考量，這才是大算盤，才是像孫武這樣高明的兵法家要計算的。

戰場有多大，能夠塞多少人，要準備多少兵，不是簡單的稱量、大吃小就行；經過度、量、數、稱，之後決定最後的勝負，真正計算出來的有效戰力的懸殊就知道勝負，這就是「稱生勝」。人格發展要均勻，有些人頭腦簡單、四肢發達，有些人頭腦發達，四肢不行，都不是「稱」，所以現在提倡全人教育。國家發展也是一樣，一定要有均勻的可持續的發展，預算的分佈很重要，即便有時進入非常時期，還是要有規矩的，不能把所有的雞蛋放在一個籃子裡，那樣絕不能久，會導致後續力嚴重缺乏。

「故勝兵若以鎰稱銖，敗兵若以銖稱鎰」，兩國相爭，絕對有勝負，孫子說大概差了五百多倍。當然這個說法很誇張。銖和鎰都是計量單位，銖是很小的單位，成語「錙銖必較」，就是說很少的錢也一定要計較。鎰是很大的計量單位，當然有不同的演算法，但是鎰和銖相差四、五百倍，一鎰大概等於四、五百倍銖的數量。換句話說，就是實力懸殊，天平根本就是歪的，勝兵因為那邊是鎰，這邊是銖，所以是以鎰來稱銖，這不是壓倒性的優勢嗎？敗兵這一稱量比較之後就算出來了，光看地還不行，地很大，沒有多少人，就不能出多少兵，評估商戰也是一樣，先是「地生度」，市場有多大，有多少產品可以進去，有多少競爭者，塞得下多少，需求量是多少，最後要「稱」，要是不比較，一個人玩不轉。稱才「生勝」，「故勝兵若以鎰稱銖，敗兵若以銖稱鎰」。

決積水於千仞之溪

稱勝者之戰民也，若決積水於千仞之溪者，形也。

「稱勝者之戰民也」，政治是要人，兵法家也是玩人，「戰民」就是要讓老百姓上戰場，但是懂得「稱」的觀念，平衡感強，稱才能勝。「若決積水於千仞之溪者，形也」，〈形篇〉最妙的就是在結尾。這一篇名曰「形」，但是前面沒有一個「形」字，最後才揭底牌說什麼叫形，而所謂的解釋也沒有規範式的定義，就給我們一個像《易經》的卦、爻的象，叫我們去體會。形就是瀑布或者水庫洩洪的感覺，水是積累出來的，積形造勢，瞬間放水，形就變勢，位能變動能，雷霆萬鈞，勢不可擋。前面都是教你怎麼造形，怎麼流形，要有精密的計算，儘量充實水庫中的水。

到一定的時候，「若決積水於千仞之溪」，水積到這麼高，就是儲蓄能量，就有嚇阻力，不放水，下面都不敢亂動。這就是形的藝術。其實中國文化中，「象」跟「形」不同，《易經．繫辭傳》就說，象在形先，形是已經落實的，可見，而象不可見。發明任何東西，創作任何東西，必須「尚象」，沒有說「尚形」，尚形就如同臨摹梵谷的畫，梵谷都不忍心看，因為你被他的形拘泥了，失其意，不失其法，其後面有象，象是虛虛實實的。

孫武給形的定義如此形象，包括〈勢篇〉也是如此，用高山滾石頭的象代表勢，滾下來的力量有多大，就要造成高度差。敵我的勢力要懸殊到四、五百倍，不用打，就可以「不戰而屈人之兵」。「若決積水」，一點點水沒有力量，要積存大量的水，「於千仞之溪者，形也」，這就是《易經》中夬卦（䷪）的象，水庫積水到一定程度，就洩洪，氣勢磅礡。這就是積形。我們用《易經》占〈形篇〉，結果就是夬卦的象，二、三、五爻動。夬卦第二爻「惕號，莫夜有戎，勿恤」，就是求立於不敗之地，先求自保，一旦有了五比一的剛決柔的優勢，就可以真正「不戰而屈人之兵」。夬卦整體環境是「不利即戎，利有攸往」，先好好積累，第二爻先不要攻人家，先把自己穩定下來，提防人家來偷營，先求立於不敗之地，然後找機會以雷霆萬鈞之勢打倒對方。第二爻先為不可勝，然後第五爻君位，發動洩洪，在那之前第三爻也是找機會：「壯于頄，有凶。君子夬夬，獨行遇雨，若濡有慍，无咎。」二爻自保，三爻跟五爻合起來，同功而異位，就是要求全勝——「不戰而屈人之兵」。這三個力量一發動，爻變為震卦（䷲）的優勢，積水泄下來，挾雷霆萬鈞之力，勢不可擋。「遇夬之震」，用文字講就是自保而全勝，先做第二爻的動作，再尋求第三爻跟第五爻的配合，就像大有卦（䷍）第二爻的「積中不敗」，積勢很重要，小畜卦（䷈）最後一爻〈小象傳〉說「德積載也」，積累不是一朝一夕，冰也是霜積來的，非一朝一夕之故，是日積月累而成。

〈形篇〉最後無比重要，積水不是一朝一夕，水積到一定的高度，就蘊蓄了很多的能量。〈形篇〉的極致就是準備積水那一步，放不放水再說，本身就有非常強大的威懾力量，在瀑布下面，敵人會戰戰兢兢，不敢亂動，這就是「不戰而屈人之兵」。如果說對方想不通，逼著你要一戰而決，那就把蘊蓄的水沖泄下來，對敵人造成毀滅性的打擊。一旦對利害進行了評估之後，處於中下游的就要審慎評估，就像弱國面對強國，小公司面對大公司，實力是「以銖稱鎰」，差了四百多倍，面對那種壓倒性的優勢，豈能螳臂當車？一旦造成這種威勢，就可以和平解決矛盾，「不戰而屈人之兵」。

可見，〈形篇〉積形造勢的目的完全是要貫徹前兩篇，既要合乎經濟原則，不要吃老本，任何資源都可以轉為己用。還有就是全勝，資源積聚不容易，緣分集聚不容易，不要讓它毀於一旦，全己全敵，腦袋想清楚一點。要知道，「百戰百勝，非善之善者也；不戰而屈人之兵，善之善者也。」〈形篇〉最後蓄勢待發的象，其實還是希望不要放水，不要以造成巨大的毀滅性破壞達到目的。

要取得全勝，要有壓倒性的優勢，要怎麼培養呢？「一曰度，二曰量，三曰數，四曰稱，五曰勝」，尤其稱就能夠「生勝」。這一稱量，實力完全不成比例，那就不要打。「若決積水於千仞之溪者」，那麼高的位置，一旦放下來就不得了。這就是〈形篇〉，就是處心積慮地培養綜合國力，由綜合國力可以算出戰力，古代、現代都是一樣，都是那個過程；國土多大，多少人口，人是生產力，也是消費的力量，先測度出來，然後比一比稱量、稱量，是不是在一個水準上，如果差太遠，那還打什麼呢？所以「地生度，度生量」，綜合國力的長期培養，一旦有那種形，就不發動，別人都不敢碰你。不管是農業社會時代，還是現在這麼複雜的後工業時代、資訊時代，都不能脫離這個過程，這就是形，綜合國力一定要均衡勻稱，畸形發展非垮不可。

第十一章　奇正相生——勢篇第五

分數、形名、奇正、虛實

孫子曰：凡治眾如治寡，分數是也；鬥眾如鬥寡，形名是也；三軍之眾，可使必受敵而無敗者，奇正是也；兵之所加，如以碫投卵者，虛實是也。

〈勢篇〉開篇一口氣講了四個東西。一是「分數」，就是分層負責。軍師旅團營連排，有多少軍隊統統編制分層，大大小小的單位指揮體系，要分層負責，不要過界。這叫分數，要懂得分。戰爭就是資源調度、瞬間分合的藝術。「治眾如治寡」，懂得分層負責，再多的人，就算是百萬大軍，和治理少數人也沒有什麼差別。真正的最高領導人，要「治眾如治寡」，公司再大，可是老闆直接管理的可能十個人都不到，所以要尊重部屬，不要直接干預他的管轄範圍。軍隊編制也是這樣，萬夫長、千夫長、百夫長，這叫分數，非分不可，一個人在上面管所有的人，那是不可能的。化繁為簡，以簡馭繁，就是「治眾如治寡」，韓信就深悟這個道理，有一次劉邦問他，人家都說你會帶兵，你到底能帶多少。他回答說，多多益善。也就是說，多跟少的管理是一樣的，只要有幾個得力的、核心的幕僚助手管得好，那有什麼不同呢？韓信有軍事上的高見，但是政治上就有問題了，他向老闆吹牛說自己會帶兵，這些話說出來有點危險。劉邦又問，那我能夠帶多少兵呢？韓信回答說，主公最多帶十萬。劉邦當場就不服氣了，就說，你這麼會帶兵，怎麼被我抓到了呢？幸虧韓信回答得機靈，他說，我只會帶兵，而主公您會帶將。這就是「將將」和「將兵」的不同，掌管幾個大將就可，不必親率千軍萬馬。

二是「形名」。「鬥眾如鬥寡」，注意，「治眾如治寡」是平時，「鬥眾如鬥寡」就是戰場上了，一旦打起來，恐怕這個連找不到那個連，可是都能夠就地為戰，還能維持原來的編制。因為中間的聯絡非常好，怎麼打也打不散，各種聯絡方式就是「鬥眾如鬥寡」，這麼大的部隊投入戰場，跟指揮少量部隊完全一樣，這就是「形名是也」。「形名」是跨部門聯繫，組織與組織之間，絕對有一套指揮通訊聯繫的方式，怎麼打也打不散，還維持其編制，陣腳不亂。可見，「鬥眾如鬥寡」是「治眾如治寡」的素養發揮到戰時，憑著「形名」，把各種資訊聯繫到一起。

三是「奇正」。「三軍之眾，可使必受敵而無敗者，奇正是也」，不管人再多，可以讓三軍完全承受敵人攻擊的壓力，絕對不會潰敗的，就是懂得奇正之道。「奇正」是兵法的神髓，在〈虛實篇〉的時候會有進一步的發揮，李靖和唐太宗討論兵法的時候強調的就是奇正。老子也說：「以正治國，以奇用兵。」「以奇用兵」，是出奇制勝，但是奇、正是互相需要的，沒有正兵，奇兵根本就不算奇。兩者交相為用，而且奇正可以相生，變來變去，加上前面的「治眾如治寡」，分層負責，「鬥眾如鬥寡」，陣腳不亂，指揮通訊絕對不會被打斷，所以不管承受多大的打擊，永遠不會敗。這就是懂得奇正的巧妙運用。

承受敵人兇猛的攻擊，絕對不會被擊潰，就是因為我們懂得奇正，出奇制勝，所以用兵是「詭道也」，是兵不厭詐。就像我們前面講的十四詭，十二詭之後再告訴我們一個活的原則——「出其不意，攻其不備」，這就是奇，像珍珠港事變就是如此。「奇」通常是少數的兵力造成戰場上關鍵性的扭轉戰局的勝利。而「正」是大部隊決戰，但是不一定有用。說不定不到交手，就勝負已分。其實間諜也是奇的兵法應用，利用少數的精英，掌握關鍵性的情報。利用有效的關鍵少數出奇制勝，這就是「奇」之道。相對來講，「正」是比較老實的，靠的是整體的實力。「奇」是非常道，很難預測，神出鬼沒，就像《易經》大過卦（䷛）就是「奇」——非常。「正」就是常道，就是恒卦（䷟）。這兩個卦通過君位的調度，第五爻爻變，奇正相生，「奇」可以變「正」，「正」可以變「奇」。大過卦第五爻，爻變是恒卦，「恒」是正常的，是長久，「大過」是馬上就會垮，必須有非常的創意，逼出絕招，才可挽回危局。恒卦是「君子以立不易方」，規規矩矩，穩定長久，大過卦因為不能長久，就得用盡一切非常手段，不按牌理出牌，背水一戰，死裡求生。如果奇正的運用巧妙，奇正可以相生，完全是活的資源調度分合。所以，有時候不能用常規思維，要用特殊思維。

在《易經》中，一、三、五、七、九，是陽數，也是奇數；二、四、六、八、十是陰數，比較穩重。陰性的東西比較穩重，陽性的東西就比較衝動，但是陰需要陽，陽需要陰，如果你光是出奇制勝，一天到晚用「大過」的方式來創造人生的業績，那就不堪負荷了。「奇」之所以能夠發揮作用，因為有一個「正」在吸引敵人的注意力，所以，奇必須要正的配合。如果小部隊突襲，沒有正規的大部隊跟上，根本就沒有任何戰力可言；而「正」如果沒有「奇」，老是規規矩矩、一板一眼地打，把所有的資源聚在一起，畫地為牢，所有的下一步，敵人都可以預測。就像將領有性格上的弱點，如清廉、好鬥，這個人就完全可以預測，因為「廉潔可辱，愛民可煩」，做人正可以，打仗正就死了，是致命的弱點。所以一個一直看起來很正的人，突然出「奇」，敵人也拿他沒有辦法。可見，奇正要互相變來變去，是奇是正，讓敵人無法判斷。這種「常」跟「非常」，在大過卦與恒卦的君位（第五爻）這種領導統馭的位置，才有活的智慧。恒卦第五爻，「婦人吉，夫子凶」，需要隨機應變，「恒」一變，就是「大過」，正就轉為奇。如果大過卦的第五爻發揮作用，奇就取勝，恢復正。如果是這樣，敵人怎麼打都打不垮你，正常打法，還是反常打法，敵人都無從下手。這就是「三軍之眾，可使必受敵而無敗者，奇正是也」。

作為奇數，針對《易經》來說，像大衍之數，奇的意思很深刻，如「歸奇於扐以象閏」，「奇」是一個點，就像科學界所說的宇宙大爆炸，剛開始是一個奇異點，後來變成這麼大一個世界，而宇宙還在擴充，那個點上的所有物理規律失效，不受任何規矩羈絆，我們也沒有辦法去探測。原先整個宇宙只有一個點，那就是奇異點，它沒有規律，所有規律都是它展開之後創造的。創造是沒有成法的，不是一板一眼的，在一個點上生效，但這個點是關鍵點，沒有這個點，沒有「道生一」，怎能「一生二，二生三，三生萬物」呢？宇宙學上的奇異點，「歸奇於扐」的「扐」，都呼應兵法中的出奇制勝。一個事物決定一切，而且那個事物不見得守規矩，既然要求勝，就不要受規矩羈絆，規矩是人發明的，不按規矩來，就會讓人家想不到。這就是「奇」，但是「奇」一定要有「正」作後盾，不然奇不能發揮作用。一點突破，擒賊擒王，這是「奇」最好的形容。

四是「虛實」。因為前面的分數、形名、奇正，故「兵之所加，如以碫投卵者，虛實是也」，敵人打你，你不會敗，你打敵人，就像拿石頭去打雞蛋一樣，這就是懂得虛實的運用。虛實的基礎在奇正，奇正的基礎在分數、形名，在勢在形。

分數、形名、齊正、虛實，都是重要無比的觀念，環環相扣。要瞭解什麼叫虛實，先得瞭解什麼叫勢？要瞭解勢，積形才成勢，得瞭解什麼叫形？一環扣一環，放諸四海而皆準。我們在人生戰場上要求勝，必須是以實擊虛，實學本領要日積月累，不然就會經不起考驗。

奇正相生

凡戰者，以正合，以奇勝。故善出奇者，無窮如天地，不竭如江河。終而復始，日月是也。死而更生，四時是也。聲不過五，五聲之變，不可勝聽也；色不過五，五色之變，不可勝觀也；味不過五，五味之變，不可勝嘗也；戰勢不過奇正，奇正之變，不可勝窮也。奇正相生，如環之無端，孰能窮之哉！

「凡戰者，以正合，以奇勝」，合就是兩兵相交，要有實力，還要出奇制勝，即一定要有特殊方法或者資源調度。「以正合」是指正規部隊，這是基本實力，但還要從這裡面抽出一些精英部隊，組成高度靈活的特種部隊，投入到特殊的場合，掌握戰局的關鍵，這就是「以奇勝」，可以從側翼突破，把握制勝點。這裡的「奇」就是《易經》中萃卦（䷬）的概念，即少數的精英，間諜就是少數的精英。這就是八十和二十定律，百分之八十的突破性的勝果，是由百分之二十的少數造成的；反之亦然，百分之八十戰敗的責任是要由百分之二十的精英負責。百分之八十就是「正」，百分之二十就是「奇」。沒有「正」，「奇」也用不上，光是「正」也沒有辦法取勝，一天到晚盡搞詭詐的事情，沒有一點正經玩意，這也不行。「以正合」，交戰雙方大張旗鼓，但是「以奇勝」，必須出奇制勝，如果沒有「以奇勝」，就沒有兵法可言。我們前面講的「十二詭」，那種調度敵人的智慧，都是屬於「奇」。

「故善出奇者，無窮如天地，不竭如江河。終而復始，日月是也。死而更生，四時是也。」這幾句話很好懂，真正創意無窮的人，每一個都出乎意料之外，每一個也都達到目的。這種智慧，「無窮如天地」，沒有一定量，沒有固定招式，就像「神無方而易無體，陰陽不測之謂神」，如果說根據他過去出的奇招，要預測他下一招出什麼，那你就錯了。「不竭如江河」，除非氣候改變，真的是大旱，不然你會看到江河不流了嗎？「終而復始」，就是生生不息，前一波完了，後一波又來了；一個階段結束了，下一個階段又換新招。「日月是也」，就像日月起落運行一樣。這跟《易經》慣用的象徵完全一樣。「死而更生，四時是也」，春天死了，夏天來了；夏天死了，秋天來了。春夏秋冬的更替，永遠在變，沒有真正的四季如春。

「聲不過五，五聲之變，不可勝聽也」。五聲就是宮、商、角、徵、羽，這五個音組合成人間的樂曲，可以永遠不重複；也就是說，越簡單的東西，規律越簡單，但是它構成的複雜的變化可以無窮無盡。可見，規矩太多就綁住了其變化，像圍棋的變化多還是象棋的變化多？或者陸軍棋的變化多？軍棋角色很多，身分不能轉換；象棋也是諸多角色，變化就很有限；圍棋只有黑、白之分，其他沒有任何不同，但是就著這黑白兩子，卻能千變萬化，從古到今，沒有完全一樣的一盤棋，組合的數目永遠下不完。所以，要產生靈活的變化，不要有太多的規矩，有一些基本的規律或者基本的元素就夠了，像間諜，只要五種就夠；五行，只要金、木、水、火、土就夠；還有智、信、仁、勇、嚴和道、天、地、將、法。這些都是簡單的組成，但是組合起來千變萬化。「聲不過五」，但五聲之變不可勝聽，那麼多樂曲都不會重複，都很好聽。

「色不過五，五色之變，不可勝觀也」。「五色」指紅、黃、藍、白、黑這五色，就是五種基本顏色，其變化「不可勝觀也」，看不完。這就是智慧，材料就那一點，低手兩三下就被人家看破，高手用起來千變萬化，玩味不完。陰陽五行就是如此，要更簡單就只有陰陽，但是陰陽的變化是不測的，完全在於如何組合運用。

「味不過五，五味之變，不可勝嘗也」。「五味」就是酸、甜、苦、辣、鹹，中國的烹飪，這一輩子再怎麼貪吃，吃得完嗎？永遠可以推陳出新，這就是五味之變，廚師的手藝施展出來，味道變化，永遠也嘗不完。

「戰勢不過奇正，奇正之變，不可勝窮也」，講了半天閒話，總算把它拉回到兵法了。這一篇是講「勢」，跟兵戰結合起來就叫「戰勢」，戰場上的對決，在勢上的對決，不過就是奇正。一個奇，一個正；一個常規，一個非常規；一個大部隊，一個突擊隊；或者一個是三軍，一個是間諜，都可以為奇正。這一拉開就有無窮的變化了，如果光是正，或者光是奇，變化就有限。所以千萬不要把所有的橘子擺在一個籃子裡，橘子總數是一樣，放在不同的籃子裡就會產生很多變化，分兵合擊，而且會呼應，這就是「奇正之變，不可勝窮也」。古今中外那麼多戰爭，可沒有完全重複的。

「奇正相生，如環之無端，孰能窮之？」奇正產生的變化，就像圓環一樣，沒有起點，也沒有終點。圓環沒有端點，一直環轉無窮，這才是奇正相生，再有大智慧的諸葛亮、曹操，也絕對想不完這些變化。所以，只要掌握奇正變化的基本規律，那一核心的創造力，永遠可以創造新的東西。像《易經》六十四卦，三百八十四爻，經文就四千字，我們還是研究不完。而且圓的東西就難鬥，「環之無端」，找不到端點，像「群龍无首」就比「飛龍在天」難鬥。群龍無首就是環之無端，沒有首，而每一個都可以是首，你打掉哪一條龍都不影響整體，因為每一個都可以獨當一面，都是龍，隨時可以替補上，這個組織沒有任何一個人是不可或缺的。如果是「飛龍在天」，他要是垮了，整個組織就垮了，因為他有首，是一個致命的弱點，一斬首，他就垮了。如果每一個地方都可以是首，那不是天下無敵嗎？有些人的智慧就是「環之無端」，沒法窮盡；有些人的智慧就是方方正正，再怎麼抓就四個角，別的沒有了。

勢如彍弩，節如發機

激水之疾，至於漂石者，勢也；鷙鳥之疾，至於毀折者，節也。故善戰者，其勢險，其節短。勢如彍弩，節如發機。

下面才是導入正文，真正講「勢」。中國的古人就是奇怪，要講一個觀念，就是沒有辦法用文字好好講，偏要創造一個意境，像卦有卦象，爻有爻象，文字有文字象，那一個象就太妙了，意思是無窮的，而且體會到了之後，遠比平鋪直敘的文字要精彩得多。什麼叫「勢」呢？這是我們經常的生活經驗：「激水之疾，至於漂石者，勢也。」水流得快，可以把石頭漂起來，就知道那個速度可以創造勢，令人猝不及防。老子說：「天下莫柔弱於水，而攻堅強者莫之能勝。」天下最柔弱的就是水，但是水流得快，溪谷中的大石頭都可以沖起來。「疾」是速度快，一沖下去，就像利用重力把石頭滾下來，「激水之疾」，速度越來越快，重力加速度，「至於漂石者」。石頭比水硬，可是水流動起來，速度快的話，石頭都能漂移。這就是因為勢，水勢靈活浩大。

「鷙鳥之疾，至於毀折者，節也」，高空中飛行的猛禽，要撲擊地面上的小動物，飛到高高的地方突然一下子衝下來，獵物一定被牠撲殺，因為牠掌握了行動的節奏。時機，關鍵點上的「節」，完全掌握，加上高空中衝下來的速度，一撲到位，對方一定被粉碎、抓裂。毀折者，就是抓住了出手的時機。就像《易經》中的節卦（䷻），什麼時候「出門庭」，什麼時候「不出門庭」，錯了就沒了，對了就妥了；節是關鍵點，該出手時就出手，不該動的時候動也沒有力量，該動的時候力量沒有人擋得住。掌握節奏或者關鍵點，獵物絕對逃不掉，如果撲得太早會撲空，撲得太晚獵物會跑掉。老鷹撲擊獵物，簡單講就是瞬間爆發力，什麼時候把能量釋放出來，要有很精準的估算，這就需要一種敏感的直覺。當然，「節」也代表有所獲之後，不要太貪，要見好就收，要是太貪，下面說不定會賠光。

「故善戰者，其勢險，其節短。勢如彍弩，節如發機。」這幾句話寫得真好。善戰的人，他的勢是兵行險招。冒險犯難者，要是克服了險，獲得的利益不可稱量。風險跟利益相關，人生有時候也要冒險，什麼險也不敢冒，什麼事情也成不了。任何事情要成大功，必冒大險。這個險對你是險，對敵人也是險，也就是套牢跟反套牢的概念，這就是坎卦（䷜）的「險之時用大矣哉」，為什麼就你一個人怕呢？其實雙方都害怕。「其勢險」就是敢冒險，「其節短」，指出手的節奏讓對方猝不及防，因為你的距離抓得剛好，等對方警覺到，已是猝不及防。「其節短」，要很緊湊，如果節拉得太長，力量就如「強弩之末，勢不能穿魯縞也」，再強的弓箭，如果距離太遠，到目標的時候還有力量嗎？薄薄的細絹都穿不透。如果距離很近，突然一下出手，一定馬上就為你所擒。正是因為短，所以很危險，像中國的武術，長兵器和短兵器，長兵器的好處是「一寸長，一寸強」，短兵器則是「一寸短，一寸險」。因此，「其勢險，其節短」，要做到「不鳴則已，一鳴驚人；不飛則已，一飛衝天」，因為能夠出手的有效時間和距離來不及反應，既然非常接近你的敵人，不可能長時間或長距離高速度衝，而是很接近，再突然發難。由此可見，兵法中的「勢」跟「節」不可分割。

下面就是舉例說明了：「勢如彍弩，節如發機。」像把弓拉開，引力沒有爆發，但是大家都注意到，一旦箭射出去，射到誰誰就倒楣。這就是勢，把弓拉開了，可是箭沒有說一定指著誰，但誰都怕。這種一觸即發、蓄勢待發的力量，就是勢。「彍弩」不是我們一般的彎弓搭箭，是有彈簧的，一射出來，敵人絕對擋不住。換句話，這也是「不戰而屈人之兵」。「勢如彍弩」，就可以嚇得對方不敢動彈。「節如發機」，如果對方還是不信邪，那就對不起了，我就掌握出手節奏，一扣扳機或者一踩弩機，箭就出去了，出去一定打到目標。「勢如彍弩，節如發機」這種造勢和節奏，就是《易經》中的知機應變、見機而作。這種當機立斷的智慧，說起來容易，但是表現在實際的行為上卻特別難。

數、勢、形

治亂，數也；勇怯，勢也；強弱，形也。

「數、勢、形」都是中國文化裡面精彩的字，意義無窮，影響到國家的治亂，而治和亂跟數有關。為什麼會勇？為什麼會怯？跟勢有關。如果勢大，再怯的人大概都會有一點勇。如果勢弱，再勇的人都有一點膽寒。其實越害怕，恐怕越躲不過，還不如豁出去，反而有比較好的結果。強弱跟形有關，「以鎰稱銖，以銖稱鎰」，那是沒有辦法的。人生會有種種的形，形有強弱的定判，例如說學武術的，很多的招式，像飛鳥撲下來，像龜形、鶴形、蛇形，形與形之間有生剋關係，這裡面就可以辨出強弱，如果你發現你的形完全被對方的形剋死了，恐怕就要換一個形。「故善動敵者，形之」，要調動敵人，敵人要是老不動，找不到出手的時機，就得專注等那千分之一秒的時機，有時要引誘敵人動，對於太極拳來說，這是基本功，敵人一動的一剎那就可能失去重心，你才可能後發先制，這就叫形，要讓敵人服從你的意願，你做主，他做從。顯一個形，給人家一點利益，給人一點甜頭，放長線釣大魚，中間還有增加短期、中期、長期的關係，以利誘。

上述種種，就是兵不厭詐，所以「渾渾沌沌，形圓」，那是一個假象，「不可敗」；「紛紛紜紜，鬥亂」，其實沒亂，整齊得很。亂是從「治」生出來的，怯是從勇生出來，弱也是假的，是強者裝弱，這就是「治亂，數也，勇怯，勢也，強弱，形也」。

有效控管

紛紛紜紜，鬥亂而不可亂也；渾渾沌沌，形圓而不可敗也。亂生於治，怯生於勇，弱生於強。

下面要講的是如何耍詐。勢是有變化的，靜態的是蓄勢，動態的是造勢。「紛紛紜紜，鬥亂而不可亂也；渾渾沌沌，形圓而不可敗也。」古代戰場上，「紛紛紜紜」，部隊好像陣腳大亂，沒有秩序，但是「鬥亂而不可亂」，這是在戰鬥中扮豬吃老虎，其實沒有亂，裡面絕對是有效的控制指揮，故意呈現破綻讓敵人上當。敵人看著好像亂了，像「紛紛紜紜」一樣，以為是「鬥亂」了，其實內部是亂中有序，引誘敵人上當罷了。這就是「先為不可勝，以待敵之可勝」。故意賣弄破綻，引蛇出洞，要是敵方誤判，看到的是外面呈現的「紛紛紜紜」的亂象，其實內部是井然有序，目的就是要敵人上當。「渾渾沌沌」，好像黑黑暗暗、癡癡呆呆，「形圓而不可敗」，其實實力強得很，絕對有效掌控，就是要做一個假的形，引誘敵人上當，以為這是出手的時機。什麼叫「形圓」呢？以前的陸軍是方陣，尤其是古代，兩陣對壘，方陣就代表有效指揮，可是一打就亂了，那就是「形圓」；可是對圓中調度的人來講，其實沒有亂，而是故意呈現一個圓的亂象，好像是打散，但是這種陣，可能是一個口袋陷阱，等待敵人入袋。也就是說，即使是「形圓」，但你要真打他，發現「不可敗」，他真正的實力、有效的指揮控制全藏在裡頭，以表面的亂象吸引你上當。

「亂生於治，怯生於勇，弱生於強」，亂象是假象，亂象是從什麼生出來的？其實管理得井井有條，治理好得不得了，因為治理得好，故意顯示一個亂的象。也就是說，亂象是從治裡面生出來的。「怯生於勇」，外面故意示怯，扮豬吃老虎，其實裡面勇敢得不得了，才敢於裝作很怯懦的樣子，以為他好欺負，你要是忘記他的怯是勇敢生出來的，那就慘了。「弱生於強」，外面是示弱，其實他強得很，強者故意示弱，敵人難免上當。

「治亂，數也」，亂要生於治，就要小心失控。有些人明明是治的狀況，要吸引敵人，故意亂一點，有時候一亂卻真的亂掉了，收不回來了，那就糟糕了。這就是「數」上面出問題，節制出問題了。「凡治眾如治寡，分數是也」，治亂的本事是永遠都能夠有效控管，要表現什麼樣子就可以表現出什麼樣子，可以有效地讓人家上鉤，馬上使亂變治。所以，一定要注意，有時候因為亂，為了吸引敵人上鉤，已經亂成習慣，弄假成真，卻一下子收不回來，那就完蛋了。所以要有有效的控制，要他治就治，要顯現假的亂象就假的亂象。一旦顯現亂的象，敵人上鉤了，馬上又恢復治，這完全在乎數的掌握。

「勇怯，勢也」，裝作膽怯，其實是大勇，這也是「勢」的概念。形勢比人強，有時候人的勇敢與膽怯，跟「勢」有關。勇敢的人敢拚命，再強大的敵人都怕你三分。穿皮鞋的最怕打光腳的，所以勇就有勢，如果勇還能夠裝怯，把勢藏在其中，那真是有一套。有時候在一種非常危險的情勢下，人真的會害怕；有時候仗著人多勢眾，好像很勇敢，其實膽小得要死。所以勇怯也直接就跟勢有關。像中國跟美國現在的實力相比，嚴格講差很多，可是美國的氣勢好像不是很足。中國的經濟要趕上美國至少十年，人均超過不知道要到哪一年，軍事上美國根本是遙遙領先。但是，人就是一股氣勢，他不怕你，那你就怕他了。這就是「勇怯，勢也」，端看你有沒有種，有種的話，就可以旋乾轉坤。像大過卦（䷛），「獨立不懼，遯世无悶」，怕他個鳥！我們講兵法才會講粗話，講粗話就比較帶勁兒。

「強弱，形也」，這一句和上一句，把形勢的觀念都揉進去了。勇怯是勢，強弱是形，形是日積月累的，實力的強弱，「若以鎰稱銖」。勢在形的基礎上還可以活用，有時候勇冠三軍，一個人發狠、拚命，那時候就不一樣，不止是一般實力的強弱。所以，形勢有一定的限制，如強弱、勇怯，可能會扭轉戰局，以小博大，以弱擊強，都可能發生。

造形

故善動敵者，形之，敵必從之；予之，敵必取之。以此動之，以卒待之。

「善動敵者」，一定要懂得造形的藝術，給他一個形，你是千變萬化，要什麼形就給什麼形，那個形就能夠讓對方聽從你的。要調動敵人，不要光調度自己。「形之，敵必從之」，顯現一個形，他就上鉤了，配合你的意願。「予之」，故意給他一塊肥肉，「敵必取之」，他上當了，後面有鉤。老子說過，最隱微不顯的智慧，叫微明，「將欲歙之，必固張之；將欲弱之，必固強之」；給你東西沒有關係，我現在給你，你將來整個的又統統變成我的。就是暫時讓你幫我保管一下而已。你以為那是好東西，拿去之後，就等於是咬了我的鉤，上了我的套，最後連本帶利統統收回來。換句話說，一旦有了絕對的勝算，就不要在乎現在給敵人多少東西，反正將來都是我的，敵人只是暫時幫我保管。敵人的利將來也是我的利，有主權才有無限的利益，權能生出利，利不一定能夠買到權。所以，你看老子陰險不陰險，這就是「微明」之術，敵人看不出來，只看到眼前的短期利益。沒有看到有一隻鉤，有一條線，線後面還有一個老漁翁，老漁翁身後還有一個太太在等著大魚下鍋。這個世界仍然是鬥智的時代，害人之心不可有，防人之心絕對不可無；眼前看到的東西未必是真相，一定要動腦子，貪圖近利，會失去將來的一切。

「以此動之」，拿一個東西來利誘，「以卒待之」，後面有很堅強的部隊等著收拾他。這裡的「卒」是最難解的，很多人說「卒」是最後等著你、強大得不得了、會吞掉你的大部隊。也有人說「以此動之，以卒待之」，卒是最後，有始有終，即有始有卒。還有的人因為有不同的版本，說是「以利動之，以本待之」，我給你一點小利息，但是我的本金在這邊等著你。還有講「以實待之」，真正可怕的實力在等你上鉤。

擇人任勢

故善戰者，求之於勢，不責於人，故能擇人而任勢。任勢者，其戰人也如轉木石。木石之性，安則靜，危則動，方則止，圓則行。故善戰人之勢，如轉圓石於千仞之山者，勢也。

最後這一段特別重要，一般的解讀有錯，說不通，連李靖都讀錯了。〈勢篇〉主要的意思還是一句老話，「形勢比人強」，所以要能夠造就比人強的形勢。敵人再怎麼樣，也不能跟大形勢相抗。順著形勢走起來比較順，逆形勢就難，時代的大潮不是一天形成的，「勢」擁有靈活創造的力量，蘊含著可怕的能量，我們要學會創造，學會巧妙組合。同樣給人宮、商、角、徵、羽，有人就彈出《高山流水》，有人一天到晚「小蜜蜂，嗡嗡嗡」地彈棉花。孫子所說的五種間諜，用得笨的，就像提線木偶，調度得好，「五間俱起，莫知其道，是謂神紀，人君之寶也。」

「故善戰者，求之於勢，不責於人」，注意這一句話。正因為形勢比人強，所以真正善戰的我們要懂得形勢的規律，一定要在勢上下功夫，在勢上下功夫就等於在形上下功夫，因為「積形造勢」。沒有形哪來的勢？要求創造好的大環境，就要造勢，形勢一動，大概沒有人能夠抵抗，都得順著勢去幹。所以我們想要求功求成，求圓滿，最好要在勢上下功夫，不要做被形勢所逼的那些可憐的人，如果形勢不好，就如孤臣無力可回天，壓死他也沒有用，他只有犧牲。形勢不利，沒有創造一個好的形勢，要求將士們死守、拚命，結果只能進忠烈祠。所以，要懂得形勢，扭轉不利的形勢，或者順形勢，從形勢中撈取利益，不要苛責在大的形勢下做個人無謂的掙扎。人沒有辦法抗大形勢，我們與其苛責個人，還不如想辦法讓個人在形勢上下一點功夫。可見，責求個人在不利形勢下有所作為是沒有用的，像希特勒最後必敗的時候，什麼地方的軍隊都不准撤，在調度資源上就損失了靈活性，結果一個一個被吃光，戰到最後一兵一卒有什麼好處呢？這樣，本來很好的形勢就變成了死局，所以不要責求於大形勢下、大環境下的個人還有什麼神武，這不合理，要懂得「求之於勢，不責於人」。

下面那一句話就有問題了，「故能擇人而任勢」，這不是馬上就牴觸了嗎？「擇」假定是選擇，你選擇了那個主管，選擇了那個業務經理，選擇了那個獨當一面的將領，讓他去爭取勝利，聽起來好像很有道理，「任勢」是什麼意思？因為勢的力量，沛然莫之能擋，所以一旦瞭解趨勢的走向，就放任他，任其自然，我就在浪尖上，自然就把我帶到要去的地方，自己動都不用動，一點力量都不用，順著力量就流下去。要是逆流而上，那不是太困難了嗎？豈不馬上立腳不穩，節節敗退？可見，要懂得勢，而不要在大形勢下去苛求某一些人創造不可能的東西，如果這樣擇人有什麼意義？選擇誰都是一樣。因為人不能抗勢，「任勢」是一定的，運用勢。「擇人而任勢」是什麼意思呢？因為人在勢前很有限，眾力交推的大形勢，個人怎麼可以抗衡呢？經濟景氣好的時候，智商低的可能都會發財，經濟不景氣的時候，智商再高也無濟於事。在大勢面前，個人的差異就沒有那麼明顯，擇人又有什麼意義？選誰不都是差不多嗎？選了什麼人，不能對抗大勢；選的稍微差一點，只要勢大，做起來也差不了多少。那麼，這樣的擇不就有問題嗎？其實「擇」字是指放開的「釋」，把個人放掉吧，那個不重要，重要的是勢，要順其自然，關鍵因素在勢不在個人，不要作無謂的犧牲。在大勢情況下，合乎勢者，所差有限，釋人，把個人的因素放開，不要加給個人這種不可能的責任。「任勢」就是放棄放開苛求個人的門檻，勢才是大目標，也是〈勢篇〉整個告訴你的，人不如勢，不要老是盯住個人，要放開，要懂得識別大勢，然後「任勢」，把所有的資源都跟勢結合，這叫「釋人而任勢」。

「任勢者，其戰人也如轉木石」，順著自然的勢來行動，「其戰人也如轉木石」，木石都可以玩轉。「木石之性，安則靜，危則動，方則止，圓則行」，石頭多重，環境沒有任何變動就很安靜，樹也是一樣，木頭石頭，安則靜，要是環境是危的時候，狂風暴雨的時候，泥石流一來，木石一定動，在高山上那麼危險的一個形勢下石頭滾下來，非動不可，因為環境是陡峭的，順著山坡就滾下來。「方則止，圓則行」，如果環境是一個方的環境就停下來，如果環境是圓的環境就停不下來。所以，不管是什麼東西，都會隨著環境的安、危、方、圓，由靜被逼著動，被逼著行，這就是形勢逼人，即使是木石，還是要求隨大勢。

「善戰人之勢」，運用人力資源的，要懂得勢的觀念，「如轉圓石於千仞之山者，勢也」，千仞之山轉圓的石頭滾下來了，就造成非常大的力量，因為這樣的勢非轉不可、非動不可。就像「若決積水於千仞之溪者，形也」一樣。

〈形〉、〈勢〉篇前後呼應，這是孫子高明的地方。最後的意象，需要我們自己去體會，什麼叫形？什麼叫勢？形、勢是什麼關係，怎樣創造瞬間的爆發重力加速度，越轉越快？同樣一顆石頭，從遙遠的太空一不小心跑到地球的軌道來，再小的都足以對地球造成大的衝擊。這就是《孫子兵法》講的形勢，西方談這種東西，不會用這種生活的意象來描述形勢的奧妙。

關於「其節短」，我想再強調一下。這三個字強調的是節奏，講究的是瞬間的爆發力。像李小龍的截拳道，還有詠春拳的「一寸拳」，就是「其節短」，就是近距離，突然拳一轉，瞬間的爆發力，足以令對手吃虧。這就是節奏，不在乎本身有多大，而在於突然的動，把所有的力量瞬間爆發，打到那個點，就可能造成相對的優勢，以實擊虛。

第十二章　出奇制勝——虛實篇第六

〈虛實篇〉看似很長，但一氣呵成，沒有前面的〈形篇〉、〈勢篇〉那麼難懂，初接觸兵法的人，除非真的是冰雪聰明，對於這兩篇，很少有學生給我一個拈花微笑。就初學者來講，這並不奇怪，智慧的產物都是如此，要用心去體會。如果像聽戲一樣，不用心，就是釋迦牟尼佛來度你，都沒法成佛，「學而不思則罔」，一切都是落空。

致人而不致於人

孫子曰：凡先處戰地而待敵者佚，後處戰地而趨戰者勞。故善戰者，致人而不致於人。能使敵人自至者，利之也；能使敵人不得至者，害之也。故敵佚能勞之，飽能饑之，安能動之。出其所必趨，趨其所不意。行千里而不勞者，行於無人之地也。

「凡先處戰地而待敵者佚，後處戰地而趨戰者勞」，「佚」就是安逸，「勞」就是疲於奔命，這是以逸待勞的觀念。對方太安逸，就要騷擾他，讓他疲於奔命。所以，一定不可以讓自己的戰鬥資源太疲累，得不到休整，要輪番恢復元氣，就像《易經》中說的「七日來復」一樣。如果始終是在勞的狀況下，敵人已經養足氣力，那你不是等著被收拾嗎？以逸待勞就是戰略要點，這也是制高點。「先處戰地」，已經把最重要的戰略要地佔住，敵人還沒到，該做的攻勢都完成了，然後敵人才來，但這個地方已經是我方的了，就等著敵人來，使其根本就沒有立腳之地。等著疲於奔命的敵人到來，我方則做好充分準備，搶佔先機，以逸待勞，就像需卦（䷄）的第五爻：「需于酒食，貞吉。」也是以逸待勞，第五爻下面的爻則是勞累的命，初爻到四爻都勞——「需于郊、需于沙、需于泥、需于血」，而第五爻佔據資源的中心、制高點，就在那裡安逸地吃吃喝喝，一開始就佔據要點，下面的爻則苦得要死。這就是「凡先處戰地而待敵者佚」，「凡」是概論，代表整體一定是這樣。對於戰略要地，一定要先卡位，卡位之後，最好馬上掌握市場佔有率，那些後知後覺的想跟進已經來不及了，他就是付出加倍的辛苦，也沒有辦法得到那塊地，更別說分一杯羹了。剛開始的時候，到處都是機會，但只有先見之明者才會「處戰地而待敵者佚」，坐著吃，躺著吃，後來的人累死也沒有，這就是「後處戰地而趨戰者勞」。這在《易經》來說，是典型的「後夫凶」，也就是比卦（䷇）卦辭所說。要跟人家較量，結果落入下風，因為太慢了，到頭來就是「比之无首，凶」。可見，是願意勞而無功，還是願意輕輕鬆鬆就獲利，關鍵就是掌握先機，一旦慢一拍，就會失去先機。如果失去了先機，還去跟進的，結果只有苦死。

「故善戰者，致人而不致於人」，這一句話特別重要，一定要掌握主動權，絕對不要被動，「致人」就是絕對可以調度所有的人，掌握主控權。我要他去哪裡就去哪裡，絕對不可以被人家調度。「致人」就是主動權，「致於人」就是被動挨打。整個戰局、整個產業的主動權在誰手裡，他就可以「致人」，其他的都是聽他的驅使，是「致於人」。整個〈虛實篇〉其實就是要造成「致人而不致於人」的局面。唐太宗跟李靖討論《兵法》十三篇的時候，就說真正的兵法只有一句話，就是「致人而不致於人」，可見這句話的重要性。在你最熟悉的領域中、專業裡是「致人」，還是「致於人」，這是很重要的原則。「致人」有主動權，是主變數，人家隨你變，是「致於人」，是從變數，這才叫「善戰者」。

「能使敵人自至者，利之也；能使敵人不得至者，害之也」。我們要調度敵人，讓他好像自動自發到這個地方來，要利誘之。有利益的目標，才會有需卦（䷄）上爻所說的「不速之客三人來」；即使他來得慢，但他還得來，因為這裡是資源中心，他非來不可。不來，他就沒有生存發展的機會。在生存攸關時節，「利之也」，不怕敵人不來。那麼「能使敵人不得至」，如果不想讓他來，就要千方百計阻撓他，「害之也」。一個是吸引他來，他就得心甘情願來；一個是不想讓他來，那他就永遠來不了。利害是一體的兩面，這就是主動權的掌握，要誰怎麼樣就怎麼樣，用利之、害之的方式，「能致人而不致於人」。用利誘和阻撓的方式讓敵人自動來，就是拚了老命也要來，如果不想讓他來，他絕來不了。像《紅樓夢》中，賈瑞貪戀王熙鳳的美貌，王熙鳳設局約他私會，他自己說死都要來，結果死到臨頭還不甘心。

「故敵佚能勞之，飽能饑之，安能動之」，這種充分的主動權，就可以掌控戰局，除了調度自己還有調度敵人的能力，能使敵人「佚能勞之，飽能饑之，安能動之」。當敵人休整好時，能設法使之疲勞；當敵人給養充足時，能設法使其飢餓；當敵人安營紮寨時，能設法使之拔營行軍。本來很安逸，卻非動不可，這是為什麼呢？因為形勢逼人，敵人是被動的，主動權在我方手中。這跟前面的「十四詭」又呼應上了。

為什麼能達到這種效果呢？「出其所必趨，趨其所不意。」掌握了敵人的動向，要敵人向哪裡就得去哪裡，同時還可以在敵人意想不到的地方進行攻擊。「行千里而不勞者，行於無人之地也」，遠征軍奔馳千里，暢通無阻，好像不累，如果那裡充滿了敵人，那你會輕鬆嗎？如入無人之境，就是因為對那個地方早已瞭解。雖然你要長途行軍，但是沒有障礙，沒有敵人的阻擊，所以好像「行於無人之地」一樣，輕鬆到達。要知道，軍行千里，風險很高，中間不知會發生多少事。唐僧取經碰到很多妖怪，如果「行於無妖之地」，那他取經豈不順暢得多？所以，要掌握主動權，就要對形勢掌握得清清楚楚，不隨便投入資源，投入資源就一定不要有障礙。為什麼對敵人能夠「佚能勞之，飽能饑之，安能動之」？就是因為對敵人的主觀意圖、客觀形勢判斷如神，所有的情況都在算計中，所以要敵人怎麼樣就怎麼樣，「出其所必趨」，他非這麼動不可；絕對不會說找不到他，同時還知道他下一個時間會如何做。

善攻善守

攻而必取者，攻其所不守也。守而必固者，守其所必攻也。故善攻者，敵不知其所守；善守者，敵不知其所攻。微乎微乎，至於無形；神乎神乎，至於無聲，故能為敵之司命。

「攻而必取者」，進攻就一定可以把敵人打下來，是因為「攻其所不守也」，那個地方的防守薄弱，所以很容易打下來，那麼如何知道敵人某個地方的兵力不夠、防守薄弱呢？這就是本領，要打一個地方，就要找其兵力薄弱之處，「攻其所不守」，沒有認真防守，或者沒有用重兵防守。

「守而必固者」，因為不可能永遠是進攻的，我方有時也要採取守勢，那麼要絕對守得住，沒有人打得下來，道理就在於「守其所必攻也」。為什麼防守得讓人家打不下來？因為知道敵人絕對會攻這個地方，就重兵防範該處，這就是正確判斷敵人的戰略意圖，在敵軍進攻之地佈置重兵防守。敵人的意圖已經被我所掌握了，這就是「守其所必攻」。整個轄區中有好多地方，不可能處處都用重兵防守，所以要重點防守的地方，一定是敵人的主攻之地。二戰時，盟軍諾曼地登陸之所以能勝利，就因為諾曼第不是德軍重點防禦的地方，他以為盟軍要在別的地方登陸，德軍被盟軍誤導，結果盟軍根本不打德軍重兵防衛的地方。如果德軍當時知道盟軍必攻諾曼第，他把最重要的部隊擺在諾曼第，盟軍就很難攻得下來。可見，「守而必固者，守其所必攻」，對敵人的攻守太清楚了。有的地方兵力佈置得少，因為知道敵人不會進攻這裡；有的地方重兵防守，因為知道敵人主攻的就是這裡。

「故善攻者，敵不知其所守」，因此善於進攻的人，能使敵人不知道防守哪裡。「善守者，敵不知其所攻」，而善於防守的人，能使敵人不知道從哪裡進攻。真正防守的時候，敵人好像哪裡都打不下來，也不知道到底哪一個地方是重點，哪一個地方是次要的地方，不知如何下手。

關於「守其所必攻」和「攻其所不守」中，「不」和「必」這兩個字，很多版本常常會混淆。為什麼我能夠善守呢？因為「守其所不攻」；意即我防守的地方敵人絕對不會打，因為我防守他不攻擊的地方。這樣的解釋不是很荒唐嗎？敵人攻擊的地方，怎麼才能守得住，一定是「守其必攻」，加強防禦，所以，哪一個地方是「不」，哪一個地方是「必」？用思維邏輯判斷就可以。在《易經》中，觀卦（䷓）的卦辭就有兩種版本，一種叫「盥而不薦，有孚顒若」，也就是說只要洗手，保持清淨心就好，不一定要上豐富的供品；那麼一個重要的宗教儀式，只要修清淨心就可以辦得到。另外一種則說「不」字不對，應該是「盥而必薦，有孚顒若」，說不上豐富的供品，不用大牲，就沒有辦法通達基層，所以不但不能不薦，還要大薦特薦，那也就是「盥而必薦」，就像豫卦（䷏）充滿了熱情，「殷薦之上帝，以配祖考」。這是兩種講法。到底是「不薦」還是「必薦」？各有其說，好像都說得通。但是《孫子兵法》中，關於這一段的「不」跟「必」，確實有不同的版本，不過「守其所不攻」，很荒唐，你要是確定敵人不攻哪一個地方，那你把部隊擺在那裡幹什麼呢？當然要防他必攻的地方，這樣才好把他打回去。

能夠清楚瞭解對方行動的意向，掌握得一清二楚，這當然歸功於「用間」和「始計」的成功。處處佔敵機先，才能夠處處高人一招。瞭解其防守的資源，找其最弱的地方集中全力攻打，這就是攻守。「守而必固」，絕對能夠堅守敵人必攻的地方，絕對讓他打不下來。墨翟曾經和魯班進行沙盤推演，魯班設計了各種攻城的雲梯，墨翟則是魯班用什麼攻，就知道他要攻哪裡，統統讓他攻不下來。這就是墨子的善守。「攻而必取，攻其所不守」，重點打哪一個地方，不要被騙，納粹軍隊在諾曼地登陸的時候被騙，這就是一個很有名的案例。

敵人在攻守上都落入敗部，被動挨打，這種情形真是爽啊：「微乎微乎，至於無形；神乎神乎，至於無聲，故能為敵之司命。」敵人的生命主宰在我方的手裡，因為我方無形，對方有形。對方完全曝光透明，其真實的狀況、資源的調度，我都清清楚楚，我方對敵人來講完全是謎，「用間」沒有辦法突破，「始計」也是誤導，這種上乘的功夫就是「微乎微乎（微妙啊微妙），至於無形；神乎神乎（神奇啊神奇），至於無聲」。《易經》中能做到無形無聲，大概只有巽卦（䷸）

了，對敵人來講，無形無聲，無跡可求，怎麼對付我方呢？所以敵人的命運完全由我方來主導──「故能為敵之司命」。敵人是有形有聲，掌握不到我方真實的狀況，兵力調度和資源的分佈，敵人無法知道，無形對有形，看是誰贏？無形的東西難鬥，間諜難鬥，鬼難鬥，就像病毒難鬥、細菌難鬥。可見，大部隊的兵力可以調度到無形的境界很不簡單。

大道無形，有形的境界還不是最高的境界，最高的境界是到無形的境界，這就是下文所說的「形兵之極，至於無形」、「無形則深間不能窺，智者不能謀……」。我在講〈形篇〉的時候說，形的最高境界是像「若決積水於千仞之溪者」，但那還是有形。從兵法本身來說，有形到了一定地步，進一步就要求無形，完全沒有人可以對付了。無形的東西，用「一」就可以收拾人家「一百」，就像哈利波特穿上隱形衣，他要打誰就打誰，要吻誰就吻誰，根本就抓不到。大部隊怎麼能夠到無形的境界呢？這就是創造一個戰爭的藝術。敵人的命運完全在手上，完全被掌控。

以實擊虛

進而不可禦者，衝其虛也；退而不可追者，速而不可及也。故我欲戰，敵雖高壘深溝，不得不與我戰者，攻其所必救也。我不欲戰，雖畫地而守之，敵不得與我戰者，乖其所之也。

「進而不可禦者，衝其虛也」，我們進攻的時候沒有敵人能夠擋得住我們，因為那是他最虛弱的地方，我用全力去衝擊，一衝就垮。為什麼能夠這樣呢？以實擊虛也。最弱的部位，是經不起全力打擊的。「進而不可禦」，不是什麼神話，而是判斷正確；「衝其虛也」，瞬間就可以把敵人擊潰了。

「退而不可追者」，一旦我要退，敵人也絕對不能把我留下來，為什麼呢？因為「速而不可及也」，退軍的速度很快，敵人無法追上。這有點像《易經》第三十三卦遯卦（䷠）的最後一爻：「肥遯，无不利。」那頭大肥豬能夠全身而退，而且什麼都帶走，你只能抓一手豬毛，肥豬搖搖擺擺地走了。這一爻爻變是咸卦（䷞），「咸，速也」，早準備好了，說走就走，想留也留不住，「速而不可及也」，只能望洋興嘆。

「故我欲戰」，整個戰局由我的主觀意願決定，「敵雖高壘深溝，不得不與我戰者，攻其所必救也」，「攻其必救」是絕妙好計，敵人必救的地方是要害，不救不行。敵人有時候築有深溝高壘，貓在裡頭，但是他不得不與我方作戰，非得從堅固的壁壘中出來不可。其原因就是我方不攻打那堅固的城池，而是攻打你敵人絕不敢失去的東西，這就是「攻其必救」，就像「奪其所愛，則聽矣」，我把你最漂亮的小太太綁走，看你救不救？所以，千萬不要「攻其不救」，把他討厭的大太太綁走，他高興都來不及。一旦「攻其必救」，敵人方寸大亂，就得出其堅固的城池。換句話說，要攻擊敵人，有時不一定要進行攻堅戰，只要知道敵人有什麼東西是一定不能失去的，「奪其所愛，則聽矣」，那是他的生命線，絕對不能失去，他再也不能龜縮在堅固的城池裡不出來。敵人只要出來，我方非打贏不可。

「我欲戰」，利用敵人致命的弱點，雖然是高壘深溝，敵人也不得不出來跟我打，就像下象棋，老帥面臨威脅，外面的車、馬、炮就得回防。這是我想戰的時候，可以利用敵人的要害部位迫其出戰。如果我不想打呢？「我不欲戰，畫地而守之，敵不得與我戰，乖其所之也」，厲害吧，像神仙一樣，畫一個圓圈，什麼獅子老虎、妖魔鬼怪都進不來。最後的「之」是指敵人的動向，我在這裡畫個圈，敵人接近不了我，因為我的誤導，使其誤入歧途，帶到別的地方去了，我在這邊安全得很。這就是調度敵人、誤導敵人，根本就不必花那麼多財力物力去建一個堅固的城池。「乖其所之」，對方完全聽我調度，就是到不了我這個地方，我方根本不必用很強的防守措施。「畫地而守之」，堪稱用兵如神，完全是想怎樣就怎樣，想打敵人，敵人不打還不行；我方不想打，敵人想打也無從下手。

形人而我無形

故形人而我無形，則我專而敵分。我專為一，敵分為十，是以十攻其一也，則我眾敵寡。能以眾擊寡者，則吾之所與戰者約矣。吾所與戰之地不可知，不可知則敵所備者多。敵所備者多，則吾所與戰者寡矣。故備前則後寡，備後則前寡，備左則右寡，備右則左寡，無所不備，則無所不寡。寡者，備人者也；眾者，使人備己者也。

「故形人而我無形，則我專而敵分」，「形」是動詞，讓敵人都曝光，而我對他來講是無形的，他永遠摸不透，因為我無形就不必處處防守，刻意把所有兵力集中在一起；集中在一起也是無形，敵人還就得時時處處防守。處處防守，每一個環節都會顯得薄弱，而我方因為無形，以相對優勢就可能以十擊一，這樣突破、瓦解敵人的防線就變得容易多了。要做到這一點，主要就是行動快，不露相，利於集中兵力。要知道，在戰場中，集中所有的戰力資源是非常重要的，才能造成突破性的戰果。所以要先想辦法隱藏自己，使自己無形，不必處處防守，就如閃電戰一樣，打到哪裡敵人就瓦解。想辦法「形人而我無形」，「則我專」，集中兵力，「而敵分」，也就是「我專為一，敵分為十，是以十攻其一也」，等到我攻打敵人的時候，可以投入全部的力量攻打，而敵人有十個地方要防守，那個地方只有十分之一的戰力，我方當然可以憑藉數量優勢輕鬆打下來。當然，這個數量優勢不是絕對的，而是因為無形，在剎那間造成的相對優勢，戰線不必拉太長，集中優勢兵力去攻打敵人其中一個薄弱的部位，那個地方當然守不住，這就是「則我眾而敵寡」，相對的眾寡出現了，不是絕對的眾寡。雙方各有一萬兵力，我方集中所有的資源，是用一萬打敵人一千，其他九千還不知道這一千被我方吃掉。「我眾而敵寡」，這就是用兵調度資源造成的相對優勢，「集中」破了「分散」。

「能以眾擊寡者，則吾之所與戰者約矣」，「約」就是很少，相對來講，我以十擊一，是我以眾擊寡，因為那時敵人能夠跟我方全部兵力打的只有一部分，那就太少了，當然打不贏。「吾所與戰之地不可知」，我要攻打敵人哪裡，決戰的地方，對方不知道，但是我很清楚。「不可知則敵所備者多」，敵人不知道我要打他哪裡，到處都要防備，這就是「備多力分」。「敵所備者多，則吾所與戰者寡矣」，因為主動攻擊的地方是我方挑選的，敵人把大部分的兵力部署在別地好幾處，而這裡大概只有十分之一，加上處處都在防備，等到我方集中打其一處的時候，就是以眾擊寡，碰到的不是全部的敵人，也不是像常山之蛇一樣首尾相應反擊，所以進攻的好處就在這裡，可以選擇要攻的目標，防守方就是不知道何處要防備。

「敵所備者多，則吾所與戰者寡矣」，敵人所防備的地方多，那麼能與我方作戰的優勢兵力就少了。「故備前則後寡，備後則前寡，備左則右寡，備右則左寡」，前後左右，不管是哪一個方向，敵人要防備，相對的方向兵力就空虛。「無所不備，則無所不寡」，到處都防備，每個地方兵力都很薄弱，打哪裡都可以突破。真的是「備多力分」。「寡者」，為什麼兵力總是不夠用呢？「備人者也」，因為一天到晚採取守勢防備人家的攻擊。「眾者」，為什麼兵力其實不多，總是顯得很多呢？「使人備己者也」，讓所有的人防備你，他也不知道你要打他哪裡，所以他處處防備，處處力量都不夠。

備多力分

故知戰之地，知戰之日，則可千里而會戰；不知戰之地，不知戰日，則左不能救右，右不能救左，前不能救後，後不能救前，而況遠者數十里，近者數里乎？以吾度之，越人之兵雖多，亦奚益於勝哉？故曰：勝可為也。敵雖眾，可使無鬥。

「故知戰之地，知戰之日」，作戰的時間、地點由我方挑選，「則可千里而戰」，再遠都不怕，行如無人之境。「不知戰之地，不知戰日」，敵人如果連作戰的時間、地點都不知道，「則左不能救右，右不能救左，前不能救後，後不能救前」，這個孫老夫子，寫這一段一定是順溜得很。時間地點都不知，那麼前後左右，都會失去救助；「而況遠者數十里，近者數里乎」，連左右都沒有辦法相救，等到左手反應過來，右手已經斷了，如果兩支部隊隔了數十里，或者數里，那更不必救了。沒有常山之蛇那種首尾相救的靈動性，永遠只能用局部的守備力量應付全力攻擊的敵人。

「以吾度之，越人之兵雖多，亦奚益於勝哉！故曰：勝可為也。敵雖眾，可使無鬥。」怪哉，這一句看起來很突兀，其實不然，因為《孫子兵法》是孫武給吳王獻策的背景下寫就的，當時要打越國。意思是，孫子對吳王講，以我來推測，前面我講虛實的道理，看起來越國人的兵比我們多，但是他沒有辦法取勝，也就是說，勝利是可以造出來的。（這和前面講的「勝不可為，先為不可勝，以待敵之可勝」，沒有矛盾，那是剛開始，現在已經到了形、勢、虛實之分，就可以創造這種勝機。）「敵雖眾，可使無鬥」，敵人雖然多，但是還來不及發揮戰力，勝負已決。

關於「備多力分」，就如我們平常的「樣樣通，樣樣鬆」，《易經》學一點，太極拳學一點，中醫又學一點，結果樣樣鬆，做學問、做事業也要一門深入，不能說無所不備，結果是無所不寡，為什麼要重點防禦？道理就在於此，人生的攻防亦復如是。

應形於無窮

故策之而知得失之計，作之而知動靜之理，形之而知死生之地，角之而知有餘不足之處。故形兵之極，至於無形。無形，則深間不能窺，智者不能謀。因形而措勝於眾，眾不能知；人皆知我所以勝之形，而莫知吾所以制勝之形。故其戰勝不復，而應形於無窮。

上面孫武突然講起當時的國際形勢——吳越之間的對抗，就說越人的兵雖然多，但是恐怕多了也沒用，因為兵貴精，不貴多。〈虛實〉主要就是在前面形勢、攻守奇正的基礎上，兵力的配置做面的展開、體的運動，然後儘量在某一個時間不要求絕對的優勢或者數量的優勢，可是在衝突點上，能夠造成相對的優勢就夠，然後速度快，讓人家救援不及，就把最弱的打垮了，其他地方點再強也強不起來。甚至快進快出，人家追也追不到你，所以處處得手。當然，這也跟行軍的速度快有關。這種所謂的「備多力分」，可以找到敵人的弱點，用我們的強去攻人家的虛，就像用石頭去砸雞蛋，這就要涉及調度靈活，節奏快捷，最重要的一點是，綜合國力各方面要均衡發展，那是形，平時的組織、戰時的聯繫，就涉及巧妙的用勢。由靜態的形轉成動態的勢，形一般是看得見的，勢則看不見，但可以給敵人造成很大的壓力。而形、勢都是構成虛實的基本單元，在〈虛實篇〉的時候又談到了形，形的最高境界是無形，「微乎微乎，至於無形」，無形才是最高的境界；「神乎神乎，至於無聲」，就能夠主宰敵人的命運。所以，一個名將可以說是兩國相爭中所有人命運的主宰者，他是「民之司命」、「敵之司命」，又是國家命運的付託，無比的重要。在〈始計篇〉中，提到「道、天、地、將、法」，特別突顯出將，並沒有突顯出國君，只是用一個抽象的道，然後看國君能不能合乎道。但是並沒有提到君，反而突顯將的角色。將就等於是將在外，君命可以有所不受的。

〈形篇〉真正的最高境界就是無形，所以孫子認為，越國兵多沒用，他還來不及發揮眾的用途，就被我們打垮了。這就是「勝可為也」。一般人認為「勝可為」，跟前面講的「勝不可為」好像有衝突，其實怎麼會有衝突呢？講「勝不可為」，是說勝利不能強求，一定要先求立於不敗之地。那是在〈形篇〉，形、勢、虛實是三篇一整體，〈形篇〉就說勝是可知的，而不可為，「能為不可勝，不能使敵必可勝」，那是因為〈形篇〉剛開始展開，從建軍開始談，等到最後經過形、勢，到虛實的時候，運用到淋漓盡致的化境的時候，勝當然可為。這不是邏輯悖反，是已經經過了推演、錘煉，勝是可以追求的，所以並沒有任何衝突可言。人一旦要用到兵法，當然要求勝，〈形篇〉還在醞釀的階段，沒有辦法強求，先要求立於不敗之地。等到敵人出現弱點，勝利當然可為，可以創造勝績了，這就是虛實在形、勢基礎上的運用。「敵雖眾，可使無鬥」，人多有什麼用呢？根本就來不及打，我就已經成功了。

好，我們回到下面的正文：「故策之而知得失之計，作之而知動靜之理。」「策」是運籌帷幄的階段，理論的推演，跟〈始計篇〉很像。「策之而知得失之計」，前面一定要有一些根據、理論、情報，一些敵我雙方的狀況，根據這些資訊要開始推演輸贏，輸贏勝負，事前總要心裡過一過，看看有沒有勝算。「作之而知動靜之理」，「作」就是一個試探性的動作，即從理論上分析敵情，敵人到底會做什麼樣的反應呢？戰爭是雙方互動的，太極拳講究後發制人，敵不動我不動，敵欲動我先動。換句話說，有時候要誘敵，自己要做出一個動作，測試敵方對這個動作的解讀和可能的反應。我一動敵人也動，由他的動，我就會窺出他的虛實，那就可以去驗證我原先策之時的理論是不是要修正。就像我們看很多的報表，報表也可能是矇人的，不見得是事實，所以不能光是「策之得失之計」，那只是概括的描述，還要用一些無傷大雅的動作，像打籃球的假動作，把防衛的人誘開，然後你轉過去就上籃了。一定要有這種測試的動作，就知道敵人是動是靜，從敵人的回應中得到很多的判斷。如果對方不管你怎麼做，他還是不動，那就有一點莫測高深，不是那麼好對付了。

「形之而知死生之地，角之而知有餘不足之處」，「角」念「決」，就是角力、較量。「形之」，不管是萬人敵的兵法，還是彼此之間的過招，很多都是形。〈虛實篇〉就是要歸納形跟勢。

形是真的，也是假的，是要騙人家上當的，要誘敵，要弄一個形，看對方有什麼回應，就可以加深我對敵情的判斷，知道什麼地方是生地，什麼地方是死地。死生之地很重要，每個人都有致命的弱點，戰場一樣有死地，有生地，後面的〈地形篇〉、〈行軍篇〉就有談到「死地」的問題。這種關鍵的死地生地，要測試出來，就要做一個假的動作——偽形，這樣才能知道相爭的生死關鍵，這一決戰點可能是弱點，可能是強點，都要瞭解。

〈始計篇〉就講，「兵者，國之大事也，死生之地，存亡之道，不可不察也」。我們做任何事情，都有死生之地。先知死，再找生，死裡求生，置之死地而後生。先評估風險，再去想能不能從中獲利。孫子不講「生死之地」，而講「死生之地」，就是希望我們千萬不要大意，如果懂得先顧死再顧生，就懂得為什麼要先求立於不敗之地，先鞏固自己。「形之」，「形之而知死生」，這就像下棋一樣，從理論到實際的動作，都是測試，不是把大規模的籌碼推到牌桌上，只需拿出一部分試探敵人的動向，才能真實掌握對方的狀況和意圖。這樣，才可「角之而知有餘不足之處」，在兩軍狹路相逢之前認識到自己的不足。

〈勢篇〉講「亂生於治，形圓而不可敗，鬥亂而不可亂」，都是假動作，故意示弱，但是這種試探你想得到，敵人也一樣想得到。是真還是假，虛虛實實，虛者實之，實者虛之，所以最後還要用一定規模的實力跟對方較量、角力，這並不是決戰，而是測試一下。就像產品的試銷，先進行小規模的測試，看看局部反應，推斷整體市場消費行為的結構。這種試銷不是真正的銷售，是為了試試行情，跟消費者碰碰看，跟競爭者碰碰看，看看什麼地方要加強。這就是「角之而知有餘不足之處」，其實還是做一個搜索的動作，用一部分的實力玩玩看，看局部能不能反應整體大規模的狀況，然後再補強。在正式全面進攻的時候，就可以根據這一次測試的接觸戰做修整。

策之、作之、形之，都是為了瞭解死生之地，風險在哪裡，利益可能在哪裡。「策之而知得失之計，作之而知動靜之理，形之而知死生之地」，越來越篤定。「故形兵之極，至於無形」，形的最高境界是無形。「無形，則深間不能窺，智者不能謀」，這寫得太美了，無形的就莫測高深，敵人臥底最深的間諜，都不能窺出我們的虛實，因為沒有任何東西他看得見，整個大部隊好像消失了一樣。所有的兵力部署，統統是無形的，對方再聰明，再有智慧的敵手，都不能算計我們，對他們來講我方的兵力太神秘。整個戰力的部署到了無形的境界，很有實力，可是看不見，好像是虛的一樣，怎麼辦到的呢？就像「上智之間」也無法探測到，姜子牙滅殷，就是因為他就在殷朝的首都朝歌；伊尹在夏，就在夏朝的核心地帶。但是那麼高的智慧，遇到〈虛實篇〉的無形，也沒轍，也沒有辦法判斷，因為無跡可尋。整體狀況是一個謎，如大霧瀰漫，這就叫無形，就是《易經》巽卦（䷸）的境界，巽卦是由被動能夠掌握主動，它就是低調無形。

關於〈虛實篇〉，我占卦的結果是遯卦（䷠），所以要跑的時候，可以快到沒有任何人能把他留下來。巽卦跟遯卦是什麼關係？巽是無形，遯也可以遯到無形。遯卦有大巽（☴）之象，巽是無形，來去如風，神出鬼沒，要做到無形，就要嚴守機密，真正瞭解全域的恐怕只有一兩個、兩三個，不然就難保不洩漏。

「形而措勝於眾，眾不能知；人皆知我所勝之形，而莫知吾所以制勝之形。」最後這一段寫的是境界極高，我們少年時期讀兵法，讀到這裡都很激動，寫得真好，不止是文章，而是在兵法策略上的運用，也是一氣呵成，而且圓融無礙，靈活到了極點。對敵人來講，完全是無形的，敵人對他來講，完全是有形的，看得清清楚楚、明明白白。然後形沒有固定的模式，形是流動的，不是輕易定型的，在這個環境用這個形，下一個環境因時因地制宜，又換另外一個形。所以，一些成功的人，不管軍事的、政治的，還是商業的，有時候幾種不同的面具對不同的人，都可以應對無礙。他是「因形而措勝於眾」，到最後都是他贏，而我們還不知道他怎麼贏的。形充滿了變化，完全是活的，就是最後的勝利結果擺出來，「眾不能知」。這種核心的致勝秘密，對一般人來講絕對是不可窺的，是無形的。「人皆知我所勝之形，而莫知吾所以制勝之形」，「制勝之形」是看不見的，「所勝之形」是擺在面前的樣子，這一次是裝甲衝鋒贏了，下一次空降贏了，都不一定，後面一定有下棋人的考量，這就是「制勝之形」；可是那個形看不見，只能看到勝利的表象，也就是「人皆知我所勝之形」。至於何以致之，則無人知道。即使敵人事後知道是何種方式，也沒有好處，因為我下一次換另外一種方式，同樣可以收拾他。可見，勝負的經驗對於敵人來說完全沒用，因為下一次又是一場新的戰局，永遠有制勝的法門。巽卦是憂患九卦最高的一個卦，稱「德之制也」，就是掌握主動，有絕對的主控權，但是巽低調無形，為什麼還能夠贏呢？因為德。這和〈形篇〉「稱而隱」一樣，結果好極——「稱生勝」。巽不但「稱」，還隱，當然是「德之制」，「莫知吾所以制勝之形」，碰誰都贏。所以，去背那些形有什麼用呢？那都是過去，真正創造核心的是制勝之形，這局棋已經下完了，下一局又創造新的棋譜，去背舊的棋譜又有什麼用呢？

「故其戰勝不復，而應形於無窮」，形是沒有窮盡的，「戰勝不復」是什麼意思？這一場贏了，下一場不用這一招了，又換一個形收拾你，絕不重複。所以招式不會用老，就是避免用同樣的招式來取勝，招式太多，完全是活的，臨時都可以創造出新招，絕對不會重複過去勝利的經驗，這就是「戰勝不復」，永遠讓你有驚喜，不用同樣的方法、同樣的形式，一樣可以勝利。在〈勢篇〉中，就說道：「味不過五，五味之變，不可勝嘗；色不過五，五色之變，不可勝觀；聲不過五，五聲之變，不可勝聽；戰事不過奇正，奇正之變，不可勝窮。」還有「間諜不過五」，可是「五間俱起」，就「莫知其道」。高手跟低手就是差在這裡。

兵無成勢，無恒形

夫兵形象水，水之形，避高而趨下；兵之形，避實而擊虛。水因地而制流，兵因敵而制勝。故兵無成勢，無恒形；能因敵變化而取勝者，謂之神。故五行無常勝，四時無常位，日有短長，月有死生。

「夫兵形象水」，最後又用《易經》這種卦象爻象的意象來講道理了，完全像坎卦（䷜）奔騰的流水。「兵形象水」，又像師卦（䷆），上卦是坎，「兵形象水」，下卦是坤，就是廣土眾民，既是戰爭追求的目標，也是運用的籌碼。「水之形，避高而趨下」，水一定從高處往低處流，掌握這個基本的原則，所以瀑布沖下來才那麼可怕。既然「兵形象水」，水是「避高而趨下」，由高處往下面沖，那麼，「兵之形」是「避實而擊虛」，這就呼應到〈虛實篇〉了。〈形〉、〈勢〉二篇的運用就是虛實，當然要避開敵人最強的地方，去打最弱的地方。「避實而擊虛」，就得靈活調度，一切都清清楚楚，敵人有形，你無形，才辦得到。

「水因地而制形，兵因敵而制勝。故兵無成勢，無恒形；能因敵變化而取勝者，謂之神。」這就是最高的境界。水因為流過的地形，可能是高山，可能是黃土坡，可能是斷崖，可能是平原，所以水的流動不一定。流過什麼地形，流法都不同，有的緩，有的急，所以說水無常形，不會限制自己是同一個形，這就是水的可怕。儒家、道家都在歌頌水，老子就說「天下之至柔，馳騁天下之至堅」、「上善若水」。「水因地而制形」，看地勢決定怎麼流動。「兵因敵而制勝」，要看對手，看誰的變化多。《西遊記》裡面的孫猴子跟二郎神楊戩，兩個人都會七十二變，你變一座廟，我變一個旗杆，窮盡一切變化。這就是「因敵而制勝」，看對象來取得勝利，就像《易經》的最高法則——「不可為典要，唯變所適」。

「故兵無成勢，無恒形」，沒有一成不變的勢，也沒有永久不變的形。這是〈形〉、〈勢〉篇的總結。沒有一成不變的形和勢，所以必須因敵變化來取勝，不斷創新求變，這樣的人「謂之神」，這就是兵法家追求形勢、虛實，運用兵力破敵的最高境界。關於這一段，有些版本是有一些出入的，像「兵無成勢，無恒形」，在這些版本中是「兵無常勢，水無常形」，其實意思是一樣的。還有「水因地而制流，兵因敵而制勝」，意思都差不多。

但是，就文章來講，寫到「謂之神」結束多好，大家都站起來鼓掌就完了，突然又來一個尾巴，這個尾巴也不能說完全沒有道理。有人認為是注解混入本文，這是有可能的。大概是因為後來注解兵法的人，發現這種境界令人神往，就要舉例，尤其是到漢朝的時候，陰陽五行學說盛行，所以就把五行的觀念注入，於是出現了後面一段：「故五行無常勝，四時無常位，日有短長，月有死生。」五行也是千變萬化的，「無常勝」，五行有相生相剋，但誰說水一定滅火，杯水就不能滅車薪，煮水的時候是還是火滅水，所以要檢討具體條件「因敵而制勝」，是變化的。比如說，他是火，穿紅衣服，那我就是水，穿黑衣服。真的是這樣嗎？商朝穿白，白是金，西方的顏色，滅商朝的周就穿紅的，結果秦滅了周，秦穿什麼顏色的衣服，黑色的。其實這些都是胡扯。因為「兵無常勢，水無常形」，五行是沒有常勝的，如果是那樣就好辦了，大家就看對方穿什麼衣服好了。「五行無常勝」，不要以為一定是誰剋誰，那裡面的變化多得很，還可以反剋，這跟量有關，還跟邊緣條件有關。四時也無常位，春夏秋冬，照講是最有規律性的，但是也不一定，尤其生態危機之後，四時真的是無常位。「日有短長」，有的白天比較長，有的白天比較短；「月有死生」，月有陰晴圓缺。這些講得有時有道理，但是在「謂之神」後，講這些似乎有點囉嗦，很多人認為是注解，因為以孫武的行文來講，這些完全是累贅，沒有必要，不講也無所謂。

第十三章　旁通曲成——軍爭篇第七

「軍爭」，就是兩國相爭、兩軍相爭、兩個大公司相爭，一定有戰略要地，是兵家必爭之地。如果沒有佔據優勢，動作慢了，就會站不穩腳跟，被排除在外。可見，「軍爭」講究的還是速度、節奏、制高點。戰爭的第二個字就是「爭」，像古代打仗講究地形，有利的地形，就要必爭，對於必爭的一定要想辦法，有時就算後出發，也要先達到。那麼，有沒有辦法讓先出發的無法到達那個最重要的地方，而後出發的可以到達？從〈軍爭篇〉中可以找到答案。

俗話說，「棋先一著壓死人」，這跟《易經》中比卦（䷇）卦辭所說的「不甯方來，後夫凶」的意義完全一樣，記得我曾經占問〈軍爭篇〉的主旨，就是不變的比卦。比就是「後夫凶」，節拍慢的就失去時機。比卦是大家較量，看誰速度快，看誰拳頭大，看誰腦筋比較靈活。尤其兩兵要「比」的時候，比的是綜合實力，誰能夠掌握戰略要地，控制制高點，那就是搶佔先機。

以迂為直，後發先至

孫子曰：凡用兵之法，將受命於君，合軍聚眾，交和而舍，莫難於軍爭。軍爭之難者，以迂為直，以患為利。故迂其途，而誘之以利，後人發，先人至，此知迂直之計者也。

孫武在這篇一開始就說，軍爭是高難度的，也就是說，就算大家都讀了〈軍爭篇〉，知道它的重要性，但實際的戰場上還是有人領先，有人落後。「凡用兵之法，將受命於君」，大將當然是承受君王的命令。「合軍聚眾」，就是聚集部隊，「交和而舍」，兩軍相爭戰略點快結束時，都停下來紮營，看什麼時候交戰。古代戰爭更是如此，大軍開拔，先鋒營到達，於是紮營埋鍋造飯，兩軍再下戰書，這是基本動作。

既然兩軍對壘，為什麼有贏有輸呢？因為「莫難於軍爭」。「軍爭之難者，以迂為直，以患為利」，一般人認為的「患」，要把患轉化為利，把弱點變成強點，把負債變成資產，化腐朽為神奇；而「以迂為直」，就是繞圈迂迴達到目的。這樣做豈不是要花更長的時間？如果走直線，則可以很快就達到目標，可是為什麼繞彎還先達到了呢？因為把迂迴路線當直路一樣走，暢通無阻。怎麼回事呢？把曲線變直線，難道是「縮地術」？一般人認為的險患，在他來講，運用恰當，就會變成利，正所謂「險之時用大矣哉」，能打破常規的思考，做反面的運用。高手就是如此，手法高明。我們一般的思考就是平面的思考，沒有這種立體的思考，巧妙的運用轉化。軍爭最難分高下的就是把迂迴的路線變成好像有一條直路那樣暢通的本領，同時把患轉化成利。

我們都知道，迂迴、繞彎，不能開門見山，有時候連講話都得試探，聲東擊西，不知道繞多少彎。為什麼要迂迴？就是避免暴露自己的企圖，防止敵人太早看到，不然再直的路也到不了，因為人家會在路上設置障礙。這就是直路反而到不了的道理，太明顯的企圖，人家完全看得出來，下一步做什麼，都一清二楚。假定這是一個戰略要地，大家都要爭，就得看誰行軍快。有時走直路不一定最快，大部隊開拔時，敵人會在直路設置「攔路虎」，讓你不能順利前進，反而拖延不少時間，直路反而不如迂迴快了。這就是〈虛實篇〉為什麼要強調「虛者實之，實者虛之」的原因，只有讓敵人搞不清你的企圖，你才能順利到達目的地。設計彎道繞道而行，沒有任何人知道，就沒有任何障礙，白天晚上，二十四小時急行軍，神不知鬼不覺，提早到達目的地。而對方可能走的是直路，被我方設置障礙，或者敵人擔心我方阻擊，不敢大張旗鼓地行軍，以致行軍緩慢。我方雖然迂迴行軍，但一路上沒有任何障礙，消耗甚少，結果因速度快反而提前到達，這就是「以迂為直」。作為領兵大將，就要設計出這種迂迴路線，使得中間沒有障礙，敵人不知道我方戰略企圖，甚至還要調度敵人，讓其變成天下公敵，使得每個人都要攔堵。可見，「以迂為直」，路線看似增加了長度，可是沒有阻礙，而且速度比敵人快，這才是真正的直，可以「以患為利」。

「故迂其途，而誘之以利，後人發，先人至，此知迂直之計者也。」我要準備繞行神不知鬼不覺的迂迴路線，就要利誘敵人完全曝光，給他製造障礙，不管是我打他或者天下共擊之，就是要讓敵人目標太明顯，大家都以他為對手或假想敵，讓他永遠都到不了他本以為很近的地方。而我方不聲不響，不知道繞行多長的路和多長的時間，結果我方先到，把我方的旗幟樹在戰略要點，站住腳根，而敵人還在那裡與各路阻礙纏鬥不休。所以，既要調度敵人，誤導敵人，還要幫敵人製造很多的障礙，這樣一來，我方一定要選一個沒有任何障礙的路，即使繞遠一點都沒有關係，這樣就能夠「後人發，先人至」，也就是後發先至。這也是《易經》中隨卦（䷐）初爻講的態勢：「官有渝，貞吉；出門交有功。」即要打破規矩，打破專業的規範，要求變，讓人家不可測，等到該出手的時候，就有可乘之機。這種後發先至，就像太極拳中的「推手」一樣，腳下的重心讓人家不可測，敵不動我不動，敵欲動，我先動。

「迂其途，而誘之以利」，就是為了「後人發，先人至」。早發不一定能贏，還得快、靜，不能讓人知道。要知道，早起的鳥兒有蟲吃，早起的蟲兒被鳥吃。後發先至很重要，如果我先發，就會被敵人看透。所以，要徹底觀察出對手真正的企圖，誘使他的企圖先表現出來，我方就出殺手。當然，這裡面還是有風險，講起來容易，有些人後發還是沒有先至，然後再「迂其途，而誘之以利」，結果利誘的東西被人吃掉了。

兵以詐立，以利動

軍爭為利，軍爭為危。舉軍而爭利則不及，委軍而爭利則輜重捐。是故卷甲而趨，日夜不處，倍道兼行，百里而爭利，則擒三軍將，勁者先，罷者後，其法十一而至；五十里而爭利，則蹶上將軍，其法半至；三十里而爭利，則三分之二至。是故軍無輜重則亡，無糧食則亡，無委積則亡。故不知諸侯之謀者，不能豫交；不知山林、險阻、沮澤之形者，不能行軍；不用鄉導者，不能得地利。故兵以詐立，以利動，以分合為變者也。

「軍爭為利，軍爭為危」，利益永遠伴隨著無上的風險，人世間很多的利跟危也是必然相伴的。兵行險招，難就難在這裡。要敢冒險，不被危險所吞噬，就獲大利。什麼險都不敢冒，那就要有數量優勢，這樣做就很笨了。

不過，光講空洞的理論還不行，故下面舉一些實例來佐證。「舉軍而爭利則不及，委軍而爭利則輜重捐。」部隊不光是前鋒往前衝，後面還得有糧食輜重等後勤補給，沒有那些，軍隊是跑不遠的。〈作戰篇〉就講過，部隊的補給線不能拉得太長，要懂得「因糧於敵」。部隊快速出發，是為了爭利，一定不可能帶重裝備，如果「舉軍而爭利」，那就是大部隊行動，笨重麻煩，行軍速度絕對不夠，一定來不及。既然一定要比敵人先到，所以全軍行動一定不適宜。還有，運送輜重糧草的跟不上，支撐部隊資源的力量就不夠，孤軍深入豈不是很危險？「舉軍而爭利則不及」，大部隊行動速度來不及，「委軍而爭利輜重捐」，後面這些重裝備全部帶不走，甚至糧食都帶不走，只有丟掉。這樣一來，前面的軍隊即使趕到了，但到了也沒有用，後勤補給跟不上。這就是為了求快，輕裝疾行，就像二戰時傘兵空投到法國，只能帶輕裝備，一旦遇上敵人的裝甲兵團，就只有找死了。輜重捨棄不帶，如果不是長久，那還沒問題，時間一長，就會因缺乏供應而使部隊戰力變得非常虛弱。

為了求速度，輜重捨棄在後頭。「是故卷甲而趨」，卷甲就是身上的盔甲捲起來，快步前進。以前的步兵騎兵光是全身的盔甲都夠累的，還得快步走。「日夜不處」，白天晚上輕裝疾行，也不休息。「倍道兼行」，這是強行軍，平常可能一小時走六、七公里，現在要走十幾公里，這麼趕，就是為了趕赴必爭的要地。「百里而爭利」，奔跑百里就是為了爭得有利的戰略地位。但是這麼個趕法，到達百里之地已經是強弩之末，然後什麼重裝備都沒有，「則擒三軍將」，三軍將領統統都被敵人所擒。這就是為了求速度，實力大耗，該有的資源統統都沒帶，就算成就了速度，但是到那裡因為沒有後勤補給和重裝備應敵，還是沒有用，還會兵敗，以致將領悉數被擒。「勁者先，罷者後」，「罷」就是疲，士兵的素質體力體能不一樣，有的人強行軍可以走得很快，有的人走幾步就累了，慢慢地距離一定拉開，有的就跑得快，比較疲倦的就在後頭，出現一批老弱殘兵。「其法十一而至」，這種趕法大概只有十分之一的士兵到達目的地。十分之九的人還在後面，那麼十分之一的兵力能夠搶佔戰略要點嗎？一百里的路程，軍隊的距離就拉開了，不可能全部的實力同時趕到，如果距離近一點，差別也不會那麼大。

如果「五十里而爭利，則蹶上軍將」，那就不是三軍的將領都會被擒，而是上軍的將領有可能為敵人所擒。這是「五十里而爭利」，前面的「百里而爭利」是最嚴重的，到處都是弱點，有的快，有的慢，連將領都會被敵人所擒，真正能夠趕到前線的兵力只有十分之一。如果是五十里，大概不會損失那麼大，「其法半至」，有二分之一的部隊會到達交戰點，但另外一半還是趕不上，還不是全部的實力。當然，比起前面只有十分之一來說，二分之一算是好的了。「三十里而爭利」，如果只有三十里要去爭利，「則三分之二至」，三分之二的部隊都可以趕到，參加戰鬥。

「是故軍無輜重則亡，無糧食則亡，無委積則亡」，部隊沒有輜重就會失敗，沒有糧食供應就不能生存，沒有物資儲備就無法堅持作戰。這是一定的了，後勤跟不上，要是沒有辦法一下子得手，馬上就會缺糧，餓肚子了，沒有輜重，就得等著給人家消滅。戰場上要用的消耗品，因為為了要求速度都不能帶，後續一定乏力，那就準備被敵人吃掉。可是一旦把這些東西都帶去，速度就不會快，這就是兩難，所以軍爭之難可想而知。還有，到任何一個地方，一定要瞭解那個地方複雜的局勢，多方勢力的意圖是友善，還是不友善，尤其春秋戰國時代，交戰不只是兩個國家，旁邊還有很多虎視眈眈的勢力。所以一定要懂得在軍事領域內，至少要知道外交常識。到了人家的勢力範圍內，或者離人家的勢力範圍很近，一定要瞭解主人的想法，這就是「故不知諸侯之謀者，不能豫交；不知山林、險阻、沮澤之形者，不能行軍；不用鄉導者，不能得地利。」

「故不知諸侯之謀者，不能豫交」，「豫」即預，到那種好多勢力交匯的地方，要瞭解每一個地方的意圖，你就得去拜碼頭，要展開外交攻勢，至少讓對方做壁上觀，保持中立。一定要知道當地的人在想什麼，就是「諸侯之謀者」，才能預先在我有軍事行動的時候展開交往，孤立敵人，至少讓其不插手幫敵人。這就是外交戰發揮作用，是伐謀伐交，而不是伐兵，就是《易經》中師卦（䷆）、比卦的綜合運用，也就是說軍事、外交絕對不可分。換句話說，這些不是臨時起意，而是早就要預謀，如果「不知諸侯之謀者」，那就「不能豫交」，所以不能臨時抱佛腳，平常就要有交誼、默契，先打招呼，先送禮，讓其別插手。

「不知山林、險阻、沮澤之形者，不能行軍」，這是當然，尤其以前冷兵器時代，以陸戰為主，一定要瞭解地形、地物，山林不好走，險阻不好走，要命的沼澤更不好走，美軍打越戰就是吃盡沼澤的苦頭。既然是軍爭，絕對有行軍的問題，這一路上不會平安，會經過一些什麼地方，就要做好準備，在計算速度的時候，要考慮過這些地形方面的因素，不然一定會拖慢行軍。「不用鄉導者，不能得地利」，「鄉導」就是嚮導，這就是屯卦（䷂）的第三爻「即鹿无虞」的「虞」，虞是山林的守官，懂得山林地勢地貌，如果不用這些嚮導，人生地不熟，怎能得地利？

舉了這麼多例子，最後下結論了：「故兵以詐立，以利動，以分合為變者也。」「兵以詐立」這個命題被孫子堂而皇之提出來，兵不厭詐。「兵者，詭道也」，這跟春秋前期乃至三代完全不同，為了求勝，把臉拉下來，要誘敵，就得要詐，沒有誠信可言。兵法就是建立在詐的基礎上，虛虛實實，不讓人知。「以利動」，所有的動是因為我判斷對我有利，也可以用利去引誘敵人，如果不是為利而動，這不合乎兵法的要求。「以分合為變者也」，我們在常規中要求變化，就是部隊的分跟合，講起來很簡單，奇正相生，奇正也是分出來的，怎麼調度？就是不要把所有的東西都放在一個籃子裡頭，而沒有任何變化。變化就是分跟合。可見，兵法建立在耍詐的基礎上，沒有誠信可言，動是基於利的目的，都非常強調實用性，沒有那種假仁假義的包袱，講實效，求變化。不變化，怎麼能夠得到利，怎麼能夠詐得過人家呢？懂得分分合合，就有種種的變化運用，奇正相生，「如環之無端，孰能窮之」？

分合為變

故其疾如風，其徐如林，侵掠如火，不動如山，難知如陰，動如雷震。掠鄉分眾，廓地分利，懸權而動。先知迂直之計者勝，此軍爭之法也。

分有各種分法，就產生了無窮的變化，下面就是很有名的「風林火山」，這四個字影響到日本戰國時期的武田信玄，他把它變成旗號，就受兵法東傳的影響。從「形」、「勢」到「虛實」，「虛實」直接接著「軍爭」，要想求速度，實力就比較虛；要堅固實力，速度就嫌慢，如何找到一個最佳的平衡點呢？「故其疾如風，其徐如林，侵掠如火，不動如山，難知如陰，動如雷震。」我在開始的時候也提過，孫武其實有六句話，武田信玄的「風林火山」這個旗號上只打了四句，半吊子，學了三分之二，最後還是難免戰敗。

「其疾如風」，軍隊行動迅速時，速度快起來就像風。風很厲害，一旦取得主動，就能夠變化無方，可以快到無形。「其徐如林」，行動舒緩時就像嚴整安靜的樹林，那種震懾人的氣氛讓人不寒而慄。「徐」跟「疾」剛好相反，一個是形容快，快打、快攻、快節奏，一個是形容穩重、舒緩，可是部伍森嚴，很嚴整，沒有任何弱點。

「侵掠如火，不動如山」，攻擊敵人時就像燎原的烈火，按兵不動時就像巍然屹立的山嶽。「不動如山」大家都聽過，說明有定力，南宋時，金兵形容岳飛的部隊，說「撼山易，撼岳家軍難」。不動時，如山一樣有定力，但是動的時候嚇死你，很奔放，很流暢，像大火燎原，一下子就躥燒起來了。這裡的「侵掠」，不是掠奪人家的資源，而是指部隊行動，如火燃燒的速度，可以打擊一片。軍事行動要快可以快，要慢可以慢，動靜自如，節奏就像《易經》中的震卦（䷲）和艮卦（䷳），震極轉艮、艮極轉震，動中有靜、靜中有動，都是為了因應需要，可以變成完全不同的風貌。行動起來「侵掠如火」，鎮定起來「不動如山」，這就是軍隊以分合為變的控制。

「難知如陰」，隱蔽起來就像陰天看不見日月星辰。因為有這麼多的特點，作為敵方就很難搞清楚，對敵人來講，我方完全是一個謎，就像陰霾天氣一樣不透明，陰陽不測，完全搞不清楚我方下一步要做什麼，是「疾如風」還是「徐如林」？是「掠如火」還是「不動如山」？敵人不知道，所以「難知如陰」。

「動如雷震」，還不知道下一步時，一個急劇的行動就出來了，行動時挾雷霆萬鈞之勢，「若決積水於千仞之溪者」。夬卦（䷪）的積水變成震卦，是無法預測的，其節奏和動向，說翻臉就翻臉，說行動就行動，說收兵就收兵，突然一下就不見了，這才難鬥。

「其疾如風，其徐如林，侵掠如火，不動如山，難知如陰，動如雷震」，武田信玄就是少了

「難知如陰，動如雷震」這最後的關鍵，只取了三分之二，最關鍵的沒有，焉能不敗？

下面的也是〈軍爭篇〉有爭議的一部分：「掠鄉分眾，廓地分利，懸權而動。」最後是結論：「先知迂直之計者勝，此軍爭之法也。」其實，講到這裡就等於講完了，前面就講「迂直之計」，如何使曲線繞道的作用變成像直線一樣快速，誰能夠掌握「以迂為直」、「以患為利」，就能夠勝。「此軍爭之法也」，等於是全章的結論了。好，我們先回頭講「掠鄉分眾，廓地分利，懸權而動」這十二個字。

「懸權而動」，指要講權變，要看對象、環境，因時因地制宜，「兵因敵而制勝」，採取行動前，要「懸權」，「懸」就是還沒有決定，看權衡的重心在哪一方，怎樣做會比較好，一定要考慮再考慮，有時候還要「兩害相權取其輕」，「兩利相權取其重」。換句話說，心中一定有標準，就像秤砣一樣。前面那八個字也是非常積極的，有爭議的就是那八個字。「掠鄉」好懂，大兵已經侵入敵境，不能只在都市打巷戰，也要下鄉，那裡還有很多資源要去掠奪，因為要「因糧於敵」，要從敵人那裡取得戰地的補給，像糧食的獲得就要下鄉。中日戰爭的時候，日軍雖說是百萬大軍到了中華大地，可是幅員太廣，真正有絕對控制的就是幾個大城市，也不敢下鄉，因為鄉下有遊擊隊的打擊，有老百姓互相掩護，為了免除隱患，就得進行所謂的掃蕩，也就是清鄉。鄉常常是腹地，城只是一個集散地，城只是點，點跟點之間就有線，交通線、補給線，線跟線之間還有面。所以鄉是很重要的，不能小看。所有的軍事行動，甚至生意上的行動，都要懂得掠奪，敵人有很多的資源，可以轉為我用，一定要掃蕩。不要只待在幾個點上，毛澤東提出農村包圍城市就是熟讀兵法，國民黨軍隊就控制幾個大城市，而共產黨的軍隊則以鄉村為據點，逐步壯大勢力，最後實現鄉村包圍城市的戰略佈局。另外，之所以要掠鄉，因為間諜有時候從鄉里來的，鄉間（因間）即是。

「廓地」是擴大有效的佔領區，擴大有效的市場，不能只限於幾個點，要擴充由點而線而面而體，一定要把影響力擴散出去。廓地的目的是為了要「分利」，掠鄉的目的是要「分眾」。分眾是什麼意思呢？歷代的一些研究者，因為《孫子兵法》常常有時候搞不清楚是講我方還是講敵方，從〈始計篇〉就是這樣，所以就會滋生出不同的解釋。一般的解釋「掠鄉分眾」，就是軍隊佔領人家的都市之後，還要下鄉掠奪，再去尋求補給，把部隊分出一支到鄉下去，就是「分眾」。「掠鄉」是為了要利，可是不能全部都去，要守住城市，就派出一支特遣隊去掠鄉，這種解釋好像很合理、很自然，掠取次要的目標，擴大控制力，把敵人的利轉為己用，當然要分利。而另外的人看法則是，「分利」當然要分到我方，而「分眾」則是要把敵人的兵力分散，我方騷擾他的後方去掠鄉，他就得去分兵支援後方，這樣能夠正面跟我為敵的就少了很多。我是主動的，敵人要防範，就陷於被動，我方這樣的行動就可以降低面臨的壓力。也就是說，「分眾」是分敵人的眾，因為敵人太多，我想辦法讓他疲於奔命，這裡也燒一把火，那裡也燒一把火；「掠鄉」就是純粹的騷擾行動，「攻其必救」。這種解釋當然也通，因為講到了兵力的集中法則，要集中在一個相對點去打敵人的一部分，以十擊其一，古今兵法、中外兵法，都講到集中原則很重要，實力不要分散，集中的時候就集中攻人家一個點，那個點是人家「備多力分」的點。這種解釋還認為，如果說「掠鄉分眾」是把我們的兵力分成幾撥，破壞了兵力集中運用的法則。這種說法是不是完全合理，還得留待我們自己去想。但是，大致來講，不出這幾個意思。前者是考慮城鄉之間的問題，攻城是打下敵人的軍事基礎，而下鄉是為瞭解決補給的問題，還有後方、前方的問題。這些動作要做的話，就得分一部分兵力，至於要分多少去，則是「懸權而動」，沒有固定的模式，根據實際情況決定行動，一切隨機應變，所以將領的權變要很合宜，掌握這個原則，決定最佳的分合為變方式，取得最好的利益，在敵人境內也是一樣，不要只顧一個點，要把點、線、面盤活，兵力的調度才會靈活。

「先知迂直之計者勝」，大軍對壘，為了爭取最佳的戰略時機，有突襲隊、別動隊，還有那種繞彎的、騷擾掠鄉的，那也是迂。但是不管直線、曲線，一定有心中必爭的目標，走直線也好，走曲線也好，就是要把它完成。如果光走直線，可能有些東西就要不到；光走曲線也不行，只有奇正相生，「曲成萬物而不遺」，就像泰卦（䷊）第二爻「不遐遺」，離我再遠的東西，也可以掌控它，就像在我手掌心一樣，一個都不落。我要的全部都得到手，用直線、用曲線、用奇、用正、用詐，都可以，只要能用最少的成本、最小的犧牲達到最高的收益就好；至於其他的分合為變，調度兵力，就看將才了，要是做不到，那就是「醬菜」。這就是軍爭之法。

統一號令

《軍政》曰：「言不相聞，故為之金鼓；視不相見，故為之旌旗。」夫金鼓旌旗者，所以一民之耳目也。民既專一，則勇者不得獨進，怯者不得獨退，此用眾之法也。故夜戰多金鼓，晝戰多旌旗，所以變人之耳目也。

《軍政》是一部書，現在已經失傳，是一部關於軍事管理的書。怎麼管理呢？就跟我們前面講的〈勢篇〉一樣，要用金鼓、旌旗來管理，鳴金收兵，擊鼓進軍，用聲音，用視聽，才能「鬥眾如鬥寡，形名是也」。

「《軍政》曰：『言不相聞，故為金鼓；視不相見，故為之旌旗。』」因為距離遠，聽不見號令，所以要鳴金擊鼓。鳴金是敲鑼，敲鑼就要收兵，曰鳴金收兵，擊鼓就得進軍，金鼓決定士兵的進退。還有就是視覺，那種聽不到金鼓的地方，就得靠大旗來指揮進退，以旗號為令。「故夜戰多金鼓，晝戰多旌旗」，晚上打旌旗看不見，白天才可以，晚上的時候就要聽聲音，萬籟俱寂的時候，聽金鼓決定進退，這就是〈勢篇〉講的「鬥眾如鬥寡，形名是也」。「夫金鼓旌旗者，所以一民之耳目也」，「一」就是動詞，統一大家的意志，統一大家的行動，統一大家的耳目視聽，就用金鼓、旌旗來號令。

「民既專一，則勇者不得獨進，怯者不得獨退，此用眾之法也」。這裡講的是《孫子兵法》的運用，老百姓都聽調度，一個號令一個動作，勇敢的人不會獨自前進，膽小的人也不會私自退縮，這是面對眾多的人的號令之法。為什麼能「鬥眾如鬥寡」，就是因為大家都聽號令行事，特別勇敢的，沒進之前不可以貪功，一個人往前衝。不聽命令，那是照樣要殺頭的。我沒有讓你進，怎麼往前進呢？同時，大家都得同進退，膽小的不可以溜號，所以任何大部隊組在戰鬥行動的時候，一定要有一個「一民之耳目」的旗號統一指揮。軍中只聽號令，大家都得聽命行事，決定進退。「故夜戰多金鼓，晝戰多旌旗，所以變人之耳目也」，夜間金鼓、白天旌旗，都是為了適應士卒的視聽。

治氣、治心、治力、治變

三軍可奪氣，將軍可奪心。是故朝氣銳，晝氣惰，暮氣歸。善用兵者，避其銳氣，擊其惰歸，此治氣者也。以治待亂，以靜待嘩，此治心者也。以近待遠，以佚待勞，以飽待饑，此治力者也。無邀正正之旗，無擊堂堂之陳，此治變者也。

「三軍可奪氣，將軍可奪心」，可以挫傷三軍的士氣，可以動搖將軍的決心。「三軍可奪氣」，《論語》也說三軍可奪帥，但是匹夫不可奪其志，人的志向不可動搖。堅定就可以以小博大，就「獨立不懼，遯世无悶」。我們要是掌握到一些要點，打到其要害，可以讓三軍氣為之惰，再強都沒有辦法用上，「三軍可奪氣」，就看你怎麼奪他的氣。「將軍可奪心」，對方的主將也有人情、人心，例如說我們把他小太太綁來，他馬上就奪心，這也是「攻其必救」、「奪其所愛則聽矣」。將軍心為之奪，三軍氣之為奪，那還打什麼？所以要掌握要點，怎麼奪心、奪氣，這是心戰。

「是故朝氣銳，晝氣惰，暮氣歸。善用兵者，避其銳氣，擊其惰歸，此治氣者也。」這是一鼓作氣、再而衰、三而竭的道理。人有時候就是一股氣，氣盛了，人家比你強，也不敢惹你；氣虛了，誰都可以騎在你頭上。「朝氣」，早上起來總是朝氣蓬勃，等到天越來越熱，太陽越來越高，就是「晝氣惰」，氣就衰下來了，如果沒有在朝氣銳的時候發揮戰力，意志就得打折扣，晝氣就惰了。像現在大暑的天氣，中午的太陽，出門的人真是惰，啥也不想幹；一過了中午，肚子再一吃飽，就有點昏昏入睡。「晝氣惰」，就是常人也受這個影響，何況是大部隊呢？所以要選擇決戰的時機。「暮氣歸」，到了晚上，都想著要回家了，還打什麼呢？暮氣沉沉，朝氣蓬勃，這完全是真實的日常生活。「善用兵者，避其銳氣，擊其惰歸，此治氣者也」，孟子也講要善用平旦之氣，人在那個時候腦袋比較清醒。善於用兵的人，總是避敵銳氣，趁其士氣低落衰竭時就發起攻擊，這才是爭取掌握士氣的方法。

然後就是「以治待亂，以靜待嘩，此治心者也。」前面是治氣，要善用兵的人，要避開敵人氣最銳的時候，在他氣最盛的時候，就躲他一躲，他不可能永遠士氣高昂，等其高潮下來了，「擊其惰歸」，就像切菜一樣。這就是氣也可以操縱管理，哪怕敵人成千上萬，都可以從氣上下功夫。「以治待亂」，我方管理得非常好，敵人管理得非常糟糕，以嚴整來對待敵人的混亂。「以靜待嘩」，我方很安靜，對方喧嘩不堪，用鎮定沉著來對抗敵人的躁動喧嘩。「此治心者也」，這是心戰，是掌握軍心最好的方法。《易經》中循序漸進的漸卦（䷴），通常會贏過躁動的歸妹卦（䷵）。漸卦安靜沉著，分階段抓重點，循序漸進，歸妹卦衝動不計後果，孤注一擲，結果是「貞凶，无攸利」。老子也說「靜為躁君」，兩軍相對，沉著安靜的稱雄，浮躁的只能稱臣，「以靜待嘩」，就是很冷靜的方式。

「以近待遠，以佚待勞，以飽待饑，此治力者也。」離目標近，就免於奔波之苦，戰力不會折損，人家千里跑過來，腳還沒有站穩，我們就可以把他打垮，以逸待勞也是如此。「以飽待饑」，我們吃得飽飽的，敵人還沒生火造飯，這就是「治力者也」，正確掌握軍力的方法。體力是軍隊戰力的前提，部隊在體力上佔上風，在鬥志、在心力、在氣勢上，才有更多的機會佔上風。

「無邀正正之旗，無擊堂堂之陳，此治變者也。」邀就是邀請，「陳」即「陣」，也就是說不要硬碰硬，在對方很強的時候，不要去打他，不要主動邀請對方決戰。人家在堂堂之陣的時候，最好不要惹他。等他氣勢、戰力變弱了再說。「此治變者也」，這是正確掌握隨機應變的方法。

以上這些都是屬於戰場上的判斷，將領需要考量，這些都是變數，都是基本功，需要臨機應變。

對陣八法

故用兵之法，高陵勿向，背丘勿逆，佯北勿從，銳卒勿攻，餌兵勿食，歸師勿遏，圍師必闕，窮寇勿迫，此用兵之法也。

「窮寇莫追」，大家都聽說過，就是由這裡的「窮寇勿迫」演變而來。敵人急著要逃命，他會拚命，困獸猶鬥，不要去追他，還不如留下一個缺口讓他逃掉算了。「圍師必闕」，就如比卦（䷇）第五爻的「王用三驅」，要網開一面，留一個缺口讓野獸逃亡，牠就不會拚命，要是四面堵上，其戰力倍增。如果完全不給人家留餘地，他就會跟你拚命，所以何必製造這麼可怕的像野獸一樣的敵人呢？既然把人家包圍了，已經取得戰場優勢，一定要留一個缺口給殘敵，留一個缺口，他就不會拚命，等他跑掉後，再在其他地方設伏收拾他，絕對不要製造出一個四面圍堵、逼他拚命的局面出來。一旦「王用三驅」，不跟你拚命，連滾帶爬跑掉了，最後就是第六爻的「比之无首，凶」，在這裡收拾他。還有解卦（䷧）〈大象傳〉也說「赦過宥罪」，第五爻「君子惟有解，有孚于小人」，不要為難小人；第六爻「公用射隼于高墉之上，獲之无不利」，殺招就在這裡等著。前面放寬，結果敵人鬆懈，正好收拾。正是因為「圍師必闕」，可能後面有殺招，讓敵人鬆懈，放他一條生路，這條生路就導引到下一個階段的死路，所以到了〈九地篇〉的時候，敵人一旦識破這個，就自己將缺口堵上繼續拚命以免上當，所謂「圍地吾將塞其闕」。這就是攻防，統統可以反過來想，「圍師必闕」有時是一個陷阱。

「歸師勿遏」，要逃回家的部隊，無心戀戰，不要擋他，一旦擋他，就變成牆壁承受他的衝擊。所以這後面的三句話幾乎是一個意思，但是並不代表沒有下一招。等他氣散了，時過境遷，暗殺都可以。以前改朝換代的時候，夏朝滅亡了，商朝還給他們的皇族一塊封地，不必稱臣，就在那裡祭祀祖先，那個地方就叫杞國，在周朝還是合法的封地。而商朝滅亡，周朝給的封地就在宋。這些朝代都沒把前代斬盡殺絕，其實就是為了安撫前朝人的人心，時過境遷，很多人就忘了，然後就會發現突然有一天那些前朝的遺老遺少意外死亡，就算是這樣，也不會引人注意了。這都是「歸師勿遏，圍師必闕，窮寇勿迫」，故示寬緩，後面則是慘烈的結局。擺出「歸師勿遏，圍師必闕，窮寇勿迫」的樣子，只是為了麻痹當事人而已。

「餌兵勿食」，人家給你一個誘餌，不要吞下去。細看那個餌，後面有鉤，鉤後面有線，線後面有竿，竿後面有一個老漁翁，老漁翁後面有一個老太太，老太太旁邊還有一個情夫。人家的利誘，吃掉就會被卡住。敵人犧牲小部隊，誘使大部隊出來，這樣的餌不要吃。

「銳卒勿攻」，如果敵人是很強的部隊，不要硬碰硬。「佯北勿從」，假裝敗北，假裝輸，就像關雲長的拖刀計一樣，不要追他，因為前面有埋伏，不要跟隨。「高陵勿向」，人家佔據制高點，還去強行進攻，就像登陸戰一樣，這樣會犧牲慘重。高陵如同攻堅，不要從低處往高處攻，要儘量避免，因為人家佔地勢的利，一夫當關，萬夫莫敵，少量的人就可以卡死你。「背丘勿逆」，「逆」是迎接的意思，敵人後面有靠山，千萬不要打他，他可能很弱，但後面的靠山很強，而且人一旦後面有靠山，心裡就有依託，不會有任何人會從後面打他。你要打擊任何人，還要看他是誰的人，他後面是不是有非常堅強的靠山。要是迎戰，你就得撞牆。很多人背水一戰，心裡就覺得比較堅實，後面不怕有問題。我們中國人在風水設計上，都講究後面要有靠山，就是覺得心安。

另外，「窮寇勿迫」也不是固定的，不是大仁大義，而是在這個時候不適合完全消滅敵人，可是等到敵人氣散了，越跑越累，就可以趕盡殺絕。但是毛澤東的兵法就不是如此，他是一個很有創意、不拘陳規的軍事家，大家都講窮寇莫追，他卻說「宜將剩勇追殘寇，不可沽名學霸王」。沽名釣譽有什麼用，楚霸王到手的江山因為鴻門宴上婦人之仁，把劉邦放走了，最後烏江自刎。所以不要沽名釣譽，要求實惠，該狠就要狠，現在已經把他打敗了，也要追擊到底，只要有餘勇可鼓，那就追殘寇，讓敵人絕對沒有辦法喘息，永遠沒有復甦的機會，這也是「唯變所適，不可為典要」。

第十四章　有備無患——九變篇第八

圮地、衢地、絕地、圍地、死地

孫子曰：凡用兵之法，將受命於君，合軍聚眾，圮地無舍，衢地合交，絕地無留，圍地則謀，死地則戰。

〈九變篇〉的篇幅比較短，所謂的「九變」其實沒有九變，至於孫子所說的九變為何？也沒有人知道。對於這些考證，我們也只能放下，最要緊的還是從中學到兵法的精髓。

「孫子曰：凡用兵之法，將受命於君，合軍聚眾。」這跟〈軍爭篇〉的開頭一樣。像是作者常用的文辭，會固定在開頭。

「圮地無舍，衢地合交，絕地無留，圍地則謀，死地則戰」，這裡講了五種地形，最後的「死地則戰」，這是毫無疑問的，進入必死之地，只有拚命了。人就怕拚命，不拚也是死，武大郎服毒，吃也死，不吃也死。這時反而可以激發潛力，說不定還以打開一條血路。「圍地則謀」，陷入被包圍的境地，不一定等於死地，說不定人家「圍師必闕」，又會發生什麼戲劇性的變化，但是此時已經沒有出路，全部被圍上，這時就要好好謀劃，不能硬碰硬，徐圖脫困之策。「圍地則謀，死地則戰」，這都是受君命的大將職責之所在，部隊如果陷在圍地，要謀劃突圍，如果陷在死地，要置之死地而後生，殺出一條血路。

「絕地無留」，「絕地」指這個地方幾乎沒有任何存活的可能，很可怕，隱伏了很多的風險，如果非經過這種惡劣的地形不可，就要快速經過，千萬不要逗留，尤其不要在這裡紮營。「衢地合交」，「衢地」就是有多方勢力交會的地方，也是貨物集散地，這種四通八達的地方，錯綜複雜的多種勢力並存，甚至可能是幾不管地區。這時候因為有好多勢力存在，因此要展開外交攻勢，儘量爭取朋友，拜碼頭，千萬不要樹敵。如果樹敵，就會陷入多重包圍。所以，在衢地，外交很重要。「圮地無舍」，「圮地」指地形地貌惡劣之地，不是風災，就是地震，那種地方千萬不要紮營。

這是五種地形，下面則是統兵的戒律，要根據作戰的條件有所抉擇，而那些抉擇都必須正確。

統兵戒律

途有所不由，軍有所不擊，城有所不攻，地有所不爭，君命有所不受。

這些戒律總共有五項：「途有所不由，軍有所不擊，城有所不攻，地有所不爭，君命有所不受。」「途有所不由」，有點像〈軍爭篇〉中要達到目標，路線要迂迴，有一些路明明可以走，但就是不走這條路。「途有所不由」，就有點「有所不為，有所為」的味道在其中。面對這種情況，作為大將，就要有判斷、抉擇，敵人認為你可能會走這條路，這條路你絕不選，一條路前面有很多分支，看起來好像都一樣，有些路則是不歸路，要走哪一條，這是必須要有的判斷。「途有所不由」，他可以走這條路，為什麼不走這條路呢？這就是大將的抉擇。

「軍有所不擊」，看到有敵人，我可能很快就可以吃掉他，但是我避開不打。這樣做，可能要搶時間，要快速行動，不能逗留，所以不跟敵人產生接觸，這時就不要見獵心喜，碰到弱小的敵部，吃掉他是浪費時間，可以不打，這也是一個大將的抉擇。

「城有所不攻」，到了一座城池，如果不是特別重要的，無關大局，那就繞過去，不要攻克它。「地有所不爭」也是如此。那個地方，對大局來講，不需要花時間投入資源，繞道就好了，留下時間去找必爭之地。可見，一定要「有所不」，不能貪，什麼都要。

「君命有所不受」，這是比較有名的了。將在外，老闆的命令有時很外行，外行指導內行，可以不聽，可以拒不受命。注意，「有所不受」，不是完全不受，他畢竟還是老闆，就像講「將能」一樣，老闆不要管，「將不能」老闆才可以管。可見，「有所不」，並不是完全不，換句話說，其中一定有判斷的基準，不是什麼都要，要有全方位且複雜的考量。像二戰的勝負逆轉，美國是在中途島戰役之後，才出現節節勝利，原來是節節敗退。在珍珠港事變之後，開始反攻了，原先麥克阿瑟在菲律賓狼狽逃亡，後來要反擊。其實，那時候他們也有爭議，要不要打菲律賓，可以不打，也就是「軍有所不擊，城有所不攻」，菲律賓有所不攻，但是麥克阿瑟則認為非打回菲律賓不可。其實後來的那些島嶼爭奪戰，有很多是不必要的。當時的美軍已經取得海空優勢，那些荒島，幹嘛要一個一個地打呢？結果那些守島的日軍負隅頑抗，犧牲慘重，其實完全沒有必要，只要封鎖，他就不敢出來，餓都可以把他們餓死。可見，美國人有時什麼錢都要賺，不知道有的錢不要賺，如果賺這個錢會耽誤了賺那個錢，或者耽誤了整個發展，所以一定要「有所不」，不要什麼都要。

通九變之利

故將通於九變之利者，知用兵矣；將不通九變之利，雖知地形，不能得地之利矣；治兵不知九變之術，雖知五利，不能得人之用矣。

九變出現了，但是哪裡來的九變呢？前面是地形的變化，每一種地形都有不同的戰法應變，這是五變；後面是五種可以放棄的目標，要繞過而行，連老闆的命令有時候都可以假裝沒收到，也是五變。五加五是十，還多了一個，這個「九變」有點莫名其妙了。「故將通於九變之利者，知用兵矣」，大將懂得變化就能夠獲利的，就懂得有兵了。也就是說，真正的將領是很靈活的，窮則變，變則通，變了才能通。

「將不通九變之利者」，有些人就很固執，一定要維持最初的想法，不懂得因應變化的形勢，採取通權達變的做法，就不能獲利，是混凝土的腦袋；「雖知地形，不能得地之利矣」，即使瞭解地形，因為不懂得變通，再怎麼確定的地形，還要看運用之妙，就是知道地形，也不能得到地形之利。

接著，又談到管理士兵了，「治兵不知九變之術」，管理兵不知九變的方法，「雖知五利」，是哪五利？我們無從知道。雖然知道五種有利的方法，「不能得人之用矣」，有一些人還是不能讓他發揮量才適性的用途；人才可能暴殄天物，庸才可能居高位，總的來說，就是沒有活用人才，因為不懂得九變之術。換句話說，將領不可以太固執，要非常的圓融，該變就得變，不可以一成不變。

說到這裡，我們對於九變真的是頭疼了，如果真是掰手指頭去數什麼是「九變之利」、「九變之術」，真的是不知道，「五利」就更不知道在講什麼了，到底是前面那五個地形，還是後面那五個變化，無從得知。不過，我們根據《易經》，也可以得到另外的看法，九是陽數之極，陰數之極為六，窮則變，物極必反，這條路走不通了，就要倒過來想想，換別的方式。所以九不一定是實質，很簡單，〈九變篇〉和後面的〈九地篇〉，九變和九地，難道規定就只准有九種嗎？那樣豈不荒唐？「九」應該是千變萬化的，陽九、陰六，九是數之極，變化之極。就像前面講的「五」，哪裡規定一定非五不可呢？五是一個基本的數字而已。

智者之慮，必雜於利害

是故智者之慮，必雜於利害，雜於利而務可信也，雜於害而患可解也。

要得地之利，又要得人之用，天時、地利、人和都得具備，要藉著九變去充分掌握運用。後面的結論就很重要，確實是經典。「是故智者之慮，必雜於利害，雜於利而務可信也，雜於害而患可解也」。「信」就是伸，《易經》中的「信」大部分是如此，像〈繫辭傳〉中的「尺蠖之屈以求信也」，信就是伸；還有革卦（䷰）第四爻改朝換代，「改命吉，信志也」，大環境如果改了，個人的志向就可以得以伸張實現。信就是伸，任何一個人不能只考慮純利的一面或者純害的一面，一定要考慮可能的獲利，也要考慮伴隨的風險。

這就是有智慧的人，「必雜於利害」，不能只想純利或者純害，如果只想純害的部分，思想太消極；如果淨想獲利，忘了可能的害、可能的風險，那就更糟糕了。「智者之慮」，一定是「雜於利害」。「雜於利」，人有積極的思考，在有利的情況下考慮不利的因素，「務可信」，做的事一定會實現。「雜於害」，因為考慮到了風險，考慮到了負面的不利因素，考慮到了可能的禍患，就可以提前準備解決禍患，會預留後手，會有應變方案，思維中考慮到害的一面，「患可解也」。如果沒想到、沒準備，發生的時候就手忙腳亂，甚至一敗塗地。所以，一個人的思考，要充滿智慧，一定要各方面都想到，這個道理其實很簡單。

掌握對方軟肋

是故屈諸侯者以害，役諸侯者以業，趨諸侯者以利。

「是故屈諸侯者以害，役諸侯者以業，趨諸侯者以利」，兩個不同的「ㄑㄩ」，一個是委屈的屈，把它壓下來，一個是趨吉避凶的趨，調度他的行動，還得快速聽我的利誘來行動。這三句話不難理解，但是很實用。曾經有一位在生意場上很成功的老同學，我跟他講到兵法時，他覺得最得利的就是這三句話。

春秋戰國時期，諸侯國很多，一個國家的敵國有時也有很多，但是為什麼有些國家能夠稱霸，能夠伸張他的意志呢？首先是「屈諸侯者以害」，其弱點我完全掌握，他非屈服不可，不然他就得面對承受不了的害。為什麼會講害呢？因為「雜於利害」，要瞭解諸侯的弱點，什麼會讓他屈從你的意志，就要掌握他的要害，他就會屈服聽從，不敢頑抗到底。

「役諸侯者以業」，「以業」就是讓他疲於奔命，生出很多亂子來消耗其國力，然後讓你們的差距自然而然拉近。他要忙著處理那麼多事情，就沒有辦法全心全意對付你，這就是「役諸侯」，一定要讓他有事情做，要是沒事情做，他就一天到晚想著要對付你，讓他忙得沒有時間想到要對付你。

「趨諸侯者以利」，用利去引誘他，他就急急忙忙跑過去，而我正是要他跑過去，這裡丟一塊肉，那裡丟一條魚，他屁顛屁顛地跑來跑去，這樣折騰他之後，完全達到了我的目的。利誘之所以成功，皆因人大多趨利避害，碰到害會屈服，碰到利就是半夜起來也要趕過去，這樣一來，正好合乎我的戰略企圖。

這就是掌握對方的軟肋，製造許多是非讓其不得閒，拋出利益讓其趨之若鶩，從而達到我方的戰略企圖。

關於「役諸侯者以業」，消耗敵人國力，這在歷史上有很多著名的事例。有名的水利工程鄭國渠就是如此。當時的韓國為阻止秦國東伐消滅各國，遣鄭國赴秦，遊說秦王嬴政，倡言鑿渠溉田，圖謀削弱秦國國力，使其無力征伐。秦王採取鄭國建議，命其開鑿引涇管道。後來秦國察覺到韓國的用意，欲殺鄭國。鄭國坦誠相告：「始，臣為間，然渠成，變秦之利也。」秦王要殺鄭國，鄭國辯解說，修此渠不過「為韓延數歲之命」，為秦卻「建萬世之功」，秦王於是讓他繼續主持這項工程。令韓國人始料不及的是，鄭國渠的修建卻使關中地區更加富饒，秦國更加強大。韓王的如意算盤落空了，「役諸侯者以業」不成，反而為秦國作嫁衣。

這些作為春秋戰國霸主的權術，孫武雖然是從軍事的角度提出，但是軍事家作為政治家的工具，當然是為政治服務的，所以他談軍事也必須談外交、談政治，談君將關係，甚至不得不談經濟。他說的這些沒有唱高調，從一個人的人性人情種種的弱點到整個國家的弱點，他是平實立論，正因為這樣，那些想要稱雄的霸主，看了這樣的理論就很覺得過癮。這還是春秋末的時候，到戰國末期的時候韓非子寫的書，就更赤裸裸了，秦始皇看了之後就成為頭號粉絲，覺得寫得太好了，非要見一下作者不可，最好給他弄到秦國來召開一個記者招待會，結果一見面不喜歡，最後把這個仰慕的作者害死了。

積極戰備

故用兵之法，無恃其不來，恃吾有以待之；無恃其不攻，恃吾有所不可攻也。

「故用兵之法，無恃其不來」，用兵，不要說假設敵人不會來找你麻煩，這樣做就太危險了。你把生命財產的安全建設在假設敵人不會來找你麻煩的基礎上，那怎麼可以呢？所以，一個國家一定要有戰備，即「恃吾有以待也」，敵人要來，我做好準備等你來。如果沒有戰備，一個軍人都不養了，的確可以省好多錢，可以大力發展經濟，那麼，敵人一來，豈不是毫無保障？這樣的話，怎麼可以把一個國家的生死存亡寄託在別人的善意上？國家總要有一定的實力，不能說他不會打我。他今天不打你，明天說不定突然想打你。

「無恃其不來」，千萬不要這樣想，現在可能是朋友，未來可能是敵人，不要寄託在人家的善意上，什麼準備都不做。「恃吾有以待也」，真正可靠的還是自己的實力。

「無恃其不攻，恃吾有所不可攻也」，不要說敵人不會攻打我方，而是他要攻的時候，他要考慮考慮，沒有那麼容易得手，會付出慘重的代價。這樣的道理，其實很簡單，大國小國都通用。人會變，人際關係也會變，人家的善意可能變惡意。就是家人也會睽的，現在枕頭旁邊卿卿我我，三年後可能在《壹週刊》爆料你們的情事。

將有五危

故將有五危，必死可殺，必生可虜，忿速可侮，廉潔可辱，愛民可煩。凡此五者，將之過也，用兵之災也。覆軍殺將，必以五危，不可不察也。

「故將有五危」，前面講的就是將領一定要懂得變，要懂得人情人性，懂得自保，然後不要思想僵硬，一成不變，不要認為自己很聖潔，這是人性最大的弱點，不適合做將領，這樣很危險。那麼，有哪五種危險呢？「必死可殺，必生可虜，忿速可侮，廉潔可辱，愛民可煩。」

「必死可殺」，有的人很勇敢不怕死，這樣正中敵人的下懷，人家就會成全你。所以，有時選擇壯烈的犧牲，缺乏彈性，也是不可取，甚至是愚蠢的。「必生可虜」，這種絕對不想犧牲的人，是朝秦暮楚的人，對於事奉不同的老闆根本就無所謂，只要活著，以活著為第一要義，這樣的將領好對付，既然必生，嚇一嚇就可以使之投降，變成我的俘虜。「必生」的人不會堅持戰到一兵一卒，他只有一種選擇，就是要活，活著就是王道，這種將領的行為模式完全在預料之中，我就可以針對這一個性的弱點來設計對付，造成對方非選擇投降不可。

「忿速可侮」，「忿速」是指一個人的修養太差，很容易被激怒，動不動就暴跳如雷，這樣的人搞不好都可以被活活氣死。對於這樣的將領，可以專門搞一些讓其生氣的內容來侮辱他。因為燃點很低，別人要一百度才能燒起來，這種容易生氣的人二十度就可以燒起來了，要製造二十度的溫度還不容易嗎？

「廉潔可辱」，廉潔的人，可以利用其廉潔作文章，讓其背上莫須有的貪污名聲，這樣的侮辱可以讓其方寸大亂。「愛民可煩」，愛民者，就有包袱，就製造難民問題。劉備愛民，撤退時，難民就成了包袱，撤退的部隊走得像螞蟻一樣慢，這就被愛民給煩死了。現代戰爭，輸出難民，就成了一種策略，誰敢收容？這時的假仁假義，就會給自己製造包袱。

這就是九變，人的思想不要單線條，那不是一個全方位的將領。《論語》中，孔子有四件事情絕對不幹：「毋意，毋必，毋固，毋我。」「毋必」就是不要什麼事情非什麼樣不可。「毋意」就是不要猜測，要有證據。「毋固」就是不要太固執。「毋我」就是不要心中老是以我為主，有我，一定看不到事情真相。這是「子絕四」，也是對人性的觀察。人的個性、領導者的個性，常常決定個人或眾生命運，《孫子兵法》講出來，就是對將領們的警示。照講，上述五種，有些還是美德，但是這些美德反而會成為弱點，會要了人的命。所以，為將者，要懂得九變之術，如此則無敵。

「凡此五者，將之過也，用兵之災也。覆軍殺將，必以五危，不可不察也」，這些話講得真重，主將個人的弱點，想法不容易改，堅持某些原則，會造成很多人陪葬，以致國破家亡。將之過，是用兵之災，不是美德。「覆軍殺將」，就是因為這五種將領個人致命性的弱點，不懂九變，不懂得千變萬化。所以，這五種危險，不能不引起警惕。

第十五章　行地無疆——行軍篇第九

在以冷兵器為主的古代，沒有火藥，尤其在孫武那個時代，戰場地形、地物的形勢判斷，非常契合古代這種以陸戰為主的法則。〈行軍篇〉和〈地形篇〉已經完全進入到戰術的層次，用《易經》中的話來講，就是坤卦〈彖傳〉所說的「行地无疆」。

〈行軍〉與〈地形〉兩篇，對於現代化的海陸空多兵種立體協調作戰來講，除非是純粹的陸地作戰，有很多可以借鑒以外，其他的已經關係不大。但是，這兩篇比起前面幾篇來說，其層次已經大不一樣。這兩篇是在古代戰爭的背景下，進行理論上的總結，可見孫武絕對不是書齋裡面的學問，一是家學淵源，二是有實戰經驗，只有這樣的人才寫得出如此精彩的文章。

我讀這兩篇時，留下的印象比較深刻，也感到親切，它所說的不要局限於不同地形的戰鬥方法，要像《易經》中的卦爻一樣，觸類旁通，也可以把它抽象化，適用於人生很多不同的境遇。在種種險惡的狀況下，要怎樣打這一場仗，如何趨吉避凶，都在這兩篇有實際的體現。另外，這兩篇雖然是以古代的陸戰為主，但作者仍然會提煉出很多抽象的大原則，放諸四海而皆準。兵法的名言，照樣出自這兩篇，孫子之所以能夠傳這麼久，因為他沒有局限於古代，他的理論屬於高度抽象，不受時代環境的演變影響。如果他在文中談的都是當時的戰事，那我們現在就沒有耐心去研究這些血淋林的冷兵器之爭了。只有這種高度概括兵法原則的理論，我們今天讀起來依然很有興味，《孫子兵法》的魅力就在這裡，兩千多年後的人們依舊可以從中汲取為人處世的智慧。

所以善於寫作的人，想要傳世，就要把眼光看遠一點，立場要拉高一點，不然可能就是曇花一現。像戚繼光也是軍事家，打倭寇的民族英雄，但是他當時寫的有關部隊的操練，現在讀還有什麼意義嗎？沒有意義了，只能當作歷史文獻。孫武則不然，他具有高瞻遠矚的目光，他提到的那些最基本的原則，不管後世武器怎麼變，永遠有用。

處山之軍

孫子曰：凡處軍相敵，絕山依谷，視生處高，戰隆無登，此處山之軍也。

〈行軍篇〉文字較多，但是也是一氣呵成，比前面的篇章理解起來簡單多了。如果受過軍訓的人，看了這篇會有熟悉的感覺。孫子曰：「凡處軍相敵」，「凡」代表作者認為這都是經驗法則，很普遍的；也就是說，在戰場上，有兩件事情，一是「處軍」，部隊一定要找地方安頓，所選的地方要穩妥安全、居於形勝之地，「處」就代表能安處的地方。二是「相敵」，把戰鬥資源擺在什麼地方合適呢？這就要觀察敵人的動態、意圖，敵人的兵力優劣，戰鬥資源如何部署。這就叫「相敵」，給敵人好好看看相，冷靜觀察，不漏掉很多看似不重要但可能是關鍵的資訊。可見，人生任何戰鬥只有兩件事，即如何安頓部署，還要觀察敵情，看敵人如何部署。〈行軍篇〉裡中有大量的，甚至達四、五十個以前的古戰場，根據自然環境的變化，判斷敵方可能的意圖，這樣做是很必要的，要知道一個人不可能看到一件事情全部的真相，只能看到一部分自然流露出來的。由局部就要判斷出整體，這也是我們《易經》訓練的基本思維，即知機應變，由局部知道整體。

戰場上一個接一個大大小小的判斷是否正確，都根據這些做決策、行動，犯的錯誤越少，就越容易取得勝利。「處軍相敵」在《易經》中就是卦、爻的精神。乾卦（䷀）的自強不息就是「處軍」，如何把自己安頓好。坤卦（䷁）就是「相敵」，這個世界除了你之外，還有很多其他的群眾，那麼，應該怎麼觀察眾生呢？是要包容？還是要衝突？都要想清楚。任何一卦第一爻，像乾卦「潛龍勿用」，都是「處軍」，要好好修自己，別的少管。第二爻「見龍在田、利見大人」，爻變同人卦（䷌）就是「相敵」，在企業裡面，上下前後左右要注意跟群眾之間的互動

接著就提到了以前陸戰的經驗法則，「絕山依谷，視生處高，戰隆無登，此處山之軍也。」這句話講了四種軍職，「處山之軍」，是山地作戰的一些經驗法則，後面還有「處水上之軍」，即水上作戰的經驗法則。一個是艮卦（䷳），一個是坎卦（䷜），還有就是在沼澤之中——「斥澤」，沼澤地作戰的經驗法則，這是兌卦（䷹），也是一個很難過的地形。還有就是「平陸之軍」，平陸是平原作戰。行軍就是運動，軍隊要穿過，安全不安全，各種不同的地形，就如同人生各種不同的情境，那你應該怎麼辦？

我們回到文本：「絕山依谷」，「絕」是動詞，就是跨越，從此岸到彼岸跨過去的壯舉，也叫「絕」。「絕山」，要翻山越嶺，穿過整個山地；「依谷」，即翻山的時候，一定要有水源，山谷才有水，不然怎麼取得水呢？所以，一定要離水源很近，不然進入山地作戰，沒有水源，就不可隨

時取到水，那就很難存活。「絕山」，一定要「依谷」，水源特別重要，不然穿越就成問題。

「視生處高」，「處高」就是佔據制高點，就像瀑布一樣，處得越高衝下來就越有力，位能轉成動能。如果從下往上強攻就非常吃力，像攻城或者登陸戰，往往犧牲慘重，所以最好站在比較高的地方，衝下來，就居優勢，這是制高點的好處。也就是說，如果兩軍對敵，我方所處位置比敵方高一點，衝突的時候，先天就佔優勢。「視生」，講得很抽象，就是保證軍中不要有傳染病，陽光充足的地勢，身心比較健康，那是生機之所在。不要到那種憋氣的、幽暗的地方，使人的體溫等各方面的身心條件都受影響。「視生」，則視野開闊，身心舒服，如果老是在密林裡面穿行，就會耗費體力，影響戰力。所以要儘量選擇比較舒服的、生機勃勃的自然環境，也就是整個大部隊穿過的時候，隨時要注意跟自然環境保持良好的互動。問題又來了，既要「處高」，又要接近山谷，就要找平衡點了，因為山谷一般來講比較低，所以最好選擇海拔比較高的位置。

「戰隆無登」，就是不要強攻，「戰隆」就是雙方戰事非常激烈，這時不要強攻，如果敵人「處高」，據守在山頭，一夫當關，萬夫莫敵，頂著火往上衝不是送死嗎？這個道理不光是冷兵器時代的古代戰爭，就是以槍炮為主的近現代戰爭也是如此。像二戰時期的諾曼地登陸，雖然是「戰隆」，但還是得登，要搶灘，才能取得戰略上的優勢。「戰隆無登」，就是為了避免付出太大的代價，已經居於比較低的位置，就不要往上強攻。

處水上之軍

「此處山之軍也」，這就是部隊在山地作戰的時候要注意的基本原則。

絕水必遠水；客絕水而來，勿迎之於水內，令半渡而擊之，利；欲戰者，無附於水而迎客；視生處高，無迎水流，此處水上之軍也。

那麼涉水呢？「絕水必遠水」，橫渡江河，應遠離水流駐紮。「絕」還是跨越，從此岸渡彼岸，有時候要穿過水，但穿過水之後要儘量離水遠一點，一個是不知道什麼時候山洪爆發，另外則是背水一戰是不得以而為之。所以，一旦跨越一條河的時候，就不要停在水邊，否則在這個時候和敵人產生衝突，那是絕對不利的，這就是「必遠水」。既然通過了，遠離為佳，不要給自己帶來大的風險。「客絕水而來」，假如敵人渡水來戰，「勿迎之於水內，令半渡而擊之，利」，不要在江河中迎擊，而要等他渡過一半時再攻擊，這樣較為有利。敵軍過到一半再攻打，這就是利用水的不確定性，敵人一半部隊還在彼岸，一半部隊已經在水上，那是高度不安全的，人會恐懼，趁他渡到一半，立腳不穩，就開始發動進攻，會讓敵人產生巨大的慌亂。《易經》中最後的兩個卦既濟卦（䷾）和未濟卦（䷿）就說明，要麼「既濟」，要麼「未濟」，如果渡水渡一半，那才是最危險的時候。換句話說，等他過了一半，這是最好的時機，我們就趁敵最虛弱的時候攻打，千萬不要自己跑到水裡去迎戰。利用自然的地勢，強化我們的攻擊力，加上心戰，人過河過到一半時心理是最脆弱、最恐懼、最不穩定的，所以不要「迎之於水內」，令他渡到一半的時候而擊之，對你絕對是有利的。

「欲戰者，無附於水而迎客」，如果要同敵人決戰，不要緊靠水邊列陣。水的形勢比較複雜，想要打敵人，不要堵在岸邊去迎擊，離水很近就是風險，讓他過到一半的時候，找一個對自己相對有利的環境去伏擊。「視生處高」，在江河地帶紮營，也要居高向陽。像站在比較高的地方，衝鋒就有力量，而敵人在水上或者在水邊，一定是最低的地方，只有被動招架。「無迎水流，此處水上之軍也」，不要面迎水流，這是在江河地帶上對軍隊處置的原則。如果「迎水流」，說不定什麼時候河川暴漲都不知道，所以千萬不要面對不可測的水流紮營。一定要懂得自然環境可能的風險變化，儘量避開可能的危機，這就是面臨水流之地軍隊作戰的原則。

處斥澤之軍

絕斥澤，唯亟去無留；若交軍於斥澤之中，必依水草而背眾樹，此處斥澤之軍也。

說到沼澤了，沼澤的地形是很可怕的，喜歡看電影的都知道，沼澤幾乎是死亡之地。那種地方，表面看很平靜，實則陷阱萬千。可是有時候偏偏要經過這種地方，像美國的佛羅里達州，好大一塊地方幾乎都是沼澤地，裡面有很多鱷魚，那種地方想著就怕。但是，軍隊行動有時候會經過那種地方。「絕斥澤」，即通過鹽鹼沼澤地帶，「斥澤」就是沼澤，「絕」還是跨越。你前面是一大片沼澤地怎麼辦呢？沒有別的地方可走，繞道已來不及，「唯亟去無留」，要迅速離開，不要逗留。這種地方不宜久待，如果在這種地方再受伏擊，恐懼感比渡河時還厲害幾倍，這種險惡的地形帶來的種種不利，都是對身心的巨大摧殘。如果要跨越沼澤，就要趕快經過，還要禱告這一段時間沒有別的事情。

如果運氣不好呢？「若交軍於斥澤之中」，如果同敵軍相遇於鹽鹼沼澤地帶，「必依水草而背眾樹，此處斥澤之軍也」，那就必須靠近水草而背靠樹林，這是在鹽鹼沼澤地帶上對軍隊處置的原則。過沼澤地時，如果想趕快通過不要碰到敵人，就不要逗留；可是，剛好通過一半的時候碰到敵人了怎麼辦？還是有辦法，因為你在沼澤中，敵人也在沼澤中，你怕，他也怕，「麻稈打狼——兩頭害怕」。在那個很糟糕的環境，還是要儘量爭取比較有利的位置，「必依水草而背眾樹」；沼澤中有水草，背靠樹林，不怕後面有敵，有一個依託，就有很大的心理功效。我們常常講要有靠山，就是因為背後看不見，如果背後有森林，敵人不可能從那裡來，就可以專心面對來敵，如果後面空空的，就得時刻提防敵人從後面砍一刀、射一箭，所以在沼澤中與敵遭遇，要搶佔那種可以靠近水草、背靠樹林的地方，有一個依託，心理上至少勝人一籌，也就取得了一定的優勢。當然，這是沒有辦法中的辦法。這個原則其實也適用於現實生活，上班族都知道，通常辦公室也講小風水，辦公桌的擺置也是很重要的，如果後面空空蕩蕩，就沒有依託，如果背靠著門更可怕。有些當官的很迷信，尤其是做秘書的，座椅一定是背靠著上司的辦公室，心裡才感覺踏實。這就是依託的重要。人脈也重視有沒有靠山，朝中有人好做官。其實，這是很正常的，因為人在地球上活了幾百萬年，在某些方面也有那種獸性的殘留，對於生存還是存在著某些恐懼，於是要尋求依託靠山。

處平陸之軍

平陸處易而右背高，前死後生，此處平陸之軍也。凡此四軍之利，黃帝之所以勝四帝也。

最後是平原作戰。「平陸處易而右背高，前死後生，此處平陸之軍也。」在平原上應佔領開闊地域，而右側要依託高地，前要阻敵，後要給自己留條生路。這是在平原地帶上對軍隊部署的原則。「易」就是平易，非危險地帶，地勢比較平坦，視野比較開闊。就像《易經》中的漸卦（䷴）第三爻和第六爻的「鴻漸于陸」一樣，要有一個平台，還要找那種比較好的地方。「而右背高」，注意這一點，右邊好像要有依託，這跟人習慣用右手有關，如果是左邊有靠山，除非你是左撇子，否則就會覺得怪怪的，覺得不安全。「右背高」，還是靠山的意思。「前死後生」，指的是要給自己留後路，就不必擔心，然後專心注意前面就好。總而言之，即便是在不那麼險峻的平原地帶，也要儘量搶佔有利的地方。

「凡此四軍之利，黃帝之所以勝四帝也」，以上四種部署軍隊原則的好處，就是黃帝之所以能戰勝其他四帝的原因。黃帝距離孫武時代至少有兩千多年，黃帝統一中原，也是打過不少仗的，其中大戰蚩尤打得最慘烈。但黃帝勝四帝，蚩尤不在其列，是哪四帝呢？四帝之說，古書說法不同。黃帝為中央天帝，《墨子．貴義》篇云：「帝以甲乙殺青龍於東方，以丙丁殺赤龍於南方，以庚辛殺白龍於西方，以壬癸殺黑龍於北方。」此中四色龍正是四帝，主角「帝」乃上帝黃帝。《淮南子．天文》稱：「東方木也，其帝太皞，其佐句芒，執規而治春……南方火也，其帝炎帝，其佐朱明（即祝融），執衡而治夏……中央土也，其帝黃帝，其佐后土，執繩而制四方……西方金也，其帝少昊，其佐蓐收，執矩而治秋……北方水也，其帝顓頊，其佐玄冥（即禺疆），執權而治冬。黃帝遂為五帝之中央天帝。」這有點像金庸小說中的東邪、西毒、南帝、北丐、中神通。黃帝之所以能夠大戰四方都能獲勝，就是因為他懂得上述四種特殊地形，總是搶佔好的地形。所以，遇到一種環境，不要挑剔，沒有絕對的好，只要比敵人相對的好，就有取勝的把握。

貴陽而賤陰

凡軍好高而惡下，貴陽而賤陰，養生而處實，軍無百疾，是謂必勝。丘陵堤防，必處其陽而右背之，此兵之利，地之助也。上雨，水沫至，欲涉者，待其定也。

「凡軍好高而惡下」，這也是經驗法則。大凡駐軍總是喜歡乾燥的高地，避開潮濕的窪地。士兵都有共同的心理，他們的好惡作為帶兵的人一定要知道，如果士氣高昂，覺得舒服，就比較有戰鬥意志，戰力能得到很好的發揮；如果士兵覺得所處的環境很鬱悶，人就不舒服，要他發揮戰力就很困難。所以要瞭解群體行動中的心理狀況，這是帶兵的人需要注意的。「好高而惡下」，這是基本的原則，站的位置比較低，周遭的環境就看不清楚；站在比較高的地方，四方一覽無餘，心胸也會隨之開闊。為什麼有人喜歡爬山呢？就因為爬到比較高的地方，鳥瞰四方，視野開闊，會感覺心曠神怡，心中的陰霾會一掃而空。如果在密不透風的地帶，視野受限，內心會鬱悶之極。

「貴陽而賤陰」，重視向陽之處，避開陰暗之地。陽光充足的地方，人人都愛，這是一定的。陰濕的地方，沒有人愛待。「養生而處實」，行軍時，士兵的健康是非常重要的。「而處實」，那個地方就牢靠實在，軍需供應充足。「軍無百疾，是謂必勝」，將士百病不生，這樣就有了勝利的保證。自然環境不導致士兵生病，要儘量塑造這樣好的環境。在行軍必經的路線中，軍隊的健康非常重要，不然不要敵人打，光病號就掛掉一半。赤壁之戰中，曹軍號稱八十萬，為什麼會輸得這麼慘？因為水土不服，瘟疫流行，加上北方以陸戰為主，光暈船就夠這些當兵的難受。北方軍隊的大敗，生病的因素佔很大一部分，而且會傳染，以致戰力大打折扣。「軍無百疾，是謂必勝」，這是當然的，這就是自然地形跟人的互動關係很重要。

「丘陵堤防，必處其陽而右背之」，在丘陵堤防行軍，必須佔領它向陽的一面，並把右側背靠著它。丘陵，像一堵山一樣的牆壁，右邊要有依託，而且日照充足。這是在丘陵地，可以找到依託，最好的依託是在右手邊，那樣感覺比較好。「此兵之利，地之助也」，這些對於用兵有利的措施，是利用地形作為輔助條件的。

「上雨，水沫至，欲涉者，待其定也」，上游下雨，洪水突至，要徒步涉水的，應等待水流稍平緩以後。有過溪流、過河川經驗的人就會知道，尤其在山裡頭，河川上游下雨，下游是看不到的；上游突然下雨，水量會大增，下游的人過水，就不要急著過，因為上游衝下來的水速度極快，後面不知道還有多大的水量，這個時候千萬別過河。等到上游再也沒有洶湧的水量，再過河。其實，孫武講的是基本常識，道理很簡單。

伏奸之所處

凡地有絕（天）澗、天井、天牢、天羅、天陷、天隙，必亟去之，勿近也。吾遠之，敵近之；吾迎之，敵背之。軍旁有險阻、潢井蒹葭、山林蘙薈者，必謹復索之，此伏奸之所處也。

下面就有一些特別恐怖的地形出來了。這些地形都是自然形成的，有跋山涉水經驗的人，多多少少會有這種殘存的記憶。「絕（天）澗、天井、天牢、天羅、天陷、天隙」這六種自然地形，

「必亟去之，勿近也」；要是碰到了這種地形，一定要經過，就得趕快通過，像過沼澤地一樣，而且，能夠不靠近或經過這種特別恐怖危險的地形，就不要靠近。經過險惡地形時，一定要趕快通過，不要逗留。像「絕澗」，這種斷澗人一經過，就會不由自主地發抖，手軟腳軟。能不能離開這個地方，就得面對現實，這種天澗，沒有任何東西可以攀附，可以走的路有時斷掉。「天井」，可以想像那個井，深不可測。「天牢」，像監牢一樣，無法逃脫。還有「天羅」，也就是天羅地網。「天陷」，自然形成的陷阱；「天隙」就像一線天一樣，兩山之間就是一條線。這都是特殊地形，而且不穩定。遇到「天澗、天井、天牢、天羅、天陷、天隙」這些特殊地形，要通過趕快通過，最好不要靠近。萬一發生事情只有挨打的份。「吾遠之，敵近之；吾迎之，敵背之」，就是這個原則，這種地形如果離得遠，敵人就可能撞上，把危險留給他。如果我們採取面對，敵人剛好就背對。這是相對論，要儘量站到優勢的地方，把劣勢留給敵人。商戰、人生很多的競爭場合也是一樣，各式各樣複雜的情境，只要抓到比較好的，剩下壞的，敵人沒得選，就很苦了，只有挨打的份。所以要儘量取得相對的優勢。

「軍旁有險阻、潢井蒹葭、山林蘙薈者，必謹復索之，此伏奸之所處也」。軍隊兩旁遇到有險峻的隘路、湖沼、水網、蘆葦、山林和草木茂盛的地方，必須謹慎地反覆搜索，這些都是敵人可能埋設伏兵和隱伏奸細的地方。行軍時旁邊有險阻，包括「潢井蒹葭、山林蘙薈」這些地帶，「潢井」是指地勢低窪積水之地，「蒹葭」是指長滿蘆葦的地方，容易伏兵，而「山林蘙薈」是指樹木叢生的地方。這些地方都可能有埋伏，所以經過時要特別注意，甚至在一定的半徑內，有這種地形，一定要派搜索的部隊，看有沒有敵人埋伏。「必謹復索之」，一定要非常謹慎地，一遍又一遍地搜查，「此伏奸之所處也」。當然，你也可以利用這種地形做埋伏，讓敵人看不到。所以，任何行動或者安頓的地方，一旦有這種特殊地形，都要進行地毯式的搜索。像《易經》同人卦（䷌）第三爻「伏戎于莽，升其高陵，三歲不興」就是如此，利用地形設埋伏。

偵察敵情

敵近而靜者，恃其險也；遠而挑戰者，欲人之進也；其所居易者，利也。眾樹動者，來也；眾草多障者，疑也；鳥起者，伏也；獸駭者，覆也。塵高而銳者，車來也；卑而廣者，徒來也；散而條達者，樵采也；少而往來者，營軍也。辭卑而益備者，進也；辭強而進驅者，退也；輕車先出居其側者，陳也；無約而請和者，謀也；奔走而陳兵者，期也；半進半退者，誘也。杖而立者，饑也；汲而先飲者，渴也；見利而不進者，勞也。鳥集者，虛也；夜呼者，恐也；軍擾者，將不重也；旌旗動者，亂也；吏怒者，倦也；粟馬肉食，軍無懸缻，不返其舍者，窮寇也；諄諄翕翕，徐與人言者，失眾也；數賞者，窘也；數罰者，困也；先暴而後畏其眾者，不精之至也；來委謝者，欲休息也。兵怒而相迎，久而不合，又不相去，必謹察之。

下面大概有關於偵查敵情的四十幾個指標，孫武用他豐富的經驗和判斷力，像流水帳一樣，一一列出來。

「敵近而靜者，恃其險也」，敵人離我很近而安靜的，是依仗他佔領險要地形。也就是說，敵人已經逼近我們，但是很安靜，這有點不合常理，平常來說，敵人離得近，一定會緊張鼓噪，可是超乎尋常的安靜，說明他可能已經佔據險要地勢，心中有依靠。像諾曼地登陸戰中，那些在碉堡內的，就比較沉得住氣。那些衝擊碉堡，要去攻擊搶灘的，心裡一定怕得要死，還得互相打氣。

「遠而挑戰者，欲人之進也」，敵人離我很遠但挑戰不休，是想誘我前進。如果敵人還離得很遠，在那裡叫陣，刺激我們挑戰，就是希望我們被激怒之後，離開基地，這樣做剛好中了他的圈套。我們氣喘吁吁的跑到那邊，敵人以逸待勞，以靜制動，我方就有吃敗仗的可能。

「其所居易者，利也」，敵人之所以駐紮在平坦地方，是因為對他有某種好處。「易」還是平坦之地，敵人駐紮的地方非常平坦，平坦的地方就沒有任何依靠，沒有任何險要，為什麼敢在那邊駐紮呢？一定有一些有利的因素，他想利誘我們，故意擺下誘兵之策，所以不要輕易進攻。兵是以利動的，所以要謹慎判斷、再判斷，要搞清楚虛實；表面上看到的現象不一定是真的現象，有違常理的佈置，裡面就可能有文章。

「眾樹動者，來也；眾草多障者，疑也；鳥起者，伏也；獸駭者，覆也」。沒有看到敵人，但是看到前面的樹在動，那是敵人隱蔽前來。草叢中有許多遮障物，是敵人佈下的疑陣。草比人都高，要特別小心。鳥突然驚飛起來，是下面有伏兵。因為有人，干擾到鳥，鳥受驚飛起來，就給了我們一個信號，那裡面有敵人的埋伏。除了飛禽，還有走獸也是戰場的指標，野獸駭奔，是敵人大舉突襲；走獸突然跑起來了，有大部隊壓過來了。

「塵高而銳者，車來也；卑而廣者，徒來也；散而條達者，樵采也；少而往來者，營軍也」。孫武的觀察很細膩，光是人活動激起的灰塵，就可以分成四類。塵土高而尖，是敵人戰車駛來；塵土低而寬廣，是敵人的步兵開來；塵土疏散飛揚，是敵人正在拽柴而走；塵土少而時起時落，是敵人正在紮營。我們通常看到灰塵起來，能夠把它當成一類就不錯了。戰車來了，才會激起高的灰塵，而且是尖的。覆蓋面比較大，但是沒有那麼高的灰塵，那是步兵來了；步兵走路激起的灰塵比較低，步兵是一大片的，故覆蓋面比較廣，而車是單點的，故高而尖。灰塵不集中，但是散得好像這裡有一片，那裡有一片，那是在打柴生火。打柴的是少數人，活動的地方就有灰塵，只是這裡一片，那裡一片，那是他們在拖曳柴火。如果發現灰塵少，沒有擴散、推進，就是來來去去，那是在紮營。這些情況對於現代人來說，估計大多用不上，但是把這種情況抽象化，人生種種情境都要練到這種眼力，因為我們看到的東西是一個點，有果必有因，哪一些因造成這個果，就要有一個類型的判斷。灰塵可以判斷、鳥獸可以判斷，觀察要細膩深入、仔細。

再看敵方跟我們互動的態度，兩國交戰，不斷來使，有時候軍事行動總是有一定程度的談判：「辭卑而益備者，進也；辭強而進驅者，退也；輕車先出居其側者，陳也；無約而請和者，謀也；奔走而陳兵者，期也；半進半退者，誘也。」這些描述完全合乎情理，人情人性就是如此。敵方派代表來談了，對我們態度很客氣，語氣低調，我們千萬不要掉以輕心，敵人是藉此養我們的驕氣；他們在談判的同時加緊戰備，一點也沒有鬆懈，甚至更嚴謹，這是在麻痹我們，是準備進攻的前奏。派來的人特別客氣，可是他的準備越來越緊張，越來越加強，我們就可以做出這樣的判斷，所謂的「辭卑」是假象。

「辭強而進驅者，退也」，措辭強硬而軍隊又做出前進姿態的，是準備撤退。如果他咄咄逼人，派來的人一副要吃掉我們的樣子，同時又有大部隊壓境，這也是敵人在麻痹我們，其實他是想撤退；這樣的敵人我們反而不用擔心，這是色厲內荏，明明要退，故意裝成要進的樣子。前面的

「辭卑」是以退為進，這裡的「辭強」是以進為退。所以敵人的進退，我們不要從其外交辭令是強是卑來做想當然的判斷，因為說不定正好相反。

「輕車先出居其側者，陳也」，輕車先出動，部署在兩翼的，是在佈列陣勢。那種非重裝備的戰車先跑出來，一般是在側翼防衛，我們都知道任何部隊的側翼都是致命的弱點，所以部隊主力行動，一定要有側翼的掩護，不然敵人從側面攔腰攻打，就可能被切成兩段。踢足球或打籃球的人都知道，側翼很重要。通常側翼不是重裝備出動，而是「輕車先出」，這是敵人在佈陣，準備大戰。

「無約而請和者，謀也」，敵人沒有約定好而來講和的，是另有陰謀。敵人事先並沒有約好，突然想跟我們和談，是真的要請和嗎？說不定正在打什麼鬼主意，所以要搞清楚其意圖，說不定敵人正在謀劃，是緩兵之計，絕對不是要和解，對方一定有陰謀。

「奔走而陳兵者，期也」，期就是約一個時間會戰，敵人急速奔跑並排列陣的，是企圖約期同我決戰。敵方的陣營跑來跑去，而且在佈陣，可能明天太陽出來的時候，就會按照約定的時間進行大會戰，這還好，比較的透明，稍微有一點光明正大的決戰。

「半進半退者，誘也」，敵人半進半退的，是企圖引誘我軍。半進半退，看不出是進還是退，一半一半，敵人就是要讓我們認為可能是一個機會，給我們一個誘因，搞不清楚其真實意圖。這一點對現代人來說，大有其用。不僅僅局限於戰場，還可用於情場。談戀愛的時候，很多女生會用這一招，「半退半進，誘也」。所以男生要會判斷，有花堪折直須折，不然錯失良機。

「杖而立者，饑也；汲而先飲者，渴也；見利而不進者，勞也。」敵軍好像站不住了，拿著武器當拐棍，只要看到幾個現象，就知道他餓肚子了，糧食供應不上，沒吃飽。如果急急忙忙，軍隊一紮營，供水兵打水自己先飲的，那是乾渴的表現。人的饑跟渴最不能忍耐，尤其是部隊經過長期的忍饑耐渴，根據其自然的流露，就知道大概是什麼狀況。我以前上大學時和同學一起爬大山，長達十幾個小時滴水未進。堅持要爬到山頂的六個人，最後只剩兩個人堅持到最後，我是其中之一。爬到山頂看到有前人丟下來的楊桃罐，兩個人搶過來咕嚕咕嚕，似乎這一輩子沒有喝過那麼好的果汁。這都是人情常見的現象。

「見利而不進者，勞也」，敵人見利而不進兵爭奪的，是疲勞的表現。明明有機會打我們，卻沒有動作，這是因為他們沒力量了，太疲倦了。我們很疲倦的時候，明明看到很想要的東西，也沒法要了。

「鳥集者，虛也；夜呼者，恐也」，前面講鳥飛起來，因為下面有敵人的埋伏，如果敵人營寨上聚集鳥雀，鳥都不飛，下面肯定沒有人，是空營。要不然鳥哪會那麼安靜？敵人夜間驚叫的，是恐慌的表現。這一點當過兵的人特別有經驗。整日殺戮戰場，白天累積很多的恐懼，軍紀管理通常是壓抑的，到了晚上睡覺的時候，有的時候會宣洩出來，這叫鬧營。如果看到敵人的陣營到晚上也很不安靜，大呼小叫，有人講夢話，還有人起來夢遊，說明他們的軍心充滿了恐懼。

「軍擾者，將不重也」，如果軍隊紛紛擾擾，是大將的威信不夠，壓不住陣腳。軍隊紛擾不定，不是不動如山的軍容，就代表將領約束不了部下，照樣是紛紛擾擾的現象。「旌旗動者，亂也」，旌旗是號令，通常在軍隊中掌旗的不能隨便動，〈軍爭篇〉就講「金鼓旌旗者，所以一民之耳目也」，如果旌旗亂動，就說明敵人陣腳已亂。「吏怒者，倦也」，吏是軍中低階的主管，高階主管就是將，下面有很多低階的管理者，像校尉等，他為什麼會生氣呢？因為人疲倦的時候容易生氣，尤其作為一個管理者，下面的人不聽話，屢勸不聽，怎麼喊也沒有用，他就會生氣，不會有太好的情緒，有時候就會生氣發作。如果我們看到低階的管理階層都是怒氣騰騰的時候，說明整個部隊已經打得很疲倦了，不夠冷靜，情緒失控。

「粟馬肉食，軍無懸缻，不返其舍者，窮寇也」，用糧食餵馬，殺馬吃肉，收拾起汲水器具，部隊不返營房的，是要流竄逃跑的敵人。這裡的窮寇，不同於「窮寇莫追」之窮寇，這裡是反常的現象，要找地方逃亡，窮寇莫追就是怕他拚命，但這裡是無心戀戰，把馬餵飽，人可以吃的統統吃光，沒有長遠打算。有很多跡象都看得出來，敵人有遁的跡象，打算流竄，伺機逃跑。

「諄諄翕翕，徐與人言者，失眾也；數賞者，窘也；數罰者，困也；先暴而後畏其眾者，不精之至也；來委謝者，欲休息也。」「諄諄翕翕」，像老太婆一樣婆婆媽媽，諄諄告誡。遠看敵營，敵方的各級指揮官，講話婆婆媽媽的，看其嘴一張一開的怪樣，講什麼我們也不知道，但是我們知道「徐與人言者」，講話不像軍人那樣慷慨激昂，威儀都不見了，「失眾也」，說明他已經不能有效地掌握部屬了，部屬可能要嘩變，所以他沒有辦法用威儀號令壓住，只有低聲下氣跟部下商量。這樣的話，軍隊豈不完蛋？何來智、信、仁、勇、嚴呢？一般的企業管理或者組織管理，一旦出現主管失去群眾的擁戴支持，要求部屬做事，還要講道理，也不敢大聲，那就完蛋了。對軍隊來說，就沒有戰力了，長官變成軟蛋，凡事要看部下的臉色行事，那只有更糟，肯定「失眾也」。

還有就是表現在不當的賞罰上：「數賞者，窘也；數罰者，困也。」孫武站在一個職業軍人的立場，認為這種情況已經是領軍大將出問題了。動不動就賞，正好反映他正處在困窘的狀況，要藉著濫賞來維繫大家勉強的忠誠。濫賞會失去激勵人心的效果，不該賞的也賞，久了之後就沒有其他東西可以維繫。管理不是胡蘿蔔就是鞭子，胡蘿蔔給得太多，「窘也」，領導會陷入窘局，以致沒有其他籌碼維繫管理。「數罰者，困也」，濫罰也是如此，今天處罰這個，明天處罰那個，會陷入困局。這也是失調，反映出他們不藉著嚴刑峻法就沒有辦法維繫。賞罰很重要，但是不能失控。

《韓非子．二柄》云：

> 明主之所道制其臣者，二柄而已矣。二柄者，刑德也。何謂刑德？曰：殺戮之謂刑，慶賞之謂德。為人臣者畏誅罰而利慶賞，故人主自用其刑德，則群臣畏其威而歸其利矣。故世之奸臣則不然，所惡，則能得之其主而罪之；所愛，則能得之其主而賞之；今人主非使賞罰之威利出於己也，聽其臣而行其賞罰，則一國之人皆畏其臣而易其君，歸其臣而去其君矣。此人主失刑德之患也。夫虎之所以能服狗者，爪牙也。使虎釋其爪牙而使狗用之，則虎反服於狗矣。人主者，以刑德制臣者也。今君人者釋其刑德而使臣用之，則君反制於臣矣。故田常上請爵祿而行之群臣，下大斗斛而施於百姓，此簡公失德而田常用之也，故簡公見弒。子罕謂宋君曰：「夫慶賞賜予者，民之所喜也，君自行之；殺戮刑罰者，民之所惡也，臣請當之。」於是宋君失刑而子罕用之，故宋君見劫。田常徒用德而簡公弒，子罕徒用刑而宋君劫。故今世為人臣者兼刑德而用之，則是世主之危甚於簡公、宋君也。故劫殺擁蔽之，主非失刑德而使臣用之，而不危亡者，則未嘗有也。

韓非子認為，英明的國君要管理群臣，就是「刑德」二字，刑就是罰，德就是賞。古今中外有不同賞罰形式，但是不外乎這兩者，不能失控。《易經》師卦（䷆）最後一爻：「大君有命，開國承家，小人勿用。」說的是建國後要酬庸，也就是賞賜不要被小人鑽了空子，賞罰失當，後遺症會非常嚴重。如果賞不容易得到，大家就會重視，如果隨便可以得到，像太平天國後期，動不動封王，統統有獎，那就完蛋了。

「先暴而後畏其眾者，不精之至也」，「先暴」則更糟，前倨後恭，前後不一致，作為領導者，而且是軍事管理的指揮官，剛開始對部下非常的嚴厲，可是嚴厲無效，「民不畏死，奈何以死懼之」。發現暴政不行，就開始怕部下了，又變成前面的「諄諄翕翕」，前後態度不一致；「不精之至也」，這種管理不及格到了極點。凡是當領導的，既然會怕部下，要跟部下商量著辦，還有什麼原則？先是嚴厲，威懾部下，時間長了，部下不吃這一套，領導沒了籌碼，馬上換一個笑臉，如果是在軍隊中，這樣的部隊還有什麼令出必行？

「來委謝者，欲休息也」，敵方來給我們謝罪，跟我們說好聽的，因為他想爭取喘息的時間，而不是真的要跟我們和解。此乃緩兵之計也，也許在恢復戰力，也許是等待援兵。到底要幹什麼我們不知道，但是一定要加強防範，去瞭解敵人為什麼會這樣。所以遇到這樣的狀況，一定要慎重對待，不能上當。

「兵怒而相迎，久而不合，又不相去，必謹察之」，敵人好像很有鬥志，敵愾同仇，逼近我們，但是等了很久，又不真正交戰，又不離開，我們一定要提高警覺，小心謹慎，想辦法查清敵人的意圖。「久而不合，又不相去」，敵人在等什麼，還是出現什麼狀況，讓他前後不一致？這是要弄清楚的。就像一些人本來要投資的，答應好下午就簽合同，結果與開始一副拍胸脯、信誓旦旦的樣子大不相同，半天沒動靜，可是也沒說不同意簽。這是什麼狀況呢？是不是中間有人灌水，出現了什麼狀況？是否原先準備投資的時候，大太太同意，小太太反對？這些情況都要摸清楚，才可應付事變。

令出必行

兵非貴益多也，惟無武進，足以並力、料敵、取人而已；夫惟無慮而易敵者，必擒於人。卒未親而罰之則不服，不服則難用也。卒已親附而罰不行，則不可用也。故令之以文，齊之以武，是謂必取。令素行以教其民，則民服；令素不行以教其民，則民不服。令素行者，與眾相得也。

「兵非貴益多也」，兵力貴精不貴多，兵多了有什麼用呢？老鼠多了餵貓，兵多不精被人宰。「惟無武進」，就是不要躁進逞強，不該進的時候，一股蠻勇往前衝，死傷無數。這種冒進妄動，就像履卦（䷉）第三爻「武人為于大君」，妄動則凶。可見，兵不貴多，而是利用精兵做有效的投入，絕對不要貿然行事。那麼，怎樣做才算有效的部署呢？「足以並力、料敵、取人而已。」「並力」指集中力量，一旦要攻的時候，還要「料敵」，即料敵如神，算得很準；「取人而已」。取人不是取得敵人，而是取得自己人的擁護；即帶兵要帶心，取得群眾由衷的支持，很重要，他們才願意聽從號令，水裡來火裡去。這樣的話，才能進行有效的統治管理。「並力」是內部團結，完全聽從號令；「料敵」是準確判斷敵情；「取人」是將領能夠深得部眾的擁戴，得到部下的全力支持。如果這三個做不到，兵多就是一盤散沙。

「夫惟無慮」，沒有仔細考慮，「而易敵者」，把敵人看輕，「必擒於人」，一定被敵人所擒獲。也就是說，沒有深謀遠慮，而且輕敵，以致大意失荊州，被敵人擒獲。關羽當年敗走麥城，就是因為驕傲輕敵，沒有深思熟慮，而且部下與其有嫌隙，最後因腹背受敵，被東吳呂蒙所擒殺。

「卒未親附而罰之則不服」，士卒跟你不親近，沒有交心，就去處罰他，士卒不會服氣。如果有深厚的感情基礎，平常對他非常好，他犯錯你照樣罰他，他也會心服口服；如果沒有「親附」的感覺就罰他，他當然不服。這就是人心；「不服則難用也」，因為不服，就很難用他。這都是以前帶兵的人特別要注意的，先要與士兵建立感情，然後該處罰時照樣處罰。像家人卦（䷤）第一爻先設門檻：「閑有家，悔亡。」一旦有人犯錯，就像第三爻：「家人嗃嗃，悔厲，吉；婦子嘻嘻，終吝。」即使是一家人，該罰就罰，家法一樣要行。如果在親情的基礎上，受罰的人也會心甘情願。這是人性人情的特點，一般人願意接受有感情基礎的人對他們進行糾正性處罰。如果是陌生人犯錯，那就不客氣了，人家一定不服。

「足以親附」，如果關係很親密，「而罰不行」，到時候犯錯了，就放過不處罰，這樣做絕對不行。這樣會使部下滋生驕縱之心；「則不可用也」，沒有紀律，這是完全沒用的。一般組織尚且如此，軍事組織更加如此。所以既要有感情，又得該罰的時候照樣嚴格執行。

「故令之以文，齊之以武，是謂必取」，因此，軍中之令要有明文規定，平常的管理整齊劃一，絕對要用軍紀，這才是真正的取人之心，是取得部屬支持的大道理。這個道理講起來也是老生常談，就是所謂的恩威並濟。

「令素行以教其民，則民服；令素不行以教其民，則民不服」，命令平常就能夠貫徹，依此去教育訓練士兵，那他們一定是服從的。這就是將領的素養，士兵的戰力不是在戰時，而是平時日積月累的工夫，就得「令之以文，齊之以武」，有感情，又有規矩。平常威令不行，亂七八糟，「以教其民」，管束部屬，他當然不會服氣。

「令素行者，與眾相得」，即軍令平常能貫徹的人，就是因為上下關係比較融洽。這樣才能相得益彰，如魚得水，這才是人際長期相處之道。如果是冷冰冰沒有任何感情或者感情好到沒大沒小，那麼都會完蛋。如果上下關係不相得，就會出事。不要像《易經》睽卦（䷥）〈彖傳〉說「二女同居，其志不同行」，以及革卦（䷰）〈彖傳〉所說的「二女同居，其志不相得」。

第十六章　知天知地——地形篇第十

地之道：通、挂、支、隘、險、遠

孫子曰：地形有通者、有挂者、有支者、有隘者、有險者、有遠者。我可以往，彼可以來，曰通；通形者，先居高陽，利糧道，以戰則利。可以往，難以返，曰挂；挂形者，敵無備，出而勝之；敵若有備，出而不勝，難以返，不利。我出而不利，彼出而不利，曰支；支形者，敵雖利我，我無出也；引而去之，令敵半出而擊之，利。隘形者，我先居之，必盈之以待敵；若敵先居之，盈而勿從，不盈而從之。險形者，我先居之，必居高陽以待敵；若敵先居之，引而去之，勿從也。遠形者，勢均難以挑戰，戰而不利。凡此六者，地之道也，將之至任，不可不察也。

〈地形篇〉不難，只是一些常識。最開始是列舉地形：「地形有通者、有掛者、有支者、有隘者、有險者、有遠者。」地形有「通」、「挂」、「支」、「隘」、「險」、「遠」等六種。接下來就是解釋這六種地形。

什麼叫「通」的地形呢?「我可以往,彼可以來」,「彼」就是敵方,凡是我們可以去,敵人也可以來的地域,叫做「通」。這種地形我方去沒有問題,敵人來也沒有問題,就像《易經》中的泰卦(䷊)一樣,「小往大來」,暢通無阻,交通線很順暢。在這種「通」的戰場地形中,不用想都知道,先到者佔據優勢地利。「通形者,先居高陽,利糧道,以戰則利」,意思是說,在「通形」地域上,應搶先佔開闊向陽的高地,保持糧道暢通,這樣作戰就有利。這種地形強調先機,補給線一定要暢通,要擔保糧道源源不絕。後去的不僅沒有搶到好地形,連糧道都是弱勢,這樣的話,後勤保障就有問題了。先佔據居於高陽的有利地形,而且糧道很安全,後勤補給源源不絕,所以在「通形」的地方,先到的才有可能佔有絕對的優勢,才能夠獲利。可見,大家都可以去的地方,就得看誰先到,到了之後還要注意,資源補給線一定要暢通。市場也是如此,先搶佔市場,把持渠道的通路,讓別人進不去,還得有不斷的資金支持,源源不絕,才能持久。

什麼叫「挂形」呢?「可以往,難以返,曰挂」,誰都可以去,但不一定回得來,有去無回的地形,就是「挂」。去的時候跟回來不同,怎麼會這樣呢?去和返是不同的地形,其實到處都有,去時所看到的路線,跟回時的路線印象可能會完全相反,對於這種有去無回的地形,就要審慎了,這種地形不能隨便出動,因為回來很困難,也可能永遠回不來。既然沒有後路,萬一失敗不利,就不能隨便去,否則,難免全軍覆沒。「挂形者,敵無備,出而勝之;敵若有備,出而不勝,難以返,不利」,意思是說,在挂形的地域上,假如敵人沒有防備,我們就能突擊取勝;假如敵人有防備,出擊又不能取勝,而且難以回師,這就不利了。碰到這種地形,敵人如果沒有準備,這時候我方可以「攻其不備,出其不意」,把敵人打垮;至於回不回得來就不再是問題了,也不必留後路,那個地方就是我方新的據點。如果敵人有防備，那就不行了，回不來就很麻煩。拿破崙的大軍去打俄國，以及二戰時德軍去攻打蘇聯，都是止步於莫斯科，這就是「挂形」的不利。如果他們能夠趁俄國或蘇聯無備，直接攻佔莫斯科，一下子打垮，或者迫其投降，那就可能獲得勝利。所以遠征軍常常要想，自己是單向的，沒有回頭路，去了就得勝利成功，不成功就會被卡死，回不來。已經離開家鄉很遠，天時、地利、人和都跟不上，這就是《易經》中的大壯卦（䷡），四陽在下，兩陰在上，那是不可測的危機，難免陷入泥沼。

去可以，回不回得來，就很難說了。商場有很多投資機會也是這樣，很多人「掛」掉了，就是因為投資容易撤資難。投資就是燒錢，要是「出而不利」怎麼辦？要撤掉又心有不甘，下決心撤，善後也是個問題。可見，進場有門檻，出場也有門檻，「挂」的地形就是進的門檻很低，想去玩，隨時歡迎，可是要想出來不容易，門檻超高，反被套牢，怎麼出來？所以作為領頭人要研判地形，千萬不要讓自己的隊伍掛掉，最好不要陷入去易出難的境地，要給自己留條退路。這也是為什麼〈雜卦傳〉說大壯卦「大壯則止」，而且大壯卦的另外一面是遯卦（䷠），要留退路。人生所有的進都要考慮退路，預留退路，才能在「挂」形中出入自如。前去要成功，就要看敵人有沒有準備，不然只有不成功便成仁的打算了。

第三種地形是「支形」，這種地形就妙了，對雙方都一樣：「我出而不利，彼出而不利，曰支。」我方如果動，一定不利，而敵方如果從他的陣地衝出來，也一定不利。也就是說雙方都得窩在戰壕裡，誰都不敢先動，先動就吃虧。這有點像一戰進入尾聲時的壕溝戰，同盟國和協約國的軍隊都躲在壕溝中，不敢出來，雙方就這樣乾耗著。電影《西線無戰事》講的就是一戰這種僵局的情形，即使是颳風下雨，泥濘不堪，也只能窩在那裡，誰都不能出來，誰出來就對誰不利。這種地形就是「支」，陷入僵局，誰都不能夠取得決定性的勝利，打消耗戰。「支」形者怎麼辦呢？「支形者，敵雖利我，我無出也；引而去之，令敵半出而擊之，利。」意思是說，在「支形」地域上，敵人雖然以利相誘，我們也不要出擊，而應該率軍假裝退卻，誘使敵人出擊一半時再回師反擊，這樣就有利。敵人的利誘，就是希望我方部隊出動，在這種情形下，我方不上當，不出來，但也不能乾耗著，要想辦法，那就「引而去之」。既然「無出」還是僵局，就要假裝我方部隊好像要放棄這個沒有辦法突破的點，擺出要撤的樣子，這個信號放出去，敵人可能會認為，我方後勤有問題，糧食、輜重接濟不上，士氣會渙散，所以我方放棄。這時，敵人認為機會來了，要追擊我方，「令敵半出而擊之」，等敵人出了一半再打擊。敵人上當，我方的目的達到。這種情形下，雙方拼的是耐心，看誰沉得住氣，誰先出就會給自己帶來不利。這不但是萬人敵的兵法，一人敵的拳腳也是這樣，假動作引人出手，再以全力擊潰來敵。雙方的勾心鬥角，互相試探，最終以耐性好的人得勝。

第四種地形是「隘形」：「隘形者，我先居之，必盈之以待敵；若敵先居之，盈而勿從，不盈而從之。」意思是說，在「隘形」地域上，我方搶先佔領，並用重兵封鎖隘口，以等待敵人的到來；如果敵人已先佔據了隘口，並用重兵把守，我們就不要進攻，如果敵人沒有用重兵據守隘口，那麼就可以進攻。「隘形」，顧名思義，就是非常狹隘的地形，這樣的地方非常重要，有「一夫當關，萬夫莫開」的作用，用極精簡的兵力守住，千軍萬馬都進不來。這種隘形，當然要先搶佔，而且要快佔，剛開始派出的是少數兵力，強調運動的速度，一部分人先搶佔制高點，再把後續的兵力塞滿，佈置重兵防守，以逸待勞，等待敵人的到來。這樣的地形，隘口很小，一下就塞滿了，塞滿了就沒有敵人的機會了。如果敵人先佔據，我方是否放棄，也要看情形而定；一個是敵兵多，我們就必須放棄，「勿從」，不要損耗自己的兵力。如果敵人還來不及或者未佈置重兵防守，根本就沒有後續的兵力，那麼我方可以趁其大軍未到，「從之」，說不定可以爭過來。可見，對於敵人先佔領隘口，也不要太早放棄，要看情形定奪。就像市場飽和，反應快的隨時有新事業，一旦發現有新的，那就是掌控市場佔有率，誰先搶到，誰得利。所以一定要搶佔先機。為什麼有些人還要跟進呢？因為市場沒飽和，對方的產量、產能還沒有辦法把所有市場吃掉，沒有盈，那就要試一試，擠都要擠進去。這就是「不盈而從之」，沒有搶到第一，也有個第二，為什麼要放棄呢？「隘形者，我先居之」，先把關口佔滿，對手知難而退了，放棄了，你就變成了唯一的廠商。如果沒佔滿，就不要放棄，因為客戶還有其他的選擇，搶到手再說。

第五種地形是「險形」，特別險峻的地形，當然也要先佔，這是一定的。「險形者，我先居之，必居高陽以待敵；若敵先居之，引而去之，勿從也」，意思是說，在「險形」地域上，如果我軍先敵佔領，就必須控制開闊向陽的高地，以等待敵人來犯；如果敵人先我佔領，就應該率軍撤離，不要去攻打它。「險」跟「隘」又不一樣了，隘要看「盈」否，險則誰先到誰贏。敵人如果先到，我就趕快放棄，千萬不要去找死。換句話說，險形之地是誰到誰說了算，後來的只能望洋興嘆。

最後一個是「遠形」：「遠形者，勢均難以挑戰，戰而不利。」在「遠形」地域上，敵我雙方地勢均同，就不宜去挑戰，勉強求戰，很是不利。「遠形」就是這樣，雙方勢均力敵，距離也很遠，無法在極短的時間內，以衝刺的手段改變局面。距離實在太遠，鞭長莫及，雙方力量差不多，

「難以挑戰，戰而不利」，這是一定的。

下面就作結論了：「凡此六者，地之道也，將之至任，不可不察也。」這六種地形的論述，是利用地形的原則，這是將帥的重大責任所在，不可不認真考察研究。也就是說，這裡涉及將帥的判斷、權衡、取捨，不同的地形，判斷各個不同。在人生種種的戰場上，地形就如坤卦（☷）〈大象傳〉所說：「地勢坤，君子以厚德載物。」對於戰場基本的形勢判斷，心目中一定有競爭者，你與他之間行動的速度、節奏、虛實都得研究，這是一個為將者最重要的責任，絕對要深入體察。要知道，「兵者，國之大事也，死生之地，存亡之道，不可不察也。」

敗之道：走、弛、陷、崩、亂、北

故兵有走者、有弛者、有陷者、有崩者、有亂者、有北者。凡此六者，非天之災，將之過也。夫勢均，以一擊十，曰走；卒強吏弱，曰弛；吏強卒弱，曰陷；大吏怒而不服，遇敵懟而自戰，將不知其能，曰崩；將弱不嚴，教道不明，吏卒無常，陳兵縱橫，曰亂；將不能料敵，以少合眾，以弱擊強，兵無選鋒，曰北。凡此六者，敗之道也，將之至任，不可不察也。

接下來又講了六種，這六種不是自然地形，屬於內部管理的問題。同地形一樣，如果管理失控，暴殄天物，鬆弛不整，就會給軍隊帶來滅頂之災。

「故兵有走者、有弛者、有陷者、有崩者、有亂者、有北者」，軍隊打敗仗是因為有「走」、「弛」、「陷」、「崩」、「亂」、「北」六種情況。像「走者」到處亂跑，不聽號令，「弛者」

紀律鬆弛，「陷者」陷入某種情形，不可自拔，「崩者」軍心崩潰，「亂者」軍營一塌糊塗，「北者」敗兵潰散逃亡。

這六種現象，由「走」到「北」，有越來越惡化的徵兆。「凡此六者，非天地之災，將之過也」；這六種情況的發生，不關天時、地利，而是將帥自身的過錯。也就是說，完全是人的問題，不要怪自然環境，這種結果的造成既不能怪天災，也不是上文的六種地形之災，完全是人謀不臧，是人沒有謀劃好，與天時、地利無關。

先看第一個：「夫勢均，以一擊十，曰走。」與敵人勢均力敵，可是用一倍的兵力去打敵人十倍的兵力，這就是「走」。這時你不逃走，還有什麼選擇呢？注意，孫武在兵法中所講的數量優勢，往往不是絕對優勢，而是相對的時空優勢。要造成以十擊一的效果，結果以一擊十，又沒有奇策，那不是找死嗎？一定敗走，這就是指揮官的判斷有問題。強度不夠，以一擊十當然是劣勢，大家一定爭相逃亡。這真的是將之過也。

第二個是「弛」：「卒強吏弱，曰弛。」士卒強悍，軍官懦弱，叫做「弛」。這是典型的上弱下強，「卒強」是基層能幹，有戰力，可是低階主管能力不行，時間一長管理就會鬆弛。連長、班長太衰，沒有威信，士兵不服，滿心的不願意，基層力量鬆散，根本就不會有戰力。

再看第三個：「吏強卒弱，曰陷。」下級軍官強悍，而士卒懦弱，叫做「陷」。這句話說得很生動，如果低階主管很強，可是下面的人太弱，那他這個小團體根本就站不住，「嘩」就下去了。巧婦難為無米之炊，主管再強，下面的人不能用，沒有辦法貫徹上面的命令，基層就是立足的條件，如果是「陷」，好像立足之地都塌下去了，小主管強也沒有用。

第四個是「崩」：「大吏怒而不服，遇敵懟而自戰，將不知其能，曰崩。」偏將怨懟不服從指揮，遇到敵人擅自出戰，主將又不瞭解他們能力，叫做「崩」。「大吏」是中階主管，也就是所謂的偏將、副將，還不是領兵的大將。大吏也是情緒失控，動不動就生氣，「懟」就是埋怨，一肚子怨氣，這個不滿意，那個也不滿意。「自戰」是不聽號令，不服從上面的命令，自行其是，帶著他手下的人擅自出戰，這是絕對不可以的。為什麼會有這樣的舉動呢？「將不知其能」，這就是造成「大吏怒而不服」的原因，他對統兵的大將恐怕也不服氣。就是大將也壓他不住。因為有很多能幹的中階幹部，提出很多的建議，但是大將不採納，甚至排擠他們，所以他帶著子弟兵自行出戰。這就是大將對個人的才能缺乏瞭解，只想用自己的職權去排擠壓制，而不是納為己用，「曰崩」，完蛋了。因為大吏所能夠影響的範圍很廣，令出不必行，這也是常出現的事；一個組織中，最重要的就是人事的和與不和，如果中層管理人員抗命，拉著自己的一班人單幹，組織就完了。作為領導者，下面出現這樣的事，也要檢討自己對下屬的瞭解不周。

第五個是「亂」：「將弱不嚴，教道不明，吏卒無常，陳兵縱橫，曰亂。」領兵的大將懦弱缺乏威嚴，治軍沒有章法，官兵關係混亂緊張，列兵佈陣雜亂無常，叫做「亂」。領兵的大將太弱，沒有威儀，訓練部屬時沒有章法，下面的人搞不清楚訓練的重點是什麼，今天這樣，明天那樣，下面的人無所適從，也會覺得領導實在太弱，沒有威信，下面那些幹部和士兵，當然就「無常」，「無常」就是混亂，沒有規矩可以守，忽而這，忽而那，今天這樣，明天那樣。一旦出戰，列兵佈陣，就是「陳兵縱橫」，整個都亂了。

第六個是最嚴重的：「將不能料敵，以少合眾，以弱擊強，兵無選鋒，曰北。」這一句話的意思是，統兵大將不能正確判斷敵情，以少擊眾，以弱擊強，作戰又沒有精銳的先鋒部隊，因而落敗的，叫做「北」。「北」就是敗北，作為最高的指揮官，主要的職責就是能夠料敵，又能夠以少數兵力擊潰敵人的大部隊，又要以弱擊強、以小博大。如果料敵準確，在某一瞬間以寡擊眾，再強大的敵人都可能被打退。還有，凡是要以寡擊眾，要爭取在某一個集中的時間點取得關鍵的勝利，一定要有精英的突擊部隊，也就是「選鋒」。如果沒有這種像尖刀一樣在瞬間產生爆發力衝擊的特種部隊，那麼，正面戰場的死傷就不知道要增加多少。這就是「選鋒」——精英中的精英，能在短時間造成突破的戰果。如果不能料敵，又沒有精英部隊為先鋒出奇制勝，去以少合眾、以弱擊強，非失敗不可，此即「曰北」。

「選鋒」是《易經》中哪一個卦的概念？就是萃卦（䷬），出類拔萃，有示範效應，兵貴精不貴多，古今中外都一樣。像間諜戰，間諜人數最少，可他是取勝的關鍵——「三軍之所恃而動」，一兩個姜子牙、伊尹就可以決定改朝換代的戰局，這種精英中的精英，才能突破敵軍的戰場防線和情報網絡，可以快進快出，給敵人造成震撼性的打擊，然後大部隊跟進，取得絕對性的勝利。選鋒的重要性在現代戰爭中十分受到重視，很多國家都有特種部隊，實際就是「選鋒」；他們是從各個不同的兵種中挑選出來的最強的人，然後再施以集中的魔鬼訓練，讓他們變成一個快速打擊部隊，兵力雖少，可是非常強。如果部隊沒有這種戰力超強的特別隊伍，在最前線或者在最危險的時候，就很難站住陣腳，非輸不可，至於「以少合眾，以弱擊強」，那就不要想了。

精英的少數，就是所謂的八十、二十定律，中國的經濟改革開始其實也是「選鋒」，先選幾個樣板，進行試點，建立經濟特區，選鋒成功就帶動全域成功。還有產業的佈局也要抓重點，跑在時代的最前端，這就需要很強有力的研發隊伍，這些人是高手中的高手，屬於一流的精英，用這些人就是希望造成突破性的成果，不在乎「量」，而在乎匪夷所思的「質」。像台灣產業的選鋒是什麼？就有點令人傷心了，大部分企業在代工，很少有自己的世界品牌。可見，「選鋒」就是核心的競爭力，決定著軍隊的前景。

「凡此六者，敗之道也，將之至任，不可不察也」，以上六種情況，均是導致失敗的原因，這是大將的重大責任之所在，不可不認真體察。

料敵制勝

夫地形者，兵之助也。料敵制勝，計險隘遠近，上將之道也。知此而用戰者必勝，不知此而用戰者必敗。故戰道必勝，主曰無戰，必戰可也；戰道不勝，主曰必戰，無戰可也。故進不求名，退不避罪，唯民是保，而利合於主，國之寶也。

「夫地形者，兵之助也」，地形是用兵打仗的輔助條件。孫子講了這麼多有關地形的情況，但這些只是輔助條件，真正重要的還是本身的戰力。所以要善用這些「兵之助」。換句話說，要瞭解地形，因為它對我們有幫助，我們要佔據地形的優勢，把地形劣勢的一面都留給敵人，但是那樣做只是輔助條件，如果本身實力太差，什麼地形也沒有用。所以不要過分高估地形，要善用，說不定有時候勝負就差在善用地形與否上。得道多助，對你有利的因素，尤其是自然環境，一定要儘量運用。地形不是決定性因素，所以迷信風水的人，容易過分高估，不知道人傑才地靈，人不傑，地也不會靈。

「料敵制勝，計險隘遠近，上將之道也」，正確判斷敵情，考察地形險易，計算道路遠近，這是高明的將領必須掌握的方法。這個道理很簡單，料敵才能制勝，一定要好好算一算。〈始計篇〉稱「地者，遠近、險易、廣狹、死生也」，和這裡講的險隘遠近差不多。地形是險峻還是平易，是遠還是近，「上將之道也」。「知此而用戰者必勝，不知此而用戰者必敗」，懂得這些道理去指揮作戰的，必定能夠勝利；不瞭解這些道理去指揮作戰的，必定失敗。

下面又講到軍政關係了：「故戰道必勝，主曰無戰，必戰可也；戰道不勝，主曰必戰，無戰可也。」意思是說，根據分析有必勝把握的，即使國君主張不打，堅持打也是可以的；根據分析沒有必勝把握的，即使國君主張打，不打也是可以的。這裡就涉及將領跟國君之間的矛盾了，一個負責任的大將，「將在外，君命有所不受」，國君的決定有時是絆腳石，主將要有判斷，要對得起部屬，不能讓他們白白送死，如果上面的命令違反常識，可以抗命不聽，戰爭是看結果，而不是由行政命令主導。如果軍事專業判斷認為這樣打一定會贏，「主曰無戰」，即使國君說不要打，「必戰可也」，打完了再說。因為這是千載難逢的機會，國君遠離戰場，戰場形勢千變萬化，他說不可以打，但主將根據實際戰況照打不誤。按理說，這是抗命，可是一旦確定國君的判斷是錯的，就不能聽上令，要堅持打。如果取勝的機會一點都沒有，「主曰必戰」，他要你去送死，「無戰可也」，就是抗命，也不要去送死。二戰進入尾聲時，很多納粹的職業軍人都知道德國必敗，甚至就某一些區域性戰場來講，應該是戰略性的撤退，不必犧牲慘重，可是到最後，發狂的希特勒依然讓他們戰死都不准退一步。那就是「戰道不勝，主曰必戰」，但是他們不敢抗命，結果就犧牲慘重，不懂

「無戰可也」。所以真正的軍事領導人，在必要的時候要抗拒國君的命令，即使有無上的艱難，也要堅持。孫子把這一點看得很清楚，這種時候敢不敢堅持，就看統兵大將的專業精神如何了。

「故進不求名，退不避罪，唯民是保，而利合於主，國之寶也。」也就是說主戰不是為了謀求勝利的名聲，撤退絕不迴避失利的罪責，目的只求保全百姓，維護國君利益，這樣的將帥才是國家的寶貴財富。可見，大將決定進攻，不是為了個人的名望，如果覺得沒有機會，決定要撤退，可能會被降罪，也沒有關係，甘願接受罪責，只要不讓子弟兵去送死。其進跟退都是無私的，「唯民是保」，這是一個負責任的主管。「而利合於主」，其實最後是完全合乎國君的利益的。雖然大將沒有聽國君的命令，但是結果對國君也是有利的，這種大將可以說是國寶。

動而不迷，舉而不窮

視卒如嬰兒，故可以與之赴深溪；視卒如愛子，故可與之俱死。厚而不能使，愛而不能令，亂而不能治，譬若驕子，不可用也。知吾卒之可以擊，而不知敵之不可擊，勝之半也；知敵之可擊，而不知吾卒之不可以擊，勝之半也；知敵之可擊，知吾卒之可以擊，而不知地形之不可以戰，勝之半也。故知兵者，動而不迷，舉而不窮。

這一段講的是帶兵之道。「視卒如嬰兒，故可以與之赴深溪」，這句話很有名，是說對待士卒像對待嬰兒，士卒就可以同他共患難，再深的溪都跟你跳下去。這就是大將和士兵有感情，你要他去哪裡，死也好，生也好，都跟你去。因為你把他當嬰兒一樣看待，人看到嬰兒大概沒有不愛的，你那麼愛護部下，他怎麼會不感恩呢？

「視卒如愛子，故可與之俱死」，意即對待士卒像對待自己的兒子，士卒就可以跟他同生共死。這就是《易經》中隨卦（䷐）上爻的境界：「拘係之，乃從維之。」生死永相隨，放棄一切就跟你走，沒有第二句話。周朝八百年的江山，就是因為周太王有恩有威有感情，故能「王用亨于西山」。

「厚而不能使，愛而不能令，亂而不能治，譬若驕子，不可用也。」這句話的意思是，如果厚待士卒卻不能使用，溺愛卻不能指揮，違法而不能懲治，那就如同驕慣了的子女，是不可以用來同敵作戰的。文辭很白話，這是溺愛不明，對士兵好得不得了，噓寒問暖，捏在手上怕化了，講話稍微重一點怕他哭，結果這種人完全不能用。作為大將，要愛士兵，但是要令士兵敢於赴湯蹈火，在所不辭。這就是將道的難。

「知吾卒之可以擊，而不知敵之不可擊，勝之半也」，對部卒的戰力很有信心，認為他們絕對有攻擊力，可是不知道敵人也是很強悍的，是不可以被攻擊的，那就只有一半獲勝的機會。我們有攻擊的力量，但不要忘了敵人可以抵擋，是不可輕易擊敗，所以只看這一面，不曉得敵人那一面，這是不行的。對自己的實力有信心，可是敵人的實力沒有評估，如果敵人很強悍，那勝利的機會就不是全部了。

「知敵之可擊，而不知吾卒之不可以擊，勝之半也」，知道敵人的弱點，可是不知道自己的實力也有不強的地方，取勝的可能也只有一半。敵人有弱點，可是我們自己連揀便宜的實力都沒有；也就是說自己沒有強點，那麼要想取勝也只有一半的概率，絕對沒有必勝的把握。〈形〉、

〈勢〉、〈虛實〉三篇都講沒有絕對的把握不要出手，「勝之半」的把握太低了。

「知敵之可擊，知吾卒之可擊」，知道敵人出現弱點，這是好機會，也知道以自己的實力可以攻擊敵人。「而不知地形之不可以戰，勝之半也」，可是行軍路線的自然環境形勢是不可以進行戰鬥的，這樣還是一半的勝算。到這裡，〈地形篇〉進入了知彼知己的考量。〈謀攻篇〉說「知彼知己，百戰不殆」，要考慮敵我雙方。現在還有自然地形、周遭形勢，敵人跟我方都在自然的平台上玩，地形有什麼特殊不利的因素，也影響勝算，這個時候不能只考慮打擊敵人會贏。要知道地形不是不變的，形勢也不是不變的，環境說不定有劇變，像天災，說不定有天險、天羅，這都不是用兵的場所，所以主客觀都得全方位研究。「知敵之可擊，知吾卒之可擊」，在某一個狀況、某一個時間，應該可以出手了，但千萬不要忘了客觀環境——「而不知地形之不可以戰」，結果還是「勝之半」。可見，地形也要列入勝負的考量，不能只顧敵我雙方實力情況。

「故知兵者，動而不迷，舉而不窮。」所以，懂得用兵的人，他行動起來不會迷惑，他的戰術變化無窮。「動而不迷」，不像《易經》中的坤卦「先迷後得主」，他所有的動都不會迷，因為看得很準，一旦採取行動了，後招一定源源不斷，不會只有第一招。這就是動就絕對正確，不會迷失方向，然後環境如果不如預期，應變的招式都準備好了。這才是真正的知兵者，不管任何情況下，都有源源不絕的招式應對。有些人就是動而不迷，選對了戰場，選對了行業，如果遭遇一些狀況或者一些變化，他是舉了，但沒有不窮。換句話說，很多事情要想得很遠，要想到一系列的連鎖反應，這些都要推演，這樣才能「舉而不窮」。像漸卦（䷴）的〈彖傳〉稱「止而巽，動不窮」，就是舉而不窮，步步為營，但是每一步都不會失去勝算。

全天全地

故曰：知彼知己，勝乃不殆；知天知地，勝乃可全。

下面的結論非常重要，而且非常有發揮的餘地。我學習兵法已經四十多年了，最近這幾年有突破的地方，就是這一句。它比「知彼知己，百戰不殆」的視野更寬廣，運用更深遠。這裡是說，要瞭解自然環境，要有全算，還得知天知地，光是知彼知己還不行。

什麼時候才能達到全勝的最高目標呢？全是保全，以最低的成本謀取最高的收益，不僅全己，而且全敵，敵人的資源可以轉為我用，〈謀攻篇〉的主旨就是全勝。但是「知彼知己」，只是「勝乃不殆」，沒有被淘汰出局而已；可是要想得到全勝，想兵不血刃，天下清焉，「不戰而屈人之兵」，保全所有有用的資源，一定要瞭解環境，瞭解自然環境，即「知天知地」，這個時候「勝乃可全」。「乃」字說明有難度，但是達到了「可全」，比「不殆」的級別就高多了。

我們都希望和平，《孫子兵法》中〈形篇〉、〈勢篇〉、〈謀攻篇〉都講到全勝，全勝就是保全自己，保全敵人，如果把這一思維推廣，也要保全自然環境，要全天全地。二十一世紀如果爆發戰爭，這種現代戰爭對自然環境生態的破壞就會很可怕，遠遠超過冷兵器作戰時代，沒有人敢輕易發動戰爭的道理就在這裡。越戰的時候，美軍用了化學武器，導致當地婦女生下很多畸形嬰兒。所以，戰爭要替自然環境負責，那樣子才是全勝。要保全敵方我方，儘量少用軍事衝突的手段解決國際糾紛，還要保全自然資源生態環境，這是兵法的核心要求。孫子當時未必會想那麼多，但是他的理論自然而然可以推廣到以後的戰爭，像全勝的概念就不僅僅是全敵我雙方，還要全天地自然。換句話說，我們所使用的武器，戰爭的規模，絕對不是無限制，無限制會讓大家一起毀滅。像以前美蘇冷戰，核武器競賽最後把蘇聯拖垮，沒有一個用上，是不是巨大的浪費？如果當時真的爆發核戰爭，人類的毀滅早已發生。

「全天全地，勝乃可全」，這是《易經》中謙卦（䷎）的概念，謙卦是天地人鬼神都得謙和，維持一個最佳的平衡點，故卦爻非吉則利。也就是說謙卦代表和平，但不只是解決人類的問題，也把環境生態這些永續的資源因素考慮進去，還有鬼神、歷史遺跡不能隨便破壞，這才是真正的全勝思維。有些資源一旦破壞，就永遠不能再用，宇宙之間不只是有人，人以外還有很多眾生，還有天地自然環境，還有有形無形的文明，像文明的遺產，統統屬於鬼神的境界，不會有任何爭奪，那才是完美。

第十七章　風雨同舟——九地篇第十一

〈九地篇〉和〈火攻篇〉概說

〈九地篇〉幾乎佔了《兵法》十三篇五分之一的篇幅，是最長的一篇。隨後的〈火攻篇〉很短，這兩篇貫穿起來可以說是出生入死，尤其是〈九地篇〉。要瞭解〈九地篇〉，可以結合《易經》大過卦（䷛）、坎卦（䷜）、蹇卦（䷦）、睽卦（䷥）來理解；它充滿了勇悍之氣，氣勢非常強盛，而且通常是在一種近乎九死一生的絕望情境下激發大家集體的心理。

〈九地篇〉主要講的是遠征軍到別國作戰，沒有主場優勢，又是去打人家，離故鄉很遠，補給很困難，作為侵略者，當地的老百姓是充滿敵意的。在這種人生地不熟的情況下，恐懼心理普遍存在，有種「置之死地而後生」的感覺，就像大過卦一樣，身心超負荷。但是在這種非常的狀況下，人的潛能有可能被激發出來創造高績效。也就是說，為將者有時候就要懂得這個道理，「置之死地而後生」，大家自動團結。

「九地」雖然說是九種地形，也不用看得太死，跟〈九變篇〉的「九」一樣，有多數的意思。

在任何環境中，領導者要善用團體的動力，打造成一支魔鬼兵團，激發出他們最大的潛能、拚命的招式，就像困卦（䷮）的「致命遂志」一樣，因為困，才能激發出創意和狠勁。這就是〈九地篇〉的主旨。進行身心總動員，在非常極端的情況下，爆發出巨大的力量，這對將領來說，膽識、魄力不可或缺。〈九地篇〉雖然同於前面比較正規的篇章，但也是奇正相生，講究形、勢、虛實，注重兵家必爭的地形、行軍等，充滿了特殊性。

〈火攻篇〉是一種特殊的戰爭，在冷兵器的時代，刀槍戈矛殺傷力有限，火攻是不得已而用之，因為不人道，所以不能隨便使用，而且還小心玩火者自焚，就像現代的核武器、生化武器一樣，通常是禁止使用的，除非萬不得已，大規模的殺傷性武器一般不輕易啟用。像美國就以不得已為理由去攻打伊拉克，其實是自欺欺人。這種大規模的殺傷性武器極不人道，毀滅性非常大，違反孫子前面講的全勝思維。大火一燒，什麼資源都沒有辦法再用；敵人不能用，自己也不能用，充滿了毀滅性，所以〈火攻篇〉也如大過卦的格局，是一種非常狀態。

何謂九地

孫子曰：用兵之法，有散地，有輕地，有爭地，有交地，有衢地，有重地，有圮地，有圍地，有死地。諸侯自戰其地者，為散地；入人之地不深者，為輕地；我得亦利，彼得亦利者，為爭地；我可以往，彼可以來者，為交地；諸侯之地三屬，先至而得天下眾者，為衢地；入人之地深，背城邑多者，為重地；山林、險阻、沮澤，凡難行之道者，為圮地；所由入者隘，所從歸者迂，彼寡可以擊吾之眾者，為圍地；疾戰則存，不疾戰則亡者，為死地。

「孫子曰：用兵之法」，這是他寫文章的習慣，綱舉目張，既然要講九地，就把九地明細先報出來，自己再做解釋發揮運用。「有散地，有輕地，有爭地，有交地，有衢地，有重地，有圮地，有圍地，有死地」。軍事地理有散地、輕地、爭地、交地、衢地、重地、圮地、圍地、死地。顯然，「輕地」跟「重地」是相對的，「圮地」前面的〈九變〉中出現過，泥石流多發地帶，那種地方不能久待，很危險，不知道什麼時候土質鬆軟就滑坡。「圍地」，陷入重圍，「死地」，看到的是絕望，置之死地而後生。

下面就開始解釋了。「諸侯自戰其地者，為散地」，諸侯在本國境內作戰的地區，叫做散地。還在國土內作戰，因為離家鄉近，怕死，想回家看老婆、孩子等，這樣的話，無心戀戰，逃兵可能有很多。人情一定是這樣，離家那麼近，幹嘛那麼拚命呢？自古以來，軍隊就希望不要帶家眷，除非是特殊的地方，一般來講，戰鬥組織要遠離人情包袱，免得有後顧之憂，出現紀律上的鬆弛，什麼戰力也發揮不出來。這就是「散地」的弊端，人心散慢鬆弛，無法集中作戰的意志，心不在焉，比較渙散。換句話說，領軍者在這種地方不要待太久，否則會沒有戰力。

「入人之地不深者，為輕地」，在敵國淺近縱深作戰的地區，叫做輕地。這是離開自己的國土，到了別國，那不一樣了，但是並沒有深入，隨時還可以溜回來，反正離開自己的國境不遠，那根線還牽絆著他。也就是說，雖然進入別國的市場，但是投資還沒有完全套牢，可以隨時撤資。這就叫輕地，必要的時候可以放棄，反正還沒有深入。換句話說，輕地的戰力還是沒有辦法專注集中，士兵三心二意，一樣不好帶。

「我得亦利，彼得亦利者，為爭地」，我方得到有利，敵人得到也有利，叫做爭地。「爭地」就如〈軍爭篇〉所說的雙方必爭之地，要懂得迂迴，以迂為直，有時比直線還近，誰先佔到，誰就獲利，誰慢一步就「後夫凶」，可能就沒機會了。我得到這個地方，就獲利，敵人得到這個地方，也獲利。可見，「爭地」是有排除性的，誰先佔誰贏。既然是「爭地」，大家當然想辦法爭先恐後。這種地方講究的是節奏速度，快速還要禁得起打，不然一來一回，讓競爭對手反擊得勝，那就一敗塗地了。

「我可以往，彼可以來者，為交地」，我軍可以前往，敵軍也可以前來的地區，叫做交地。這種地方四通八達，我可以去，人家也可以去，大家都行動自如，交通非常的暢通。這就有一點像〈地形篇〉講的「通形」，「我可以往，彼可以來」，幾乎是一回事。所以要「先居高陽，立糧道，以戰則利」，不然就會像「挂形」，可以去，不一定回得來，就掛到那裡了。

「諸侯之地三屬，先至而得天下眾者，為衢地」，多國相毗鄰，先到就可以獲得諸侯列國援助的地區，叫做衢地。「屬」音ㄕㄨˇ，就是連接在一起，有一點像三不管或者三管地帶；那個地方不僅僅是一、兩個國家的勢力，好幾個國家邊界連到了一塊，那就要面對多方的「匪寇婚媾」的問題；誰是主要敵人、誰是次要敵人、誰可能中立等，這種地方就要用到軍事裡面的外交手段。「諸侯之地」，尤其是春秋戰國時候，犬牙交錯，至少「三屬」，誰一伸手都可以到，交會的地方特別複雜，所以要「先至」，趕快拜碼頭，瞭解周邊複雜的國際勢力真正的意圖，盡可能不樹那麼多敵人，避免出現鷸蚌相爭、老漁翁出來揀便宜的事；越早去越好，「先至而得天下之眾者」，早一點開始經營就可以得天下之眾。這叫「衢地」，四通八達，像一個圓環一樣，是多方勢力的交會點。

以中國來講，這種衢地有很多，陸地疆域北有蒙古、俄羅斯、中亞諸國，西南有印度、巴基斯坦、不丹等，東北有俄羅斯、韓國、朝鮮，光是疆土交界的地方就很敏感，所以那些地方都是要點，要做足工夫。現在當然不是只有陸疆了，還有海疆，海權都是帶著空權的，黃海、南海、東海，隨便就是好幾個國家，因為錯綜複雜，很多國家都想佔便宜，美國就利用這一點牽制中國。所以在這種衢地，對中國的外交斡旋是一種考驗。

「入人之地深，背城邑多者，為重地」，深入敵國腹地，背靠敵人眾多城邑的地區，叫做重地。這下被套牢了，一路攻打敵人的城池，攻打下來了，但已經深入敵境，如果要守住攻下來的城池，往前推進的兵力就減少，那衝擊力就有限，如果不守，敵人又把它揀回去了。這樣一來，腹背受敵，「背城邑多」反而是重包袱，像雞肋一樣，食之無味，棄之可惜，不是隨時可以丟的。這就是「重地」，包袱重，負擔也重，不能隨意丟。

「山林、險阻、沮澤，凡難行之道者，為圮地」，山林險阻沼澤等難於通行的地區，叫做圮地。這種地帶不用怎麼解釋，反正很危險。

「所由入者隘，所從歸者迂，彼寡可以擊吾之眾者，為圍地」，行軍的道路狹窄，退兵的道路迂遠，敵人可以用少量兵力攻擊我方眾多兵力的地區，叫做圍地。這種地方，對方用極少數的兵力就可以以小博大、以弱擊強、以寡擊眾，把我方龐大的遠征軍擊潰。為什麼呢？因為那個地方地形特殊，像口袋一樣，進去的地方很狹隘，一夫當關，萬夫莫敵，再大的部隊也派不上用場，入口很窄，進不去，一旦進入那個口袋，就算是擠進去，回來還是狹窄，敵人要封鎖一個狹窄的路口很容易。我方要回來也不是不能回來，可能要繞好大一圈回來，這樣的損耗就相當大了。換句話說，這種地方是進得去，不一定出得來，進去隨時可能陷入重重包圍，對我方極度不利。〈九地篇〉中，多半是採取攻勢，跨國遠攻，碰到這種狀況，被敵人甕中捉鱉，從很狹隘的入口衝進去，不一定回得來，回來得繞大彎。這叫「圍地」，要有被圈起來打的警覺。商場也是一樣，再多的錢，市場很窄，人家資金不夠也可以玩我們，對我們來講深具威脅。

「疾戰則存，不疾戰則亡者，為死地」，迅速奮戰就能生存，不迅速奮戰就會全軍覆滅的地區，叫做死地。這就是「置之死地」，幾乎沒有生存的希望，只能拚，不然就束手就擒。要「疾戰」，不要考慮別的，迅速殺出一條血路，還有機會生存。如果連這種鬥志沒有，而是害怕、恐懼，那麼只有死路一條。

九地應變之道

是故散地則無戰，輕地則無止，爭地則無攻，交地則無絕，衢地則合交，重地則掠，圮地則行，圍地則謀，死地則戰。

下面就教我們在這九種地形中如何應變，採取對應的策略。「是故散地則無戰，輕地則無止，爭地則無攻，交地則無絕」，前面這些策略都用「無」字表示要把風險降到零。

「散地則無戰」，處於散地就不宜作戰。不要在散地打仗，即不要在自己國土內打仗，士兵不會想打的，打什麼都有可能破壞到自己家鄉，沒有人不戀鄉的，所以要出去，過了山頭，看不見家鄉，心就狠了。老話說「隔了山就聽不見孩兒哭」，眼不見就不煩了，不要在自己的國家內作戰。

中國之所以有重新發展壯大的狠勁，也跟這一、兩百年的近代屈辱史有關，清末日俄戰爭在東北打，我們還只能觀戰，打壞了什麼，不能要人家賠，所以在自己國家打有什麼好處，一個不想打，另一個打壞的是我們自己的東西，怎麼會有鬥志呢？

「輕地則無止」，處於輕地就不宜停留。如果進到了別人的地方，別停下來，因為士兵隨時還可能抽腿就回去，趕快深入讓士兵不能回頭，義無反顧。千萬不要停下來，停下來心裡又有變化。《易經》中的巽卦（䷸）初爻「進退，利武人之貞」，就是還沒有深入，所以在門外徘徊不定，為了「利武人之貞」，趕快推進來，進來就如第二爻所說的「巽在床下，用史巫紛若，吉，无咎」。領兵的大將一定要懂得，進入「輕地」趕快深入，離家越遠越好。

「爭地則無攻」，遇上爭地就不要勉強強攻。那種雙方必爭之地，最重要的是搶先佔據有利地位，有時候輕裝疾行，讓精銳部隊先佔位，中間不要跟敵人發生任何衝突，尤其不要主動攻擊，否則就會被拖住。等到你打完了，那個有利的位置都是敵人的旗幟。所以千萬不要主動採取攻勢，最好避開所有敵人，先卡位再說。可見，「爭地」主要是搶佔戰略要地，別把時間浪費在無用的攻擊中。

「交地則無絕」，遇上交地就不要斷絕聯絡。「交地」就像「通形」一樣，誰都可以去。誰都可以去的地方，就有交通線路的問題；「無絕」就是要確保交通線暢通無阻，要確保軍隊的補給線不要被切斷，要維持暢通。如果我方被切斷了，敵人沒有被切斷，就落入下風了。所以，到了這種交通線非常順暢的地方，一定要確保不會被破壞，要留下一定的兵力維護交通線的安全暢通，不要讓它斷絕。現代海運的路線也是一樣，如果一個國家要從國外進口石油，就要確保海上線路不被敵對勢力掌握。交通線的暢通，要想辦法維持，必要的時候用軍隊保駕護航，不要被人家切斷。

前面的四種是要求「無」，後面的五種則要求要達到某種條件：「衢地則合交，重地則掠，圮地則行，圍地則謀，死地則戰。」先看「衢地則合交」，進入衢地就應該結交諸侯。因為「衢地」有多國勢力，這時要展開外交，儘量找合作對象，少樹敵，不然雙拳難敵四手。外交攻勢就是比卦（䷇）的工夫，「衢地」如果不用外交，那可就苦了，你有那麼多部隊嗎？能跟每一個人為敵嗎？就像中國，陸地邊界線那麼長，與這麼多國家接壤，如果都是敵國，那處理得來嗎？所以，要與邊界上的國家結成友好鄰邦，這樣對自己、對別人都有利。

「重地則掠」，深入重地就要掠取糧草。已經深入敵區，軍隊的補給不能靠自己的國家了，要「因糧於敵」，掠奪別人的資源來補給自己。〈軍爭篇〉就提到進入敵人的地帶，要「掠鄉分眾」，就地補給，就地生財。武裝部隊就是合法的強盜，搶奪人家的資源來補給自己。這是「重地」的生存法則。換句話說，深入到了一個地方，不要期待從基地尋求補給，要就地生財，要自己想辦法就地找資源來充實自己。

「圮地則行」，碰到圮地就必須迅速通過。「圮地」不能久待，要快速通過。這個道理很簡單，不用多說。

「圍地則謀」，陷入圍地就要設謀脫險。入口很窄，像一個口袋擺在那裡，敵人雖然不多，但千萬不能鬥氣，要動腦筋想一想到底該怎麼辦，因為這很可能是陷入重圍的地方，是一個陷阱。

「死地則戰」，處於死地就要力戰求生。這就是置之死地而後生，沒得選擇，只有拚命，到了「圍地」還可以動動腦筋，權衡要不要進去。陷入死地則有進無退，只有死拚，可能還可以殺出一條血路。

兵貴神速

古之善用兵者，能使敵人前後不相及，眾寡不相恃，貴賤不相救，上下不相收，卒離而不集，兵合而不齊。合於利而動，不合於利而止。敢問敵眾而整將來，待之若何？曰：先奪其所愛則聽矣。兵之情主速，乘人之不及。由不虞之道，攻其所不戒也。

下面講的好像跟前面的「九地」又沒有什麼關係了，我們還是先分析一下。善於用兵的人，「能使敵人前後不相及，眾寡不相恃，貴賤不相救，上下不相收，卒離而不集，兵合而不齊」，這跟〈虛實篇〉描述的有一點像，讓敵人備多力分，我方主動攻擊，集中優勢兵力，以十擊一，讓其救援都來不及。把他打散，針對局部的弱點，雷霆萬鈞擊退，等到救兵到了，你也走了。

「能使敵人前後不相及」，善用兵的人，調動兵力就是這麼靈活、快速、狠準，能夠讓敵人前後都不能夠互相幫上忙。我方攔腰一衝，敵人後面的部隊斷了，前面的還不知道，他的力量被我打成好幾段。

「眾寡不相恃」，主力和小部隊無法相互依靠，把他比較弱的吃掉，小部隊吃掉了，大部隊還在做夢，沒有辦法互相依靠，所以敵人有數量優勢也沒有用，因為我動作快。

「貴賤不相救，上下不相收，卒離而不集，兵合而不齊」，意即官兵之間不能相互救援，上下級之間不能互相聯絡，士兵分散不能集中，合兵佈陣也不整齊。這樣一來，沒有辦法守望相助，完全離散了。古今中外用兵有一條非常重要的原則，那就是集中兵力，要形成瞬間的爆發力、衝擊力，把敵人衝散，讓敵人產生巨大的恐慌，人再多也沒有用，「離而不集」。「兵合而不齊」，勉強湊到一起，還是不完整，不能打，也不能結陣。一個將領善用兵者，「合於利而動，不合於利而止」，考慮什麼時候採取行動，合於利益才動，不合於利益說什麼也不動，絕對不會感情用事。因為「兵以利動，以詐立」，需要很冷靜，遵守利益的原則。如果沒有利益，就別動。

「敢問敵眾而整將來，待之若何」，下面拋出一個問題來了，「敢問」有一點突兀，本來是敘述體，突然冒出這兩個字。「敢問」是吳王問孫子、孫子回答，還是學生問、孫子回答呢？反正就突然間冒出來了。這就是這一章有一點怪怪的地方，不過這樣的情形前面的〈虛實篇〉也有過：「以吾度之，越人之兵雖多，亦奚益於勝哉。」插入這一段，好像回到了歷史。很多學問就是建構在問答上，《論語》和《孟子》都是問答體。這裡就問了，有一種情況，「敵眾而整將來，待之若何？」意思是說，敵人兵員眾多且又陣勢嚴整向我發起進攻，那該用什麼辦法對付他呢？敵人多，而且軍容壯盛、堅實，這樣一個很有秩序的部隊要壓過來打我們，我們要怎麼應付？

「曰：先奪其所愛則聽矣。」這就是所謂的「小老婆戰術」。利用對方最大的弱點，先把他最愛的搶來，他的心就亂了。「先奪其所愛」，那就是他的要害；「則聽矣」，再怎麼強的部隊，也沒有辦法，他被你牽制住了，什麼都聽你擺佈了；要給贖款，就給贖款，要訂城下之盟，就訂城下之盟。

「兵之情主速，乘人之不及。由不虞之道，攻其所不戒也。」用兵之理貴在神速，要乘敵人措手不及的時機，走敵人意料不到的道路，攻擊敵人沒有戒備的地方。這就是速戰速決，少花錢，出其不意，攻其不備，奇襲就能夠成功。二戰時，德軍不顧跟蘇聯訂了互不侵犯合約，突然幾百萬大軍展開行動，攻入西伯利亞，蘇聯剛開始就慌得一塌糊塗，因為德軍「由不虞之道」，絕對想像不到的路線，來打蘇軍沒戒備鬆弛的地方，而且「乘人之不及」，蘇軍來不及調度、準備。德軍在剛開始發動戰爭的時候可謂是席捲歐洲，其閃電戰一下就把法國打下，整個法國就被征服了。閃電戰就是快，快會給敵人造成很大的心理震撼，什麼也來不及準備就被擊潰。快速所耗費的糧食少，錢也少，這就是「兵聞拙速，未睹巧之久也」。

跨國作戰之道

凡為客之道，深入則專，主人不克，掠於饒野，三軍足食。謹養而勿勞，並氣積力，運兵計謀，為不可測。投之無所往，死且不北。死焉不得，士人盡力。兵士甚陷則不懼，無所往則固，深入則拘，不得已則鬥。是故其兵不修而戒，不求而得，不約而親，不令而信，禁祥去疑，至死無所之。

下面好像又有一點回應〈九地篇〉前面的入人之地淺深的地方了。「凡為客之道」，遠征軍就是客人，防守的敵人就是主人。「凡為客之道」，就是講跨國作戰的道理。像美國幾乎都是在做這樣的事，跑到地球的另一端，通過海陸空的快速運輸把兵力投射過去。

「深入則專，主人不克，掠於饒野，三軍足食」，意思是說，越深入敵國腹地，我軍軍心就越堅固，敵人就不易戰勝我們，在敵國豐饒地區掠取糧草，部隊給養就有了保障。遠征作戰，補給線是最脆弱的地方，而且打人家，得不到當地民眾的支持。既然深入敵境，大家沒法回頭，就專心一志，只能打。先深入再說，不然永遠是門外漢，永遠是進退不定。學問事業做久了，就丟不掉了，變成了你的專業，沒有別的想法。「主人不克」，一旦沒有三心二意，專業精神一出來，競爭力就出來了，原來防守的主人就沒有辦法贏過你。因為我這種有進無退的精神，勇往直前，進入一個陌生的領域，比別人更加倍努力，最後玩過那個行業中的行家。這就是「深入則專」的精神，也就是萃卦（䷬）精英深入的概念，就是不要回頭。「掠於饒野」，到那些富饒的地方，搜刮敵人的糧食物品，「三軍足食」，部隊怎麼會不夠吃呢？這就是「因糧於敵」，就要有這種「強盜」精神。

「謹養而勿勞」，遠征軍長途奔襲作戰，非常累，一定要重視身心的調養，不要勞累過度，尤其出門在外，要看醫生都不知道去哪裡。「並氣積力」，把所有的力氣都集中省下來，到該攻擊、該發揮戰力的時候再用，千萬不要虛耗掉。「運兵計謀」，部署兵力，巧設計謀，使敵人無法判斷我軍的意圖。也就是說，不能只鬥力，還要鬥智，尤其是在別人的土地上，「為不可測」，「運兵計謀」出來的結果，產生的行動，讓敵人完全猜不著。

然後注意，「投之無所往，死且不北」，將部隊置於無路可走的絕境，士卒就會寧死不退。把戰力資源投到那種沒有辦法回頭的地方，士兵沒有選擇，只能拚命。

「死焉不得，士人盡力」，士卒既能寧死不退，他們就會殊死作戰。不怕死的兵，才能把所有的潛力都發揮出來。因為已經切斷了他們所有的選擇，他們要活，在一個陌生的地方要活，就不得不拚命。

「兵士甚陷則不懼，無所往則固；深入則拘，不得已則鬥」，意思是說，士卒深陷危險的境地，就不再存在恐懼，一旦無路可走，軍心就會牢固；深入敵境軍隊就不會離散，遇到迫不得已的情況，軍隊就會殊死奮戰。前面講的「投之無所往」就是這個意思，士兵沒有地方走，就只能死心塌地跟你幹，人到那時候就超越了害怕，這就是「置之死地而後生」。那將領也是故意讓軍隊深陷到敵境，造成軍隊的不害怕，不害怕就勇氣百倍，為了自己都要拚了。這就是所謂的「債多不愁」，欠一千萬的時候天天想著要還錢，好難過，等到欠一千億的時候，就想何必要還錢，反而不愁了。這就是「甚陷則不懼」，到哪裡都覺得自己像財主，每個人都怕你，都不敢催帳，這不就是坎卦（䷜）〈彖傳〉所說的「險之時用大矣哉」嗎？要去就去水最深的地方，半吊子沒用。真正不害怕了，就可以「獨立不懼，遯世无悶」，這就是大過卦（䷛）的狀況。大過卦可怕，可是在非常的情況下，只有不怕才會創造奇蹟。負債轉資產，光腳的贏過穿皮鞋的，這是領兵官故意造成的，讓士兵進入那種情境，變成勇士，再孬的兵在那種情況下，「甚陷」就會變勇士，「無所往」就固。「入深則拘」，一旦深入了，就行動不能自如，什麼都被綁住了，就沒得選，力量就集中了。「不得已則鬥」，殺氣是被不得已的形勢逼出來的，所以人在特別恐懼的時候，力量有時候超過平常很多倍，道理就在這裡。人有很多潛力，太鬆散，太舒服，太安逸，永遠出不來，有時候也要有適度的壓力，完全沒有壓力怎麼成長？「不得已則鬥」，故意造成一個不得已的環境，讓人只有奮鬥，停不下來。

「是故其兵不修而戒，不求而得，不約而親，不令而信，禁祥去疑，至死無所之」；因此，不須整飭就能注意戒備，不用強求就能完成任務，無須約束就能親密團結，不待申令就會遵守紀律，禁止占卜迷信，消除士卒的疑慮，他們至死也不會逃避。這就是形勢代替了接管指揮，根本不用要求，士兵都按照大將所希望的幹。「不修」，就是不必調整，「而戒」，每一個人都會保持戒備、遵守軍紀。「不求而得，不約而親」，不必三令五申、約法三章，完全像戰場上的袍澤兄弟，比什麼都親。戰場上的關係有時就是生死之交，尤其是打過大戰的，生存下來的一輩子忘不掉跟他一起同生死而且已經早走的人，這就是人性、環境造成的。故意塑造這樣一個環境，「不令而信」。「禁祥去疑，至死無所之」，這是指嚴戒迷信，免得擾亂軍心。我在開始時提到過，兵法家都是敢作敢當的，腦筋特別清晰，有時利用迷信，但自己絕不迷信，尤其是軍心必須凝聚的時候，絕不允許有人妖言惑眾、騷擾軍心。一旦有了疑惑，戰力就打折扣。祥瑞有時雲山霧罩，也要絕對禁止，「去疑」，讓大家不再有任何疑惑。疑惑就是障礙，「至死無所之」，不然哪裡都不去了。

齊勇如一、剛柔皆得

吾士無餘財，非惡貨也；無餘命，非惡壽也。令發之日，士卒坐者涕沾襟，偃臥者涕交頤，投之無所往，諸、劌之勇也。故善用兵者，譬如率然。率然者，常山之蛇也。擊其首則尾至，擊其尾則首至，擊其中則首尾俱至。敢問兵可使如率然乎？曰可。夫吳人與越人相惡也，當其同舟而濟而遇風，其相救也如左右手。是故方馬埋輪，未足恃也；齊勇如一，政之道也；剛柔皆得，地之理也。故善用兵者，攜手若使一人，不得已也。

「吾士無餘財，非惡貨也；無餘命，非惡壽也。令發之日，士卒坐者涕沾襟，臥者涕交頤，投之無所往，諸、劌之勇也。」「諸、劌之勇」是有典故的，「諸」是指專諸，吳公子光（即吳王闔閭）欲殺王僚自立，伍子胥把專諸推薦給公子光。西元前五百一十五年，公子光乘吳國內部空虛，與專諸密謀，以宴請吳王僚為名，藏匕首（魚腸劍）於魚腹之中進獻，當場刺殺吳王僚，專諸也被吳王僚的侍衛殺死。專諸刺僚後，闔閭才得以登基。刺殺國君之後，專諸就得犧牲，這是需要勇氣的，荊軻刺秦王也是一樣。

「劌」呢？一般說是曹劌。曹劌，據說又名曹沫，《史記．刺客列傳》載：「曹沫者，魯人也，以勇力事魯莊公。莊公好力。曹沫為魯將，與齊戰，三敗北。魯莊公懼，乃獻遂邑之地以和，猶復以為將。齊桓公許與魯會於柯而盟。桓公與莊公既盟於壇上，曹沫執匕首劫齊桓公。桓公左右莫敢動，而問曰：『子將何欲？』曹沫曰：『齊強魯弱，而大國侵魯亦甚矣。今魯城壞即壓齊境，君其圖之！』桓公乃許盡歸魯之侵地。」這裡的曹劌是否為《左傳》上的「曹劌論戰」之曹劌，還有和《史記》中的曹沫是否為同一人？為此，大多史料沿襲舊說，語焉不詳。我們切莫去費心思考證了，只要知道曹劌是勇士就行。

「諸、劌之勇」是拿孫武之前或者當時的勇士作為標準，他的勇氣從哪裡來？怎麼不怕死呢？因為「投之無所往」。這就是人情的分析。

「吾士無餘財，非惡貨也」，大家沒有多的錢，不是他不愛錢。人怎麼會不愛錢呢？「無餘命，非惡壽也」，士卒置生死於度外，也不是不想長壽。也就是說，士兵不是不想多活些時日，而是形勢所逼，活著是奢想，想也沒用的，還不如不要想呢，走一步算一步，豁出去了。

「令發之日，士卒坐者涕沾襟，臥者涕交頤，投之無所往，諸、劌之勇也」。意思是說，當作戰命令頒佈之時，坐著的士卒淚沾衣襟，躺著的士卒淚流滿面，但把士卒置於無路可走的絕境，他們就會像專諸、曹劌一樣的勇敢。軍令下來，必須服從，士兵們還來不及跟親人道別，人到那種情況下，大概知道是最後的時刻了，只有拚命，故勇氣百倍。這時，不能說他不愛錢，那種情況下愛錢能怎樣？惜命又能怎樣？都一樣。

「故善用兵者，譬如率然。率然者，恆山之蛇也。擊其首則尾至，擊其尾則首至，擊其中則首尾俱至。」善於指揮作戰的人，能使部隊自我策應如同「率然」蛇一樣。「率然」是常山那個地方的一種蛇，打牠的頭部，尾巴就來救應；打牠的尾，頭就來救應；打牠的腰，頭尾都來救應。「恆山」就是常山（後來的版本中，改為「常山」，當時大概是為避漢文帝劉恆的諱），到底是否北嶽恆山很難講，不過也無所謂。反正就是那個地方，那地方有一種蛇稱作「率然」，就是突然來突然去，來無影去無蹤，一下尾巴掃到了，一下頭咬了你。兵力的調度、部署就像恆山蛇那樣靈動，這種蛇看起來不會很短，但是非常靈活，「擊其首則尾至，擊其尾則首至，擊其中則首尾俱至」。換句話說，前面講的集中兵力打人家局部，讓人家「上下不相收」，完全失效。但是恆山這種蛇，你打它任何一個局部，牠就馬上召集全體力量反擊，首尾相救，所以你揀不到便宜。牠比你還快，蛇本來就是一體的，又這麼靈動，這麼多的軍隊也可以像蛇一樣調度靈活，那就不容易了，這真的是善用兵的人。不管他的戰力在戰場上散佈多廣，跟集中在幾個點上沒有什麼差別。

「敢問兵可使如率然乎」？試問：可以使軍隊像「率然」一樣吧？「敢問」可能又是吳王，或者學生問。那是一條蛇，再長也是一條蛇，兵法也有一字長蛇陣，我們的兵散佈那麼廣，怎麼可以瞬息間相互救援呢？「曰可」，「可」就是因為還有人情上的運用，和〈九地篇〉的主題一樣——風雨同舟，人在那時對袍澤會愛惜，幫助伙伴就等於幫助自己。

接著作者馬上列舉吳越之間的關係：「夫吳人與越人相惡也，當其同舟而濟而遇風，其相救也如左右手。」意思是，那吳國人和越國人是互相仇視的，但當他們同船渡河而遇上大風時，他們相互救援，就如同人的左右手一樣。這就是蹇卦（䷦）經常提的風雨同舟。即使是世仇，但是當有共同的敵人時，在一條船上的人都被逼著要合作，不可能在船上鬥，要不然都得翻船，所以要同舟共濟，共度險難。吳人和越人是世仇，互相討厭對方到極點，有共同的敵人就得合作，「其相救如左右手」，救他就等於救自己，就像左手右手互救一樣。在面對共同的敵人時，這種情況下就能造成「率然」，擊之首，尾至；擊之尾，首至；擊中，首尾俱至，像左右手一樣，救援很快就來。因為是生命共同體，都是一條蛇，蛇斷了，生存馬上就成為問題。這也是在特殊狀況中的人情，孫武瞭解得很清楚。

「是故方馬埋輪，未足恃也；齊勇如一，政之道也；剛柔皆得，地之理也。」所以，想用縛住馬韁、深埋車輪這種顯示死戰決心的辦法來穩定部隊，是靠不住的。要使部隊能夠齊心協力奮勇作戰如同一人，關鍵在於部隊管理教育有方。要使強弱不同的士卒都能發揮作用，在於恰當地利用地形。故善用兵者，攜手若使，大家手牽手，像一個人一樣那麼團結，不是他們真的那麼相親相愛，形勢逼著他們非手牽手不可，叫不得已也。「方馬埋輪」，以前出戰時結方陣，一個方陣一個方陣，約束所有的人馬資源，不讓他們亂，像金城湯池一樣堅固，這時這些都不足以依靠，依靠的是互相救援的情誼，即戰時的情誼，那個才重要。人的力量，在特殊情況爆發出來的力量，比其他物質上的要求來得可靠。「齊勇若一」，像一個人一樣，多麼的勇敢，這就是管理到位，「政之道也」。「剛柔皆得，地之理也」，要瞭解天文地理，要掌握任何地形，「九地」都有其道理；「剛柔皆得」，懂得剛柔相濟，才可生生不息。

「善用兵者攜手若使一人，不得已也」，所以善於用兵的人，能使全軍上下攜手團結如同一人，這是因為客觀形勢使然，不得不這樣。這裡又強調了「不得已」，這跟孫子的主張是一致的。不要要求一個人有神仙一樣的表現，利用人之常情，用形勢來造成他非這樣不可，一樣可以做到。〈勢篇〉說不要求於人，要求之於勢，任勢而不求人：「故善戰者，求之於勢，不責於人，故能擇人而任勢」。只要造成那個勢，他非這樣做不可，不是說這些事真了不起，而是環境逼就如狼似虎的勢。

靜幽正治

將軍之事，靜以幽，正以治，能愚士卒之耳目，使之無知；易其事，命其謀，使民無識；易其居，迂其途，使民不得慮。帥與之期，如登高而去其梯；帥與之深入諸侯之地，而發其機。若驅群羊，驅而往，驅而來，莫知所之。聚三軍之眾，投之於險，此謂將軍之事也。

「將軍之事」，將軍要做什麼，他的職責是什麼？「靜以幽，正以治」；領導的將軍要做到考慮謀略沉著冷靜而幽深莫測，管理部隊公正嚴明而有條不紊。這樣「能愚士卒之耳目，使之無知」，要能蒙蔽士卒的視聽，使他們對於軍事行動毫無所知。能夠愚弄士兵的耳目，欺騙自己的部屬，讓他完全不知道自己幹什麼。這是必要的。然後才是「易其事，命其謀」，變更作戰部署，改變原定計畫，使人無法識破真相。這樣的大將很有風範，而且士兵也不知道他心中想什麼，什麼都管理得井井有條，什麼情況鎮定如恆，部屬只須聽命行事，不必知道那麼多，這樣才能夠愚弄士卒的耳目，使他無知；就是前面下達命令，後面突然轉變，為什麼要轉變，士兵也不必知道。

「使民無識」，絕對不讓下面知道到底什麼意思，因為軍中就是聽命令。「易其居」，本來在這邊紮營，突然又拔營；「迂其途」，本來直線行軍，下一步就到站了，突然又繞彎到山裡頭去，「使民不得慮」，讓士兵根本連想的空間都沒有，聽到命令就得行動，調度來調度去，搞得頭昏眼花，完全不知道將軍在幹什麼。

「帥與之期，如登高而去其梯」，將帥向軍隊下達作戰任務，就像使其登高而抽去梯子一樣。拿梯子才能登高，登到高處之後把梯子踢掉，就下不去了，這就是不得已，被綁上了戰車，非聽話不可，不然就下不來。「三十六計」有一計，就是「上屋抽梯」，《三國演義》裡面就曾出現這一計，第三十九回「荊州城公子三求計」云：

次日，玄德只推腹痛，乃浼孔明代往回拜劉琦。孔明允諾，來至公子宅前下馬，入見公子。公子邀入後堂。茶罷，琦曰：「琦不見容於繼母，幸先生一言相救。」孔明曰：「亮客寄於此，豈敢與人骨肉之事？倘有漏洩，為害不淺。」說罷，起身告辭。琦曰：「既承光顧，安敢慢別。」乃挽留孔明入密室共飲。飲酒之間，琦又曰：「繼母不見容，乞先生一言救我。」孔明曰：「此非亮所敢謀也。」言訖，又欲辭去。琦曰：「先生不言則已，何便欲去？」孔明乃復坐。琦曰：「琦有一古書，請先生一觀。」乃引孔明登一小樓，孔明曰：「書在何處？」琦泣拜曰：「繼母不見容，琦命在旦夕，先生忍無一言相救乎？」孔明作色而起，便欲下樓，只見樓梯已撤去。琦告曰：「琦欲求救良策，先生恐有洩漏，不肯出言；今日上不至天，下不至地，出君之口，入琦之耳：可以賜教矣。」孔明曰：「疏不間親，亮何能為公子謀？」琦曰：「先生終不幸教琦乎！琦命固不保矣，請即死於先生之前。」乃掣劍欲自刎。孔明止之曰：「已有良策。」琦拜曰：「願即賜教。」孔明曰：「公子豈不聞申生、重耳之事乎？申生在內而亡，重耳在外而安。今黃祖新亡，江夏乏人守御，公子何不上言，乞屯兵守江夏，則可以避禍矣。」琦再拜謝教，乃命人取梯送孔明下樓。孔明辭別，回見玄德，具言其事。玄德大喜。

這就是「上屋抽梯」。「帥與之期」，本來約好在某一個地方見面，約的地方進去之後，來得去不得，就得聽其擺佈，因為回路斷掉了，想要下來就得聽他的。士兵都得聽將領的，就是如此。

「帥與之深入諸侯之地，而發其機」，將帥率領士卒深入諸侯國土，要像弩機發出的箭一樣一往無前。遠征軍一旦深入敵境，就好像扳機一樣，有去無回。殺機一動，沒有退路，像趕羊一樣，「若驅群羊，驅而往，驅而來，莫知所之」，如驅趕羊群一樣，趕過去又趕過來，使他們不知道要到哪裡去。「聚三軍之眾，投之於險，此謂將軍之事也」，集結全軍，把他們置於險境，這就是將軍要做到的。所以，當將軍的心要狠，沒得商量，又要保持機密。士兵只有聽從命令，尤其這種〈九地篇〉的情況下，沒有別的選擇，像羊一樣被趕來趕去。本來就正常人的感情來說，這樣帶部屬，是說不過去的，但是在〈九地篇〉所說的特殊環境中，為將者必須冷靜、成熟、殘忍、不可測。

屈伸之利

九地之變，屈伸之利，人情之理，不可不察也。

「九地之變」，九地也是有變化的，不是一成不變的。剛開始是「輕地」，隔一段時間就變「重地」，所以它是不斷變化的。光是瞭解靜態的分類，有哪九種地，是不行的，要懂得變。「屈伸之利」，什麼時候縮頭，什麼時候伸頭，如果縮頭有利就縮頭，伸頭有利就伸頭。大丈夫能屈能伸，就如《易經・繫辭下傳》第五章說咸卦（䷞）第四爻「屈伸相感而利生焉」，人就在一屈一伸之間來評估利弊。「九地之變」，兵就是以利動，合於利則動，不合於利則止，就這麼簡單，不要感情用事，不要悖離獲利的原則。「人情之理」，更重要就是人情之理，人在正常狀況下會有什麼反應，在特殊狀況下會有什麼反應，而且不是一個人，是一大群人。照這樣看，孫武對自己這一點充滿了自信，他瞭解自己能夠驅使這些人，因為充分掌握他們的喜怒哀懼愛惡欲，「不可不察也」，會如此洞悉，也是因為下了深入考察的工夫。「人情之理，不可不察」。要明辨，似是而非，不行，一定要抓得準。

深則專，淺則散

凡為客之道，深則專，淺則散。去國越境而師者，絕地也；四徹者，衢地也；入深者，重地

也；入淺者，輕地也；背固前隘者，圍地也；無所往者，死地也。是故散地吾將一其志，輕地吾將使之屬，爭地吾將趨其後，交地吾將謹其守，衢地吾將固其結，重地吾將繼其食，圮地吾將進其途，圍地吾將塞其闕，死地吾將示之以不活。故兵之情：圍則禦，不得已則鬥，過則從。

「凡為客之道」，還是一樣，你是入侵的軍隊。「深則專」，深入敵境則軍心穩固。這和前面講的「凡為客之道，深入則專」好像有一點重複，甚至有些人懷疑這一段不是孫武寫的，因為有一點雜亂無章。「淺則散」，淺入敵境則軍心容易渙散。這就不用再詳細解釋了。

「去國越境而師者，絕地也；四徹者，衢地也；入深者，重地也；入淺者，輕地也；背固前隘者，圍地也；無所往者，死地也」，意思是說，進入敵境進行作戰的稱為絕地；四通八達的地區叫做衢地；進入敵境縱深的地區叫做重地；進入敵境淺的地區叫做輕地；背有險阻前有隘路的地區叫圍地；無路可走的地區就是死地。這等於是又講了一遍，可是這一遍跑出來一個「絕地」，前後不統一，「輕地、重地、衢地、圍地、死地」是一樣的，沒有圮地、爭地、交地，跑出一個「絕地」。這也是以前很多研究詬病的地方，我們且莫管它，反正傳下來了。「去國越境而師」，越境去打仗，這就叫絕地，不是很怪嗎？只要在國外作戰都叫絕地，「絕」到底是什麼意思呢？前面有斷絕的意思，如「交地則無絕」，交通線不要被人家切斷，還有前面更多的是「跨越」的意思，如「絕山依谷」，「客絕水而來」。如果是跨越倒比較合理，因為跨越國境線，那實質上是離開家鄉，心理上也是不能再回頭的點，跟舊的東西就斷了聯繫，故稱為「絕地」。這個意思看起來還比較接近，但是定義不明。也許是去了，就要做可能永遠不能回來的打算。換句話說，過河的卒子，只能向前，回頭也沒有意義。去了就好好面對，再苦也要咬牙往前走，越深入越好，不要回頭。「四徹者，衢地也」，「徹」就是通，很徹底，通到底。四通八達，為衢地，理解起來沒有問題。「入深」是「重地」，「入淺」是「輕地」，很容易理解。「背固前隘者，圍地也」，「圍地則謀」是對策，現在又換一個說法講圍地「背固前隘」，後面沒有辦法動，前面唯一的出路很窄，要是人家卡住了，就是進入人家的口袋陣地。這種形勢就叫圍地。「無所往」，哪兒都去不了，死路一條，就是「死地」，沒路只有拚命，多殺一個就賺一個。

下面又講一遍策略，嚴格講是有一點重複了：「是故散地吾將一其志，輕地吾將使之屬，爭地吾將趨其後，交地吾將謹其守，衢地吾將固其結，重地吾將繼其食，泛地吾將進其途，圍地吾將塞其闕，死地吾將示之以不活。」在散地的時候大家心志散漫，不容易團結，想溜號，想回家；所以在散地的時候，一定要統一大家心中的想法，意志要堅定。如果完全放任，士兵一戀家，就集中不了。「輕地」呢？剛剛入別人之境，還可以往後跑，「屬」就是連在一塊，在陌生的地方不能失去聯繫，要串成一氣，不可以脫隊。「爭地吾將趨其後」，在爭地，要迅速出兵抄到敵人的後面。「趨」就是趕，因為必爭之地速度要最快，千萬不能慢，越多的部隊送到那個地方卡位，就越有機會，所以一定要趕，不斷地趕。

「交地吾將謹其守」，在交地，就要謹慎防守。因為那個地方是交通路線，到處都是通的，面向四面八方，我可以往，彼可以來，所以所有的部隊要特別謹慎守備，因為很容易各方都遭受攻擊。「衢地吾將固其結」，有多方面的勢力，要進行外交攻勢，孤立主要敵人，所有的結交對象一定要穩定，像韓國的「天安艦事件」到底是真還是假，或者是美國導演的，但是至少獲利了；「固其結」，韓國、日本、美國藉這個機會又串起來了，美國又重回亞洲。「固其結」就是交朋友，有些以為很穩，其實不穩，一轉身就出賣了，所以一定要很有把握，有很穩固的交情。

「重地吾將繼其食」，糧食不夠了，不能讓後方補給，要「掠於饒野」，糧食補給不能中斷，這是第一要義。「圮地吾將進其途」，圮地趕快通過，不能待。「圍地吾將塞其闕」，陷入圍地，就要堵塞缺口。在圍地的時候，敵人可能放了一條生路，網開一面，那是陷阱，讓你沒有鬥志，大家都往那面跑，敵人在前面設了埋伏，把你吃光光。所以乾脆自己堵上好了，不要上當，跟敵人幹到底。這就是決心了，不配合敵人的想法，自己把缺口塞上。「死地吾將示之以不活」，到了死地，就要顯示死戰的決心。死地就得拚命，表現出這種不怕死的勇氣，置之死地而後生。這種背水一戰的精神很重要，敵人看了就怕。

「故兵之情，圍則禦，不得已則鬥，過則從」，意思很簡單，一旦陷入重圍了，當然要防禦，不能等死。不得已就鬥，再孬的士兵都變勇士。「過則從」，超過身心負荷，只有遵命的份，也不能質疑，不能再選別的路。強力要求，非聽不可，那是唯一可能的生路。在部隊中常常是如此，沒有什麼合理不合理的，合理不合理都是磨練，聽命就對了，有時候過火了，部屬反而乖了，如果說無可無不可，反而不聽話。

信己之私，威加於敵

是故不知諸侯之謀者，不能預交；不知山林、險阻、沮澤之形者，不能行軍；不用鄉導者，不能得地利。四五者，一不知，非霸王之兵也。夫霸王之兵，伐大國，則其眾不得聚；威加於敵，則其交不得合。是故不爭天下之交，不養天下之權，信己之私，威加於敵，則其城可拔，其國可隳。

「是故」這一段，又是重複了。原來在〈軍爭篇〉有這一段，〈九地篇〉又重現了，是錯簡嗎？還是後面有發展？不得而知。「不知諸侯之謀者，不能預交；不知山林、險阻、沮澤之形者，不能行軍；不用鄉導者，不能得地利。」不瞭解諸侯列國的戰略意圖，就不要與之結交；不熟悉山林、險阻、沼澤等地形情況，就不能行軍；不使用嚮導，就無法得到地利。所以，要預先展開外交攻勢，「衢地吾將固其結」，首先要知道戰略意圖，要交往就要交到手，每一個國家都是自私自利的，像梁惠王初見孟夫子，就說孟子不遠千里而來，「何以利吾國者乎？」梁惠王當時擁有一個強盛的魏國，卻盡吃敗仗，當然想富國強兵，看到孟老夫子來了，就以為一定帶了對魏國有利的策略來了。這就是「諸侯之謀」，每一個人都替自己的國家謀、自己的公司謀，每一個人都謀己。在這種錯綜複雜的關係之中，想拉誰打誰，都得知道。蘇秦、張儀能夠耍得開，就是知道「諸侯之謀」，才能展開外交攻勢，投其所好或者威逼利誘，掌握對方心理上的弱點，所以他們一下子就能打通關節。這一點很重要，不知道別人想什麼，就不能盲目交往。評估有限，怎麼交往？

「四五者」，「四五」是什麼，不是很清楚，有人說四加五等於九，就是「九地」。「一不知，非王霸之兵也」，必須全知，有一個漏算，有一個觀念不具備，都不是王霸之兵。我們知道稱王、稱霸是不同的。《易經》中的師卦（䷆）和比卦（䷇）都是霸道，同人（䷌）、大有（䷍）

才是王道，它們是相錯的卦。先霸而後王，沒有稱霸的實力，王道就是空中樓閣；沒有強大的武力，就不會有終極的和平。王霸之兵就是天下雄師，像現在美國的軍力大家都怕，那他一定要知道「四五者」，一個不知道都不行，然後就得知道何謂王霸之兵。

下面則講的氣勢十足，確實有取法之地。「夫霸王之兵，伐大國，則其眾不得聚；威加於敵，則其交不得合。」意思是說，凡是王霸的軍隊，進攻大國，能使敵國的軍民來不及動員集中；兵威加在敵人頭上，能夠使敵方的盟國無法配合策應。「王霸之兵」的定義，好可怕，誰都惹不起。「伐大國」，還不是打小國，不欺負弱小，專挑硬的打，專挑有實力的國家去打；「其眾不得聚」，大國人多勢眾，但是來不及動員，就被打垮。這說明王霸之兵雷霆萬鈞，有強大的實力突破大國，而且讓大國的所有資源來不及調度，就被擊潰。「威加於敵，其交不得合」，大國旁邊一定有很多朋友、盟邦，但王霸之兵可以讓旁人都不敢插手救援，誰敢幫他，誰就毀滅，那些好交情的兄弟姐妹、幫手，個個都噤若寒蟬，不敢惹。也就是說，王霸之兵一出，大國有盟邦也沒有用。如果碰到王霸之兵，誰都不敢去履行攻守同盟，都害怕惹火燒身。因為他「威加於敵」，絕對可以孤立強大的對手，第一個讓他來不及動員，第二個所有的朋友沒有一個人敢幫他。

「是故不爭天下之交，不養天下之權，信己之私，威加於敵，則其城可拔，其國可隳」。因此，沒有必要去爭著同天下諸侯結交，也用不著在各諸侯國裡培植自己的勢力，只要施展自己的戰略意圖，把兵威施加在敵人頭上，就可以拔取敵人的城邑，摧毀敵人的國都。實力到「王霸之兵」，根本就不用一天到晚花那麼多外交預算去抱這個大腿、抱那個小腿，這就是實力原則。如果有超強的實力，根本就不用卑躬屈膝，花很多錢，拚命爭取盟友，這就是「不爭天下之交」。自己的實力超強，充滿了自信，也瞭解人家盟邦之間的脆弱性，根本就不爭，一般人會去「爭天下之交」，因為沒自信。「不養天下之權」，到處去交這個朋友，交那個朋友，進口這個國家的食物，進口那個國家的機器，就叫「養天下之權」，這不是去供養他嗎？「養天下之權」，把自己生產的東西白白給人，養了還不一定有用；所以「王霸之兵」這些都不幹，不會汲汲營營去討好那些國家。冷戰的時候，很多國家不是靠蘇聯就是靠美國，這就叫「養天下之權」，都得交保護費。台灣就經常買一些破銅爛鐵。

「信己之私」，「信」即伸，以前是一個字，蛇吐信，就是伸出舌頭，火藥拉出來一條曰引信。自己有什麼圖謀，最合乎利益的叫「私」，私心、私欲擴張伸展，沒有人擋得了，要什麼就一定要到，不要什麼，塞給我，我也不要。「信己之私」，自己的想法完全可以伸張。一旦自己有什麼意圖，合乎自己的利益，一定「威加於敵」，而且就可以「拔城隳國」。

並敵一向，千里殺將

施無法之賞，懸無政之令。犯三軍之眾，若使一人。犯之以事，勿告以言；犯之以害，勿告以利。投之亡地然後存，陷之死地然後生。夫眾陷於害，然後能為勝敗。故為兵之事，在順詳敵之意，並敵一向，千里殺將，是謂巧能成事。

「施無法之賞，懸無政之令」，施行超越慣例的獎賞，頒佈不拘常規的號令。這是不按照牌理出牌，因為賞罰是激發動力，可是〈九地篇〉是非常狀況，不能拘泥於常法，照常法打不開局面，沒有辦法達到激勵效果。「無法之賞、無政之令」，都是沒有前例的；沒有前例不要緊，只要能夠解決問題就好，這就是〈九地篇〉的精神，不必自己束縛自己。

「犯三軍之眾，若使一人」，指揮全軍，就如同使用一個人一樣。用冒犯的犯，對人很不客氣，想幹什麼就幹什麼，但是結果能夠殺開一條血路，能夠把大家都救出困局，所以大家都聽他的，像命令一個人一樣。這就是調度自如，沒有第二句話。照講這些都沒有前例可循，但是產生了效果，這就突破了。所以人不要有混凝土的腦袋，在特殊環境要有特殊的激勵、特殊的做法，才能夠發揮效果。

「犯之以事，勿告以言」，向部下佈置作戰任務，但不說明其中意圖。還是用冒犯的「犯」，一切都不在乎，最後是看結果。交待做這事做那事，有時突然看不順眼，又干涉不要這樣做，但是他不會告訴你到底怎麼做。真正保密的不會跟你講，但是經常就出手干涉或者交待任務。

「犯之以害，勿告以利」，只告知危害，而不指出利益。不從正面的誘因去鼓勵你，而是告訴你，如果不這樣做，後果不堪設想，死路一條。也就是說，只告訴你負面的東西，告訴你風險，告訴毀滅性的結果，好消息都不說，任何正面的消息都可能被封鎖。

「投之亡地然後存，陷之死地然後生。夫眾陷於害，然後能為勝敗。」將士卒置於危地，才能轉危為安；使士卒陷於死地，才能起死回生。軍隊深陷絕境，然後才能贏得勝利。目的也不過就是前面所說的「甚陷則不懼，無所往則固，不得已則鬥」，這就是在特殊狀況下的特殊做法，非這樣做不可，否則沒有活路。大家都像坎卦（䷜）一樣陷在裡頭，才能決定戰局的勝敗，士氣、鬥志才上得來，身心才能總動員，創造奇蹟。

從「王霸之兵」一直過來，我們就知道為什麼孫子說「上兵伐謀，其次伐交，其次伐兵，其下攻城」了；不伐謀就不能伐交，要外交，要先搞清楚、研究透徹敵情和周邊勢力，才能縱橫捭闔，對方的企圖或者利用，如果沒有萌出念頭，就讓他死了那個念頭。如何洞悉人家的想法，這就是「上兵伐謀」，就是知道「諸侯之謀」，下面才是「伐交」，才是「預交」。

「故為兵之事，在順詳敵之意，並敵一向，千里殺將，是謂巧能成事者也。」所以，指導戰爭的關鍵，在於謹慎地觀察敵人的戰略意圖，集中兵力攻擊敵人一部，千里奔襲，斬殺敵將，這就是所謂巧妙用兵，實現克敵制勝的目的。也就是說，要有一股勇悍之氣，勇往直前，敵人的意圖一定要判斷清楚，有時候將計就計都可以，只要搞清楚敵人心中想什麼就可以利用或者反利用，然後讓敵人猝不及防，「並敵一向」；一日逮到機會了，就是「千里殺將」，集中你的力量，一下子打到其弱點；因為你知道他的想法和步驟，這就是「巧能成事」，不是真正的一板一眼打贏的，而是藉著巧勁成事，可以千里殺將，可以擒賊擒王。快速打擊部隊就是「順詳敵之意」，「並敵一向，千里殺將」，就是快進快出。

始如處女、後如脫兔

是故政舉之日，夷關折符，無通其使，厲於廊廟之上，以誅其事。敵人開闔，必亟入之，先其所愛，微與之期，踐墨隨敵，以決戰事。是故始如處女，敵人開戶；後如脫兔，敵不及拒。

「是故政舉之日」，照講用「是故」連接也是有問題的，「是故」一定是由前面的因何以推到後邊的果。切莫管它，分析再說。「政舉之日」，等到決定要有大行動的時候，「夷關折符，無通其使」；外交談判在那之前還做，到動武的時候，那些統統都收回來，都暫停，外交的信物不要了；「折符」，放棄外交談判，下面唯有一戰，把所有關口全部封鎖，不通往來。談判的窗口關起來了，下定決心了。「厲於廊廟之上」，指出兵都要到宗廟中去上告祖先，然後討論有沒有勝算，再誓師，這樣激勵士氣，這樣宣告，咬牙切齒的樣子，「以誅其事」，開始宣告敵人多少多少罪狀，激勵士氣。從夏商周三代開始，都是這樣，要自己的部隊配合領導的意志，就要聲明敵人有多壞多壞，我們為什麼要這樣。下面如果不聽令，不但要殺掉你，還要殺掉你的家人，都是這一套。這就叫「厲於廊廟之上」，然後每個人把遺囑寫好，「以誅其事」，下定決心幹。當然也不是盲目打，還是要判斷等有好機會的時候進去，即「敵人開闔」，等他一開一闔的時候，有一個入口，「必亟入之」，快速衝進去。

「先其所愛」，先打他最重要、最不能失去的地方，讓他慌亂。「微與之期」，期就是期約，雙方決定什麼時候會戰，隱微不顯。「踐墨隨敵，以決戰事」。這幾句話的意思是：首先奪取敵人戰略要地，但不要輕易與敵約期決戰，要靈活機動，因敵情來決定自己的作戰行動。「踐墨隨敵」，就是隨機應變，想要決戰，第一個要事先有計畫，按照既定的計畫走，不然就沒有〈始計篇〉了。「墨」指木匠做房子要用墨線盒拉線，然後按照墨線做，稱「踐墨」，這樣才不會偏離施工計畫。預先有周密的計畫，但要「隨敵」，因為敵人是活的，所以不能被自己的計畫綁住，那只是一個大要，該變的時候立刻就得變。戰前的預備就是「踐墨」，也就是《易經》中豫卦（䷏）的「利建侯行師」；「隨敵」就是它的下一卦隨卦（䷐），必要的時候就要變：「官有渝，出門交有功。」既要有計畫，又不能太僵硬，計畫可能還有很多的提案，要變馬上就得變，戰場是活的，「踐墨」加上「隨敵」才能決戰，少一個都不行。人生就是這樣，人生任何一個階段，尤其年輕的時候，都會眺望未來，天天拉墨線，搞計畫，花了一天擬計畫，第二天照著做，第三天就不做了。以前擬的計畫都可以編成一本書，後來發現沒有幾件照做，人生常常是這樣，沒有多少事情是按原先的想法完成的，中間一定會有很多變數，尤其像戰爭這種事情。所以，要有計畫，又不能被計畫綁死，這樣才能進行人生種種的決戰。「有意栽花花不發，無心插柳柳成蔭」，原先想的東西，跟後來真正完成的可能天差地遠，其實無所謂，因為人生就是如此。

「踐墨隨敵，以決戰事」，就如我的人生，以前打死都不會想到自己會教書一輩子，當時還發過誓，說這一輩子絕不教書，教書匠沒出息，現在真的「沒出息」，細想自己好像也是隨敵，你不想做，就讓你做。所以，千萬不要賭咒，千萬不要下定決心，到時都是反過來。

「是故始如處女，敵人開戶；後如脫兔，敵不及拒。」因此，戰爭開始之前要像處女那樣顯得沉靜柔弱，誘使敵人放鬆戒備；戰鬥展開之後，則要像脫逃的野兔一樣行動迅速，使敵人措手不及，無從抵抗。這就是有名的「靜如處女，動如脫兔」（這裡只是各改了開頭一個字）。中國武術最講究這一點，兔子跑起來很快，不動如處女般安靜，等敵人把門戶打開，還來不及關門，一瞬間就衝進去了。後面的文字雖然有一點亂，但是大致都是一種非常情境下的心得，對我們的啟發也是很大的。

第十八章　慎重其事——火攻篇第十二

孫子曰：凡火攻有五，一曰火人，二曰火積，三曰火輜，四曰火庫，五曰火隊。行火必有因，因必素具。發火有時，起火有日。時者，天之燥也。日者，月在箕、壁、翼、軫也。凡此四宿者，風起之日也。

火攻有五

〈火攻篇〉很短。「孫子曰：凡火攻有五。」孫子說，火攻也分五種，這五種是指攻擊的目標。「一曰火人」，燒敵人的部隊，消滅敵人的有生力量。「二曰火積」，二是焚燒敵軍糧草。「三曰火輜，四曰火庫，五曰火隊」，三是焚燒敵軍輜重，四是焚燒敵軍倉庫，五是火燒敵軍運輸設施。積和輜，前面都講過的。〈軍爭篇〉說「軍無輜重則亡，無糧食則亡，無委積則亡」。「委積」就是軍隊暫時儲存的糧草等物資，隨時就可以取用，移防的時候帶著就走。既然「無輜重則亡，無糧食則亡，無委積則亡」，我們當然要燒對方這些東西。敵人積存的物資，包括輜重，都是火力攻擊的對象。輜重一般是存在庫房，庫房是永久性的，不像「委積」是露天的、暫時性的。

「火隊」的說法比較多，就是交通線，必經之路，把那些路線燒斷，切斷敵人的道路。在一戰、二戰乃至現代，就用飛機轟炸，把它切斷，讓那條路線不能用。白天炸，晚上炸，沒有人敢再走那條路線。

「行火必有因」，講完火攻的五個目標，就要講實施火攻必須的具備條件。然後「因必素具」，火攻器材必須隨時準備，平常準備好，用兵時就起大用。沒有火的因，就不會有火燒起來的果，平常就要準備好。火在《易經》中是離卦（☲），離為附麗，火沒有附著的東西，燒得起來嗎？一定是縱橫交織的線，串燒起來。所以「行火必有因，因必素具」。

「發火有時，起火有日」，放火要看準天時，起火要選好日子。你看孫子講得多詳細，一是告訴你目標；二是告訴你如何起火，平常就得準備好；三是要看時機，時很重要，在那個比較落後的時代，也都有這些判斷。

「時者，天之燥也。日者，月在箕、壁、翼、軫也」。這裡的「時」是指天時，氣候乾燥，月亮行經箕、壁、翼、軫四個星宿位置的時候，就是起風的日子。「時者，天之燥也」，風乾物燥的時候燒火才可怕，不能等下雨天火攻。「日者」，要選哪一天呢？要看星象，這不是迷信，確實是那時觀察天象的法則，因為月亮行經二十八宿中某一個星的時候，這一天風特別大，所以諸葛亮借東風，說其裝神弄鬼，其實不然，那是仰觀天象得出的。像我們現在氣象預報一樣，看月亮也可以看得出來。

「凡此四宿者，風起之日也」，月亮經過這四個星宿的時候，就是起風的日子。觀察這四個星宿，判斷何日颳風，現在當然用不上，現在的氣象觀察比這個精確得多。但是一定要選對時間，不是每天都可以燒的。

掌握「五火」之變數

凡火攻，必因五火之變而應之。火發於內，則早應之於外；火發而其兵靜者，待而勿攻，極其火央，可從而從之，不可從則止；火可發於外，無待於內，以時發之；火發上風，無攻下風；晝風久，夜風止。凡軍必知五火之變，以數守之。故以火佐攻者明，以水佐攻者強。水可以絕，不可以奪。

「凡火攻，必因五火之變而應之」。凡用火攻，必須根據五種火攻所引起的不同變化，靈活部署兵力策應。注意「五火」，不是靜態的分類，是有變化的，而且怎麼變化，就得怎麼策應，這才是火攻，有相當的隨機調整彈性。

「火發於內，則早應之於外」，在敵營內部放火，就要及時派兵從外面策應。這是裡應外合，如果滲透到敵人的陣營中，把火燒起來，人是天生怕火的，火在敵營內部燒起來了，在外面圍伺的虎視眈眈的軍隊就要呼應，這樣的裡應外合，會令敵營更慌亂。裡應外合，加深敵人的恐懼。裡面放火，外面立即採取相應的軍事行動，其摧毀的能力會更強大。

「火發而其兵靜者，待而勿攻，極其火央，可從而從之，不可從則止」。火已燒起而敵軍依然保持鎮靜，就應等待，不可立即發起進攻，待火燒完後，再繼續加把火，再根據情況作出決定，可以進攻就進攻，不可進攻就停止。照講，火燒起來，人都得喧嘩，或者緊急救火，如果發現敵人超級冷靜，必定有鬼，再不然就是派進去放火的間諜被捕獲了，放火只是假信號，敵人自己放的都有可能，所以在外面暫時不要採取任何行動，搞清楚再說。敵人沒有反應，不騷亂，就很怪，這時不要攻，小心上當。「極其火央」，有人說「央」是一個錯字，應該是「力」，其實沒有關係，「央」是盡的意思，漢朝有個未央宮，取意「長樂未央」，就是快樂無盡。也就是說，火可能會燒完的，要不斷地添油加火，「極其火央」就是讓它燒得紅紅火火，說不定前面燒的已經被敵人撲滅了，下面再繼續。因為之前的安靜，說不定是火燒得不猛，看用什麼方式加強火力，看敵人能夠忍耐到什麼程度。「可從」，下面就判斷敵人的反應，如果加大火力，可以攻進去，就進去。「不可從」，如果敵人的反應出乎意料，覺得不能冒進，就不要去，「止之」。這就是在火攻的時候對於敵情的判斷，少安毋躁，火發如果「敵兵靜」，不要攻；「極其火央」，火不夠大，再燒大一點，然後再進一步判斷，不要冒險。

「火可發於外，無待於內，以時發之」，火可從外面放，這時就不必等待內應，只要適時放火就行。從裡面燒火就有一個問題，因為你不知道到底發生什麼狀況，只是看到火燒起來，沒有絕對把握，還得進一步測試，才確定周邊的主力部隊要不要攻進去。假定火可以從外面燒，就不要依靠內部舉火為號這種不可靠的放火；「火可發於外」，可以直接從外面燒到裡面，就「無待於內」，不必在裡面安排。但是外面直接燒進去，「以時發之」，一定要選一個好的時機。

「火發上風，無攻下風」，從上風放火時，不可從下風進攻。從上風燒火，這是基本常識，從下風燒火，搞不好燒到自己，會玩火自焚。火可沒長眼睛，隨風向轉的，有時候風還會變向，所以火燒赤壁連環船，曹操原先認為絕對不會有問題，因為那時不會刮東南風（上風），結果東南風真被諸葛亮給「借」來了。在上風放火才有效，不然風一吹燒到自己人，我們做事要佔上風，就是抓住發動的源頭，小心反噬。

「晝風久，夜風止」，有時候要搞清楚，是晝戰，還是夜戰。「久」字多半有問題，如果是這樣的話，意思就是白天刮的風會刮得很久，晚上的風一刮就停，真的嗎？夜風也有長時間的。「久」字應該是「從」字，就是呼應前面的「可從而從之」，採取行動打進去。白天如果風向對，什麼都看得清清楚楚，就可以殺進去；晚上就算有風，不知道有沒有埋伏，最好停下來。也就是「不可從則止」，這就是「夜風止」。

「凡軍必知五火之變，以數守之。故以火佐攻者明，以水佐攻者強。水可以絕，不可以奪。」軍隊都必須掌握這五種火攻形式，等待條件具備時進行火攻。用火來輔助軍隊進攻，效果顯著；用水來輔助軍隊進攻，攻勢必能加強。水可以把敵軍分割隔絕，但卻不能焚毀敵人的軍需物資。「五火之變」，軍隊一定要知道有五火之變，「以數守之」，多幾次火攻的經驗，就變成了經驗。現在所謂的兵棋推演，就是要累積一些參數，掌握一些基本的參數，在古代就叫數。量、質、方向等經驗數值都留下來，所以要掌握「五火之變」的數，才不會出意外或者玩火自焚。「以火佐攻者明，以水佐攻者強」，火攻跟水攻都是互相輔助的，「明」就是離卦的概念，就是智慧，因為火不一定聽控制的，要很聰明、很有智慧才能夠發動火攻，也就是要看得很準。但是水跟火不一樣，「水可以絕，不可以奪」，火可以把東西燒得乾乾淨淨，水辦不到，水可以切斷，即「絕」，不可以奪，有時不會毀滅一切。

安國全軍之道

夫戰勝攻取而不修其功者，凶，命曰「費留」。故曰：明主慮之，良將修之。非利不動，非得不用，非危不戰。主不可以怒而興師，將不可以慍而致戰。合於利而動，不合於利而止。怒可以復喜，慍可以復說。亡國不可以復存，死者不可以復生。故明主慎之，良將警之。此安國全軍之道也。

「夫戰勝攻取而不修其功者，凶，命曰『費留』」。凡打了勝仗，攻取了土地城邑，而不能鞏固戰果的，會很危險，這種情況叫做「費留」。「費留」這一句也是歷代以來最費解的地方。「戰勝攻取」是指打了勝仗，但是如果「不修其功」，也就是鞏固戰果，這種情況就是「費留」，即耗費過大，軍隊要待很久，還不敢撤走。就像美軍在阿富汗、伊拉克，那是典型的「費留」，花費的是天文數字的金錢，而且不能抽身。從單純的戰爭角度來看，明明是打贏，但是還是「費留」，軍費一點也沒有省，還得海外駐軍，好久還擺不平。這就違反了速戰速決的原則，一旦拖下去，損耗是巨大的。還好，美國暫時還勉強支撐。不然諸侯趁其弊而起，吃不完兜著走。

贏得了戰爭，不能贏得和平，這就是「費留」。戰爭最終的目的是要獲得和平，主導局勢。結果沒有辦法，成了「費留」。所以打仗一定要想到會不會到這個地步，贏了戰爭，不能贏得民心，不能贏得和平，也可能不是正義之戰，而可能是掠奪之戰。再不然就是戰後收拾民心、重建秩序的工作做得不好，或者沒有在戰果上面擴張，就不能鞏固苦戰得來的成果。「修其功」，在別的版本，像敦煌的版本是「隨其功」。意思是說，前面戰勝了，後面一定要跟上，還有很多戰後的工作要做。戰後論功行賞，「大君有命，開國承家」，但是這絕對不止是賞罰，還有很多戰後和平的工作，那個更重要。像美國就「不修其功」，所以凶，命曰費留，走不了，戰果失色，沒有獲得真正的成果。

「故曰：明主慮之，良將修之」，所以說，明智的國君要慎重地考慮這個問題，賢良的將帥要嚴肅地對待這個問題。這對政治人物、軍事領袖來講都很重要，必須要深思熟慮，不然戰爭就白打，贏了也等於是輸，所以，後續跟進擴大戰果的工作，甚至追擊殘寇的工作，一定要在原先勝利的基礎上儘量擴大，而且要全方位鞏固。軍事政治的領袖領導人都要考慮到這一點。

「非利不動，非得不用，非危不戰」，沒有好處不要行動，沒有取勝的把握不能用兵，不到危急關頭不要開戰。戰爭造成的破壞非常大，火攻的破壞更大，這種特大規模殺傷武器絕不能輕用，輕用就很難「修其功」，傷到當地人的感情，破壞了自然生態。所以，萬一要用到這種瞬間毀滅的火攻武器，一定要絕對是賺的才能做。

「主不可以怒而興軍，將不可以慍而致戰」，意思是說，國君不可因一時憤怒而發動戰爭，將帥不可因一時的氣憤而出陣求戰。這裡是專指火攻，可以把它一般化，反正戰爭都不好，不要因為個人情緒一時轉不過來，就勞師動眾。

「合於利而動，不合於利而止」，合國家利益才用兵，不符合國家利益就停止。憤怒還可以重新變為歡喜，氣忿也可以重新轉為高興，但是國家滅亡了就不能復存，人死了也不能再生。這一句話像念咒一樣說了無數遍——「怒可復喜，慍可復說（悅）」，人的情緒總是變來變去，不要因一時的激動，釀成不可彌補的災難。

「亡國不可以復存，死者不可以復生」，符合國家利益才用兵，不符合國家利益就停止。「故明主慎之，良將警之，此安國全軍之道也」，國家滅亡了就不能復存，人死了也不能再生。所以對待戰爭，明智的國君應該慎重，賢良的將帥應該警惕，這是安定國家和保全軍隊的基本道理。我們前面強調孫子全勝的思維，不僅要團結全軍。全己、全敵、全天、全地、全鬼神。火攻那麼大的殺傷力，破壞力最大，「必以全爭於天下，故兵不頓而利可全」；「知彼知己，知天知地」勝乃可全，這裡是安國、全軍，保全資源，不然一燒掉就沒有了；所以「明君慎之，良將警之，此安國全軍之道」。因此，對待戰爭，明智的國君應該慎重，賢良的將帥應該警惕，這是安定國家和保全軍隊的基本道理。這裡再次出現「全」字，這是兵法中最需要發揚光大的地方。天地破壞到這個地步，生態如此脆弱，故要儘量減少損失，愛惜人命、愛惜物資。我們現在知道天地太脆弱了，經不起再破壞，所以我們要全天全地，保護自然生態。沒有天地就不會有人，我們會反受其害。

兵法講到這裡為止，我想可以用《易經》的幾個卦來總結，由師卦（䷆）、比卦（䷇）的破壞鬥爭，變成同人（䷌）、大有（䷍）的保全，同人、大有全己、全敵，到了謙卦（䷎）還要全天、全地，才算是圓善有終。謙卦可以知天、知地推廣到全天、全地，還有鬼神。孫子是反鬼神的，我們可以引申為文物古蹟、宗教信仰，這也是全鬼神，到謙卦就更完美，一切都吉。所以，全勝的思維不僅面對人，面對一切人的資源、人文資源、自然資源，還有歷史上所有文明的成就都要尊重。

這才是真正意義上的全勝，人類的文明要尊重，這在《孫子兵法》上就是保全，任何戰爭，都要保全這些人類的文明成果。不要像以前的十字軍東征，宗教與宗教之間互相毀滅各自的神蹟，這場戰爭進行了上千年，現在還在打。那有什麼意義呢？保全國家，保全文明，這才是真正的安國全軍。國是政治的層次，軍是軍事的層次，要把全勝的思維貫徹始終，保證資源的永續性。為什麼對這些宗教文明古蹟要尊重，不喜歡都要尊重保全，不可以毀滅？就是因為資源的永續，那是過去的人創造的成果，憑什麼把它毀掉，那不是在累積仇恨嗎？不但不修其功，還造下很大的業。〈火攻篇〉就有這個意義，不要出現毀滅性的事情。

第十九章　消息盈虛——大易兵法的建構

以《易》證兵

十三篇的內容全部講完了。最後就要從《武經七書》或者中國其他一些有名的兵論來印證孫武的思想。主要是把十三篇孫武主要的論點、兵法的精髓摘出來，尋找其他兵書的英雄所見略同之點。

《孫子兵法》十三篇的全文講述，融入了《易經》理氣象數的架構、觀點來做印證、分析，而且我們研修十三篇的時候，針對每一篇都有算過卦，卦象也提供給大家參考，從卦象中去看《易經》怎麼捕捉十三篇的經義（詳見《劉君祖易斷全書》）。當然不是說只有占卦，兵法千變萬化，靈活得不得了，「不可為典要，唯變所適」，這跟《易經》裡面的變易、不易、簡易完全可以溝通。講兵法不是在考古，而是把它拉回來印證我們當下這個時代以及往後會不會有戰爭，和平可不可期望，全世界幾個重要衝突的地區往下會如何？學了兵法，就要有孫子的睿智，要高瞻遠矚，要有充滿靈氣的直觀和嚴密的分析能力，面對今後這些問題。尤其是再結合《易經》的話，應該是如虎添翼，分析力、預測力都很強大。

全球在未來幾個非常有可能爆發戰爭，或者是區域衝突的地區的卦象，在兵法學完之後講述這些，也算是非常重要的應用。世界爆發衝突，會影響到每一個人。

先看宣布結束伊拉克戰爭，這是歐巴馬片面宣布，近乎自欺欺人，他撤了一個戰鬥旅，源於壓力太大，花錢無底洞，把納稅人的錢統統往裡面砸，又實在是沒有任何可以稱道的成果。七年的戰爭，超過二戰的耗費，戰費一萬多億美金，這麼貴，沒有成果，死亡四千多美軍，受傷三萬多，伊拉克居民大概死了十幾萬，伊拉克還是一片廢墟，也沒有建立民主制度。這對伊拉克來說，完全是一場惡夢。這種不義之戰，是前任總統發動的，後任總統也不好批評，但是象徵性地宣布結束，其實就是抽身離開，之後留下殘破的伊拉克，未來如何，天知道。

《孫子兵法．作戰篇》云「兵聞拙速，未睹巧之久也」，〈火攻篇〉講「戰勝攻取，而不修其功者，命曰『費留』」，費不費呢？花了不少錢。留不留呢？待了七年，還拔不了腳，一無所成。所以美國的霸權主義，再一次遭到重挫。韓戰、越戰、伊拉克戰爭，還有一個阿富汗戰爭。伊拉克掏空之後，原來平衡的伊朗又蠢蠢欲動，要發展核武器，朝鮮也如此，這些全部都跟美國有關。美國一年的軍費佔全球一半以上，七千億美金，這七千億美金要來改善美國經濟恐怕要實惠得多，所以這已經犯了兵法中不知道多大的忌，有這樣的結果一點都沒有什麼好奇怪的。自己說戰爭結束了，什麼都沒有完成，怎麼結束？贏了戰爭，沒有贏得和平，結果依然一場糊塗。由此可見，孫武的思維不但過去有用，到現在有用，到未來還可以作為借鑑。

美國下一步要怎麼辦呢？軍備上花這麼多錢，不用也不行，下一個目標是哪裡？是中國？是朝鮮？還是伊朗？只有破壞，沒有任何建設。從兵法上看，我們發現美國幾乎通不過兵法中那些要點的任何檢驗，不吃敗仗、不灰頭土臉都不行，丟臉丟透，伊拉克戰爭超過歷代參加戰爭的總開銷，時間拖那麼久，比以前的什麼戰都要花錢，所以真是奇怪。

下面我們通過《易經》的占卦來求證當代世界的一些涉及軍事爭端的問題。

二〇一八年初，我依例占算全年中美兩大國間的關係，竟然得出離卦第四爻動，爻辭稱：「突如其來如，焚如，死如，棄如。」〈小象傳〉解釋：「無所容也！」這是全易最凶之爻，為突然爆發的浩劫，離為火為文明，也是縱橫交織的網絡之象。中美建交後往來密切，難道會魚死網破斷了重要聯繫？結果從三月起，美國重罰大陸的中興芯片公司，對中國的高科技發展迎頭重擊，其後且大肆發動貿易戰爭，幅度之大前所未有。中國雖受突擊震撼，仍冷靜應對而不屈從。

大致說來，這種兩敗俱傷的做法要持久很難，美國總統川普肯定有其選舉訴諸民粹的考量，但整個美國疑忌防堵中國也是事實，所以貿易戰其實是總體戰，軍事對抗不可能，其他各種形式的戰爭則不會消停。我問大陸經此衝擊後如何？為艮卦三、上爻動，齊變有坤卦之象。看來雖遭內外阻礙，陣痛後仍能持續發展至巔峰。艮卦九三爻辭：「艮其限，列其夤，厲熏心。」短期真的非常難過，似烈火燒心之苦。上九爻辭稱：「敦艮，吉。」〈小象傳〉：「以厚終也。」國力反而愈堅強厚實。坤卦為廣土眾民，代表龐大的生產力與消費群，在全球化的現代，任誰不敢忽視其存在，策略則為順勢用柔與強權周旋，長期看美國討不到真正的便宜。

占例一：二十一世紀，中美是否難免一戰？

二十一世紀，中美是否難免一戰？這是大家關心的問題，美國霸權的失落感，快速崛起的中國，中國不像前蘇聯突然崩潰，而是越來越強，美國越來越衰，然後其主要盟友英國和日本是全世界最大的欠債國家。像英國財政部要裁掉四分之一，真是沒錢了，日本也是窘態畢出。這種種的因素會不會觸發戰爭呢？所以，這個時候的《孫子兵法》，不管是判斷大勢，還有個人運用，都是很活的思維、很珍貴的文明遺產。如果沒有這種智慧，就會像美國現在這麼慘，世界被它拖得這麼慘。中美意識型態不同，但是你中有我，我中有你，關係密切，會不會爆發戰爭？這是人人關心的問題，我們占到的卦象跟我原先的預期是一樣的，答案是不會。卦象是不變的大有卦（䷍），大有卦就是消弭所有戰爭的可能。第一爻「无交害」，第二爻「大車以載，有攸往，无咎」，大車子載東西，還得經貿往來。第四爻「匪其彭，无咎」，根本就不允許有戰爭產生。照這樣看，是不容易爆發衝突，這兩大國非合作不可。《焦氏易林》的斷詞很有趣，當然，它有很多斷詞是不準確的，但是針對中美這個問題，占到不變的大有卦本來是不必擔心開戰的，但是《焦氏易林》寫的四言詩中居然有兩句是有征伐行動的，即「白虎張牙，征伐東華」，白虎在西方，代表美國，「東華」就是東方的中華，不過最後還是打不起來：「朱雀前驅，贊道說辭。敵人請服，銜璧而趨。」其實不算卦，根據常識判斷結果也差不多是這樣，喊打喊殺是一回事，美國連那幾個小國都打不下來，何況是中國，傷人不是也傷己嗎？全而不破，「必以全爭於天下，故兵不頓而利可全」，這就是《孫子兵法》的智慧，也是《易經》的判斷。「大有」，好壞大家都有，練習和平共存吧。

占例二：伊拉克戰爭的本質及後續影響？

伊拉克戰爭的七年，這一戰爭的本質及後續影響為何？結果是大過卦（䷛）初爻動，剛好是宜變之爻，爻變就是決戰的夬卦（䷪）。伊拉克戰爭形勢懸殊，美國打贏了，夬卦代表決戰，而這一壓倒性優勢的決戰，像高空中的瀑布，強大的水積滿了衝下來，也就是〈形篇〉中所說的「若決積水於千仞之溪者，形也」。夬卦從哪裡變來的呢？是從大過卦初爻變來的。大過卦的初爻「藉用白茅，无咎」，找了一個好像不惹眼的藉口就發動戰爭。白茅看著不起眼，卻是一些原始部族出去獵人頭前的興奮劑，可以拿白茅下酒。「藉用白茅」到後來發現，美國發動戰爭全是栽贓，伊拉克沒有毀滅性的武器，什麼也沒有，那麼，這樣的戰爭是非常規的、不合理的，是想在險中撈取利益的。

這一戰爭的本質就是赤裸裸的霸權，大過卦的初爻，爻變變成夬卦，這就是它的本質，但是也正因為這種本質，後續的影響絕對不是說戰爭結束就結束了，下面的伊拉克會往哪裡走？結果是害人害己，這就是損人不利己。《焦氏易林》關於大過第一爻爻變也有議論，它是這麼說的：「旁多小星，三五在東。早夜晨興，勞苦無功。」這七年一晃就過去了，「勞而無功」，這就是伊拉克戰爭，也是歷史上第二次波灣戰爭，結果是如此灰溜溜地收場。

占例三：阿富汗的未來？

要應付國內民意，伊拉克遊戲暫時結束了，美國在阿富汗的戰爭還在繼續，連伊拉克每一天都還有死人。那麼阿富汗的未來呢？結果是需卦（䷄）第三爻，「需于泥，致寇至」，陷入泥沼，整個套牢，抽身都很困難。阿富汗則是美國連撤軍都不敢撤的地方，甚至還要增兵。前蘇聯在阿富汗吃盡苦頭，就像美軍的越戰一樣。美軍初期在軍事上耀武揚威，一下子把阿富汗也征服了，沒想到也陷入泥沼，重蹈覆轍，不管它未來是要增兵還是減兵，都是自己粉飾太平。

換句話說，阿富汗想要太平，連門都沒有。需卦第三爻爻變是節卦（䷻），《焦氏易林》稱：「鳥鳴葭端，一呼三顛。動搖東西，危栗不安，疾病無患。」那種動盪還會持續。阿富汗是個很特殊的地區，自一七四七年建立統一的阿富汗王國以來，就沒有被人徹底征服過，現在的征服者在那裡討不到任何便宜。在動盪中繼續，這就是阿富汗的未來，苦了阿富汗的人民。

占例四：伊朗的未來？

在上世紀八十年代開始的、持續八年的兩伊戰爭中，伊拉克除了從蘇聯獲得了很大的外交和軍事上的支持外，美國也偏向伊拉克，向其提供武器和經濟援助。但自一九八五年起，美國在出售給伊拉克武器的同時也出售給伊朗。可見，美國這種民主自由包裝的霸權國家之可怕。原先伊拉克可以制衡伊朗，現在伊拉克自身難保，伊朗當然就要趁機坐大，那麼，伊朗的未來呢？卦象是明夷卦（䷣），三爻、五爻動，三與五同功而異位，齊變有屯卦（䷂）的象，「屯，難也」，「動乎險中」，明夷卦則更不用講了，是《易經》中最痛苦的、最黑暗的一個卦，「利艱貞」。第三爻「明夷于南狩」，隱伏很久，不動則已，一行動就可能山河變色，第五爻「箕子之明夷」，是最深層的痛苦，三與五，艱難到極點。明夷卦的病灶之所在，就是第六爻，五爻、三爻的「狩」都跟第六爻有關，第六爻是指誰？美國的政策致使伊朗採取極端手段。

占例五：會有新韓戰？

二〇一八年初，我問當年朝鮮核危機的後續發展，結果得出不變的晉卦。光明日出，絕無不好，《焦氏易林》且稱：「銷鋒鑄耜，休牛放馬，甲兵解散，夫婦相保。」明顯化干戈為玉帛，絕無核戰的可能。銷鋒鑄耜，鑄劍為犁，同樣是鋼鐵，與其鑄造殺人利器，不如轉為造農具以增進糧食生產，繁榮民生經濟。數日後，南北韓進行雙邊談判，敲定了兩韓都參加二月冬季奧運會之事，接著包括美國在內都有一連串的見面和解會議，去年劍拔弩張的緊繃形勢放鬆，應驗了卦象。

其實朝鮮擁核問題鬧了十幾年，我們幾乎每年算每年沒事，出現遯卦數爻動，退讓以尋求轉換的占例特多。金氏政權三代傳承的心法以維續生存，還真正不可小覷。說實在，一般民眾但求安居樂業，誰要打仗？尤其是一發不可收拾的核武戰爭？元月中夏威夷誤發導彈來襲警報，當地居民的恐慌可知，往哪兒跑？核戰的互相保證摧毀，限止了各方瘋狂的鋌而走險。

占例六：中印邊界糾紛會出事？

二〇一七年中，中國大陸與印度在邊界山地嚴陣對峙兩個多月，我問會否發生戰爭衝突？結果為大過卦三、五爻動，齊變有解卦之象。大過自然是非常危險的局勢，九三爻辭稱：「棟橈，凶。」棟樑承載壓力過重橈曲變形快折斷，凶險已極。過剛不中致困，必須節制。九五居君位，爻辭稱「枯楊生花」，多半虛幌兩招耍花槍難以真幹，仍得尋求和解。兩個核武大國，人口加起來佔全球四成，怎麼開戰？《焦氏易林》詞曰：「高山之巔，去地億千，雖有兵寇，足以自守。」情景如此之切，明示不會有邊患，後果然各退一步收場。

第二十章　以兵證兵

李靖之「五事」

我在前面的〈作戰篇〉和〈謀攻篇〉篇末都引用了其他兵家的論證，這裡就不再重複。下面就其餘篇章引用歷代兵家來論證，以期以兵證兵。

〈始計篇〉中的計是全方位的，大致來講有四個重點：第一是「五事」，道、天、地、將、法；第二是「五德」，智、信、仁、勇、嚴，這是大將必須具備的五種本領；第三是千變萬化，即出其不意、攻其不備等種種兵不厭詐的愚弄敵人的辦法；第四是獲得民意支持。軍隊從哪裡來？從老百姓來。治軍、治民關鍵還是民意，「令民與上同意」，是最根本、最重要的道，一定要民意贊同，取得民意認同支持才是「和民」。我在十幾年前用《易經》占問〈計篇〉，整篇精神的卦象就是无妄卦（䷘），其四個陽爻全動，齊變成坤卦（䷁）。坤卦代表的就是民眾，對於廣土眾民，要順勢用柔，絕不可以脫離現實妄想，輕啟戰事。這就是无妄卦四爻齊變變成坤的含義，不能動妄念，不能起妄想，不能脫離現實、輕舉妄動，必須「和民」之後才可以做大事。

關於道、天、地、將、法這五事，《唐太宗李衛公問對》中重新解釋了一遍：

太宗曰：兵法孰為最深者？

靖曰：臣常分為三等，使學者當漸而至焉。一曰道，二曰天地，三曰將法。夫道之說至微至深，《易》所謂聰明睿知神武而不殺者是也。夫天之說陰陽，地之說險易。用兵者，能以陰奪陽，以險攻易，孟子所謂天時地利者也。夫將法之說在乎任人利器，《三略》所謂得士者昌，管仲所謂器必堅利者是也。

——《唐太宗李衛公問對．卷下》

什麼叫道？其實是《易經．繫辭傳》的詞，李靖直接拿來用；最高的兵法的道，是「聰明睿知神武而不殺」，出自〈繫辭上傳〉第十一章。「睿知」，最高的智慧。「神武」，最高的武德。「睿知神武」是不要流血的，這是全勝，兵不血刃，不戰而屈人之兵，這是兵家追求的目標。當然要有超高的智慧、最高的武德。很多武俠小說裡的高手，就很少出手。不要出手就能使敵人屈服，這是兵法追求的最高目標。在《孫子兵法》中說要爭取民意支持就是道。如果人民不同意，就尋找機會讓人民同意，像珍珠港事變，就激發了民意支持，美國得以參戰。還有阿富汗戰爭，因為「九一一」事件，傷到了美國人的自尊心，一下子全國上下支持所謂的反恐，出兵阿富汗。這就是「令民與上同意」，就叫道。至於後來的局勢如何，那就是苦果自嘗了。還有，民意的走向像流水一樣，如果說現在再投一次票，就算紐約再遭一次攻擊，恐怕也沒有那麼高的支持率去打一仗了。

「令民與上同意」很實用，但是李靖把這個道再昇華到「不殺」，這是兵法追求的最高境界，不只是「令民與上同意」，不只是為何而戰、為誰而戰了。

「天地」，指天時地利，即要善用自然環境的形勢來擊敗敵人，爭取勝利。孫子的解釋是從天時地利入手，而李靖將天時、地利再擴展，這完全是《易經》的觀念：「夫天之說陰陽，地之說險易。用兵者，能以陰奪陽，以險攻易，孟子所謂天時地利者也。」陰陽、險易本來就相對，以柔克剛，以小博大，以弱擊強，以陰奪陽，運用地理縱深，讓強大的敵人死無葬身之地。就像大壯卦（䷡），上面兩個陰爻就收拾了下面四個來勢洶洶的陽爻。這是典型的「以陰奪陽」，「陰」比較弱，但可以誘敵深入，利用焦土抗戰，讓「陽」不能「因糧於敵」，根本找不到敵人，到最後補給線一拉長，就成強弩之末。這種「以陰奪陽」根本就不與你對壘，而是利用自然環境消耗你的有生力量。「以險攻易」也是如此，善用自然環境助攻，「地形者，兵之助也」。其實不只是大壯卦才有那麼生動的兵法在其中，《易經》中十二消息卦都有精湛的兵法，都可以體系化，因為它們不是陰消陽長，就是陽消陰長。這種對立，就像兩國相爭，不一定是有實力的才會贏。像大壯卦，陽爻和陰爻四比二的實力，陽入陰中能討到便宜嗎？沒有，大壯卦的第四爻就給完全套牢，進退兩難，進入第六爻「羝羊觸藩，不能退，不能遂」的狀況；還有第五爻的「喪羊于易」，這都是下面四個陽爻的下場。泰卦（䷊）陰陽實力三比三，一樣可以看成是下面三個陽爻衝進上面三個陰爻，結果好不好？一樣不好。泰卦第六爻是國破家亡的象，陽入陰中、以大欺小的最後結果就是「城復于隍」。復卦（䷗）一陽在下，上面五個陰在上，如果陽爻一直攻上去，最後一爻是大凶：「迷復，凶，有災眚。用行師，終有大敗。以其國君凶，至于十年不克征。」唯一的上爻還能夠保全還不錯的只有君臨天下的臨卦（䷒），臨卦的上爻「敦臨，吉，无咎」。

陽入陰中是通暢的，可是到最後善終者寡，怎麼回事？因為十二消息卦是典型的兵法消長。剛才我是講一陽復、二陽臨、三陽泰、四陽大壯來分析的，倒過來看，一陰姤（䷫）、二陰遯（䷠）、三陰否（䷋）、四陰觀（䷓）、五陰剝（䷖）的上爻是什麼狀況呢？比起陽入陰中好多了，這才是「以陰奪陽，以險攻易」。老子說：「天下之至柔，馳騁天下之至堅。」這就是柔能克剛。像泰卦第六爻為什麼「城復于隍」，本來下面三個陽爻實力不可欺，怎麼到最後變成了以陰奪陽，為什麼呢？因為第五爻「帝乙歸妹」，有傾城傾國的美女，如妲己、妹喜，所以絕色佳人傾城傾國。

「夫將法之說在乎任人利器」，這個不用怎麼解釋，意思很明瞭。主將的任用，選對人比什麼都重要，主將是一切的靈魂，國家的輔佐，人民的性命都懸在他手裡，敵人的性命也懸在他手裡。《孫子兵法》十三篇中將的重要性比「法」大，先任人，再健全組織管理，也就是法，所有的組織都是利器。

再論吳起說「五德」

《六韜》非姜太公所作，是後人彙編的。《龍韜．論將》中，也提出將領要有五種本事：「將有五材十過……所謂五材者，勇、智、仁、信、忠也。」這裡的五德和《孫子兵法》基本相似，但是重點不大一樣，「勇」排在第一，這樣的見識當然就不如孫武了，將最重要的不在「勇」，而「智」排在了第二，另外講了一個「忠」，跟「嚴」有區隔。《六韜》成書如果是在《孫子兵法》

十三篇之後，也有抄襲的嫌疑，原創性就不夠了。

《六韜》在一點上水準不夠，但《吳子兵法》也講「將有五德」，這個五德就比較值得咀嚼玩味了。吳起雖然沒有百戰百勝，但生平無敗績。他是既有理論、又有實戰經驗的，在春秋戰國時期確實是名將。在魏國的時候，他在魏國輔佐魏文侯，讓三家分晉之後的魏國變成天下第一強國。魏國後來之所以衰弱，就是在梁惠王手下衰弱的，那是一個敗家子。《吳子兵法．論將第四》稱：「故將之所慎者五：一曰理，二曰備，三曰果，四曰戒，五曰約。理者，治眾如治寡。備者，出門如見敵。果者，臨敵不懷生。戒者，雖克如始戰。約者，法令省而不煩。」這裡也是講一個大將要具備五個條件，即「理、備、果、戒、約」。理和《孫子兵法．勢篇》開頭講的完全一樣，是領導統馭的管理功夫，多多益善，像韓信帶兵一樣，「治眾如治寡，分數是也；鬥眾如鬥寡，形名是也」。吳起在孫武之後，對於兵法的見解有相似之處，即辦事情講究化繁為簡、以簡馭繁，也就是治眾如治寡。像玉匠雕刻玉，玉裡面的紋理千頭萬緒，但是他就可以處理得非常好。《易經》屯卦（䷂）的〈大象傳〉說「君子以經綸」，就是理。這是最重要的管理才幹，帶兵的人必須有這種本事。

「備」，指戰備、戒備，任何一種狀況下，不會說沒準備，就像豫卦（䷏）一樣，要有事先的防備，「出門如見敵」；這是天生的戰將，一離開大本營，對任何事物都持不信任的態度，就像進入戰陣一樣，始終有危機感，處處防備。吳起認為「出門如見敵」，他的一生活得也很辛苦，隨時都得準備刀槍，任何時候都得有隨扈，像活在叢林裡頭一樣。這麼一個「出門如見敵」的謹慎之人，最後還是沒躲過，死在亂箭之下。可見，吳起鋒芒畢露、殺氣騰騰的本色，照樣有其限制，凡事以結果論，其過程再怎麼輝煌，結果才是蓋棺定論。春秋戰國時代，乃至後世，法家、兵家的人物得善終的有幾個？商鞅被車裂，李斯被腰斬，韓非被毒死……除了孫武、李靖，沒有幾個得善終，即使是「出門如見敵」的吳起，最後也不得善終。

「果」，果敢、果決、果斷，尤其是修武道的人不能文縐縐，「臨敵不懷生」，真的碰到了敵人，逃也逃不掉，必須面對，不存生還的想法，不怕死，力量才會大增。「果」有時就變成了組織化，二戰的時候，很多士兵在上戰場前，都寫好遺書，免除後顧之憂，這就是「臨敵不懷生」。越怕死的人，越容易死，不怕死的人，即使面對槍林彈雨，想死還真死不掉。

「戒」，戒慎恐懼，「雖克如始戰」，雖然贏了，但還得像戰爭剛開始一樣保持戒慎恐懼。所以贏得戰爭，不一定贏得了和平，美國的災難就在於其百戰百勝之後開始。〈火攻篇〉云：「戰勝攻取而不修其功者凶，命曰『費留』」，太真切了吧。美國是典型的費留，打仗花那麼多錢，雖然戰勝了，要贏得和平那無上艱難，「雖克如始戰」，每一個人都是在慶功宴的時候出問題，《易經》的最後一卦未濟卦（䷿）「震用伐鬼方」，在最後一爻擺慶功宴，「有孚于飲酒，有孚失是」，打贏了，但沒有戒心，喝酒出問題了。

「約」，約法章程。一個管理者，一定有很多的法規章程，「約者，法令省而不煩」。《易經》講的「簡易」真的是無上的法門，化繁為簡，以簡馭繁，法如牛毛沒有用，劉邦約法三章就凝聚了人心，為建立一個朝代提供了基礎。每一個法令的頒佈只要落實就行，不一定要規定那麼細。

以上就是吳起的五德，當然不只適用於軍事管理者，任何領域的管理者都要有這個本事。

深入無形

用間很重要，是所有軍事鬥爭領域中絕對的重點項目，孫臏就說「不用間不勝」，沒有用間就不可能贏，這和《孫子兵法・用間篇》的主旨大體相同。荀子雖為大儒，但講起兵法來，一點都不外行，他也強調用間的重要性。《荀子・議兵》說：「窺敵觀變欲潛以深，欲伍以參。」要窺探敵人的情況，需要派臥底，要隱藏得很深，而且是參伍錯綜，縱的橫的，各個情報管道來的資訊，一定要各方面參考。間諜出生入死搜集來的情報有時並非全部真確，所以判斷情報很難，就像《易經》的占卦，演卦容易斷卦難；上智之間才是價值連城，這就是「欲伍以參」，要錯綜比較，就像錯卦、綜卦一樣，要參考比較。再了不起的情報來源，都有可能不準確。要「潛以深」，深潛到底，才不會被人家耍，所以要多方面求證情報的來源。

荀子接著說：「遇敵決戰必道吾所明，无道吾所疑：夫是之謂六術。」人一定要發揮真正懂的東西，半懂不要拿出來用，免得丟人現眼。否則在高手前面，完全像沒穿衣服一樣。徹底明白的東西，才能夠得心應手，自己都還有疑惑，還敢用兵，不是找死嗎？二十一世紀中美可以和平共存，其中有一點就是中國一定不能跟著美國走。要是跟著走，中國的招式還沒出來，美國就知道下一招是什麼了。中美文化競爭，當然要從中國文化入手，「必道無所明，無道吾所疑」，中國人讀那些美國的東西，讀得再通都不會比美國人通達，要競爭，所有的招式都跟別人學，能夠對付得了他嗎？不可能。反過來，美國人一講中國文化，頭更暈。所以「必道吾所明，無道吾所疑」，要發揮自己的長處，獨門的東西別人不可能徹底明白，這樣才能天下無敵。

《淮南子・兵略》那一篇都在講兵，關於間諜就說道：「善用間諜，審錯規慮，設蔚施伏，隱匿其形，出於不意，敵人之兵無所適備，此謂知權。」意思是，善於使用間諜偵察敵情，使用反間之計，然後措施審慎周密，規畫行動慎重，設置疑陣、布置伏兵，隱藏部隊的形跡，行動出乎敵人的意料，使敵人的部隊難以適應和防範，這就叫「知權」。這就是用間讓敵人完全沒有辦法防備。我講過關於〈用間篇〉的占卦就是豐卦（䷶）的三爻、四爻，兩爻動有復卦（䷗）的象。「復」就是深入敵方得到情報之後，還活著回來，即「生間」。豐卦「明以動」，所有的東西一定要明瞭才能動，整個〈用間篇〉就是要造成這樣的局面，也就是要有非常豐富而精確的情報知識。另外，三爻、四爻都是人位，「必取於人」，就得出生入死，而且「三多凶、四多懼」，間諜生活就是這樣，這一步不能省，任何高精科技儀器或者推算都不能取代。豐卦的三爻「豐其沛，日中見沫」，四爻「豐其蔀，日中見斗」，都是日蝕的象，可以在裡面渾水摸魚，這正是間諜的手段。

生間是間諜高手中的高手，待遇要特別高，就像萃卦（䷬），要一流的出類拔萃的人才，就要高配，要「用大牲，吉」。鼎卦（䷱）代表國家政權，下卦巽（☴），一個政權的基礎是巽，要紮得很穩，要深入無形，每一個領域都有細胞。不然耳不聰目不明，如何治國？深入無形就像間諜，如同鼎卦的象，下卦巽代表深入瞭解治理下的內卦、下卦所有的情況，這是在敵人的民間，叫「鄉間」。明夷卦（䷣）的第四爻「入于左腹，獲明夷之心」，那就是「生間」的象，打入敵方心腹，再大搖大擺走出門庭，這就是「生間者，反報也」。如果是「死間」，就留在裡面犧牲了。第四爻是在敵人的朝廷做官，是高級官僚的位置，混到敵人高官陣營。

明夷卦第四爻爻變就是明以動的豐卦，也就是說，間諜工作就是讓你看清楚再採取行動。很簡單，「三軍之所恃而動」，要獲得這麼豐富的情報，當然要「明夷」，要「必取于人」，要打入核心，出生入死，不然哪裡來的正確的第一手的情報呢？要「獲明夷之心」，要瞭解對方最高領導人心中起心動念的企圖，花錢不能手軟。曾國藩一介書生，在晚清的時候能夠掃平太平天國，靠的就是愛才如命、揮金如土，即不拘一格用人才，高薪聘用人才。很多人說曾國藩不是一般的讀書人，他的頂子是血染紅的，但是在亂世沒有這種狠勁，絕對不能建功立業。

勢險節短

《孫子兵法・勢篇》說「其勢險，其節短。勢如彍弩，節如發機」，外面是平和的，其實正是埋伏了殺機，正是要下手的前兆。《六韜》中有一段正是如此，這一段很有名：「故道在不可見，事在不可聞，勝在不可知，微哉微哉，鷙鳥將擊，卑飛斂翼，猛獸將搏，弭耳俯伏。聖人將動，必有愚色。」一方面是謙卦（䷎）的和平姿態，另外一面正是豫卦（䷏）的備戰。「鷙鳥將擊，卑飛斂翼」，姿態超低，翅膀收起來，但是正是暗藏殺手的表現；猛獸也是一樣，要捕食獵物前多低調，聖人一定是看起來笨笨。可見，聰明外露，不懂得收斂，沒有任何好處，只有引發人家嫉妒。聰明的人都是大智若愚。要麻痺對方，要出其不意，就要懂得積形造勢，「勢如彍弩，節如發機」，關鍵時候，一擊即中。

兵以詐立

《孫子兵法・軍爭篇》說「兵以詐立，以利動，以分合為變」，這幾乎像一個哲學命題，整個兵學建立在詐的基礎上，有利才動，不是感情動，所有軍事中的千變萬化都是分跟合，分合如《易經》中的噬嗑卦（䷔），「剛柔分，動而明，雷電合而章」。先分後合，才創造出那麼豐富的變化，在噬嗑的鬥爭中取勝。噬嗑卦下卦是動，上卦是明，先動後明，三陰三陽剛柔分明，最後「雷電合而章」，是一個合的動作。

荀子是儒家本色，但談兵的時候一點都不迂腐，《荀子．議兵第十五》臨武君與荀子議兵於趙孝成王前，臨武君說「上得天時，下得地利，觀敵之變動，後之發，先之至，此用兵之要術也」。這個觀念在我們〈軍爭篇〉是「後人發，先人至」的「迂直之計」，這就是隨卦（䷐）的初爻，「出門交有功」，「官有渝，貞吉」，才可立於不敗之地。隨是因應環境變化隨機應變，雖然後發，但是因為掌握先機，出手比人家快。雖然起步慢，但是搶在人家前頭，從一人敵的拳法，到萬人敵的兵法，都是如此。「兵之所貴者勢利也，所行者變詐也。善用兵者，感忽悠闇，莫知其所從出，孫、吳用之，無敵於天下，豈必待附民哉！」這是臨武君接著說的，不是荀子講的，屬於專業兵家的觀點，深得孫武的訣竅，可是荀子認為不然，他也講了一大堆，而且是比臨武君高明的觀點，不像孟子那樣唱高調，我們摘取一段僅供參考：

君之所貴，權謀勢利也；所行，攻奪變詐也，諸侯之事也。仁人之兵，不可詐也。彼可詐者，怠慢者也，路亶者也，君臣上下之間滑然有離德者也。故以桀詐桀，猶巧拙有幸焉。以桀詐堯，譬之若以卵投石，以指撓沸，若赴水火，入焉焦沒耳。故仁人上下，百將一心，三軍同力，臣之於君也，下之於上也，若子之事父，弟之事兄，若手臂之扞頭目而覆胸腹也，詐而襲之，與先驚而後擊之，一也。

網開一面

《孫子兵法．軍爭篇》說「圍師必闕」，如果敵人說網開一面，這時反而要把缺口塞起來，這樣鬥志才不會潰散。所有兵法都可以兩面想，人家用這個攻，你就要懂得怎麼防。《尉繚子》說：「凡圍必開其小利，使漸夷弱，則節各有不食者矣。眾夜擊者驚也，眾避事者離也。待人之救，期戰而蹙，皆心失而傷氣也。傷氣敗軍，曲謀敗國。」凡圍困敵人，一定要網開一面，因為逃生有門，他絕沒鬥志，慢慢就虛弱下去了。如果把所有的生路都堵死，變成困獸猶鬥，就很難拿下來了，這就是「必死則生，必生則死」。《孫子兵法．九地篇》不也是利用這個整自己人嗎？《六韜．虎韜》說「審知敵人別軍所在，及其大城別堡，為之置遺缺之道以利其心；謹備勿失。敵人恐懼，不入山林，即歸大邑，走其別軍。車騎遠要其前，勿令遺脫。中人以為先出者得其徑道，其練卒材士必出，其老弱獨在。車騎深入長驅，敵人之軍，必莫敢至。慎勿與戰，絕其糧道，圍而守之，必久其日。」給敵人留一條生路，他就認為好像有一個機會了，就藉機征服其心。

性格決定命運

《孫子兵法．九變篇》說「將有五危，必死可殺，必生可虜，忿速可侮，廉潔可辱，愛民可煩」，這五種毛病，「覆軍殺將，必以五危，不可不察也」。一個將領絕對不可以有以上五種過分偏執且鮮明的個性，那會要命。太清廉不行，太勇敢不行，太貪生不行，太想死不行，太愛老百姓也不行。領導人性格上的弱點，教訓會不斷。

《淮南子．兵略訓》就提到，真正的管理者，就是要瞭解所有的對手，包括自己的部屬個性鮮明的部分，只要個性鮮明就可以拿來做巧妙的運用，因為人的性格決定命運。其中有一段說：「任天者可迷也，任地者可束也，任時者可迫也，任人者可惑也。夫仁勇信廉，人之美才也，然勇者可誘也，仁者可奪也，信者易欺也，廉者易謀也。將眾者有一見焉，則為人禽矣。」有些人就是什麼都相信老天，相信天時，「任天者可迷也」，這種人好對付。「任地者可束也」，受地的約束，太迷信地形地物。「任時者可迫也」，有時間壓力的，就在時間上縮短一段，他非出錯不可。「任人者可惑也」，只相信某人，利用這一點，讓其迷惑。「夫仁勇信廉，人之美才也」，照講都是美德，可是會致命的；「勇者可誘也，仁者可奪也，信者易欺也，廉潔者易謀也」。像講誠信的人，以為世界上所有人都跟他講誠信，太好對付了。廉潔的人因為一介不取，反而被人算計。一個指揮官要是出現上面的毛病之一，一定被別人擒住，他的美德太明顯，就是弱點太明顯，會葬送他的前程。

精英部隊

《孫子兵法．地形篇》有一個觀念，就是一定要有精英部隊，「兵無選鋒，曰北」，要是沒有特殊的魔鬼兵團，就準備輸。關於「選鋒」，在吳起的時候就稱「練銳」，那是練出來的精銳。他說：「故強國之君，必料其民。民有膽勇氣力者，聚為一卒。樂以進戰效力以顯其忠勇者，聚為一卒。能逾高超遠輕足善走者，聚為一卒。王臣失位而欲見功於上者，聚為一卒。棄城去守，欲除其醜者，聚為一卒。此五者軍之練銳也。有此三千人，內出可以決圍，外入可以屠城矣。」一個強國的君王一定要瞭解老百姓，精神、氣力、習性都得懂，軍隊裡面也是一樣，要有特殊嚴格訓練的特戰部隊，即「軍之練銳」，分為五種，每一種都是精挑細選出來的精英。精英中的精英，「若此之等，選而別之」，不要跟一般的編到一起，要有特殊編制；「愛而貴之」，對他的待遇也不同，「是謂軍命」，整個戰爭的命運幾乎就繫於這些練銳身上，這就是孫子所謂的「選鋒」。

這麼選還有一個好處，就是《尉繚子．戰威第四》所說的「武士不選，則眾不強」，要不是有一個嚴格挑選精英標準，並給他某種榮譽，整體的戰力一定下滑的。因為見賢思齊，這些精英部隊是其他人的英雄，他也希望做到。如果沒有精英做榜樣，群眾力量也是一盤散沙。像萃卦（䷬）就是精英領導群眾，所以有一種經不起考驗的平等觀，就是不鼓舞精英，這是腦筋壞掉的，沒有精英，往上進取的動力從哪裡來？大家都平庸，那有什麼用，一堆都是老鼠，餵貓的。要是培養出一隻袋鼠，貓看到就跑了。「武士不選」，整體的戰力不強，平等有什麼用？

在《孫臏兵法》中，孫臏把祖宗的「選鋒」改了一個名字叫「篡卒」，他說「兵之勝在於篡卒」，篡卒即選卒，特別挑選出來的，就像吳起那時給魏國訓練士兵的時候，特種部隊都是要嚴格考核的，要練到鋒芒畢露，故魏武卒威震天下。沒有這種特殊的訓練，戰力不容易彰顯，沒有帶動的效果。

附錄　《孫子兵法》全文

始計第一

孫子曰：兵者，國之大事，死生之地，存亡之道，不可不察也。故經之以五，校之以計，而索其情：一曰道，二曰天，三曰地，四曰將，五曰法。

道者，令民與上同意也，故可與之死，可與之生，而不詭也。天者，陰陽、寒暑、時制也。地者，高下、遠近、險易、廣狹、死生也。將者，智、信、仁、勇、嚴也。法者，曲制、官道、主用也。凡此五者，將莫不聞，知之者勝，不知者不勝。故校之以計，而索其情，曰：主孰有道？將孰有能？天地孰得？法令孰行？兵眾孰強？士卒孰練？賞罰孰明？吾以此知勝負矣。

將聽吾計，用之必勝，留之；將不聽吾計，用之必敗，去之。計利以聽，乃為之勢，以佐其外。勢者，因利而制權也。兵者，詭道也。故能而示之不能，用而示之不用，近而示之遠，遠而示之近。利而誘之，亂而取之，實而備之，強而避之，怒而撓之，卑而驕之，佚而勞之，親而離之。攻其無備，出其不意。此兵家之勝，不可先傳也。

夫未戰而廟算勝者，得算多也；未戰而廟算不勝者，得算少也。多算勝少算不勝，而況於無算乎？吾以此觀之，勝負見矣。

作戰第二

孫子曰：凡用兵之法，馳車千駟，革車千乘，帶甲十萬，千里饋糧，則內外之費，賓客之用，膠漆之材，車甲之奉，日費千金，然後十萬之師舉矣。其用戰也，勝久則鈍兵挫銳，攻城則力屈，久暴師則國用不足。夫鈍兵挫銳，屈力殫貨，則諸侯乘其弊而起，雖有智者，不能善其後矣。故兵聞拙速，未睹巧之久也。夫兵久而國利者，未之有也。故不盡知用兵之害者，則不能盡知用兵之利也。

善用兵者，役不再籍，糧不三載；取用於國，因糧於敵，故軍食可足也。國之貧於師者遠輸，遠輸則百姓貧；近師者貴賣，貴賣則百姓財竭，財竭則急於丘役。屈力中原，內虛於家。百姓之費，十去其七；公家之費，破車罷馬，甲冑矢弩，戟盾矛櫓，丘牛大車，十去其六。故智將務食於敵，食敵一鍾，當吾二十鍾；萁稈一石，當吾二十石。

故殺敵者，怒也；取敵之利者，貨也。故車戰得車十乘以上，賞其先得者，而更其旌旗。車雜而乘之，卒善而養之，是謂勝敵而益強。

故兵貴勝，不貴久。故知兵之將，生民之司命，國家安危之主也。

謀攻第三

孫子曰：夫用兵之法，全國為上，破國次之；全軍為上，破軍次之；全旅為上，破旅次之；全卒為上，破卒次之；全伍為上，破伍次之。是故百戰百勝，非善者之善者也；不戰而屈人之兵，善之善者也。

故上兵伐謀，其次伐交，其次伐兵，其下攻城。攻城之法，為不得已。修櫓轒轀，具器械，三月而後成；距堙，又三月而後已。將不勝其忿而蟻附之，殺士卒三分之一，而城不拔者，此攻之災也。

故善用兵者，屈人之兵而非戰也，拔人之城而非攻也，毀人之國而非久也，必以全爭於天下，故兵不頓而利可全，此謀攻之法也。

故用兵之法，十則圍之，五則攻之，倍則戰之，敵則能分之，少則能守之，不若則能避之。故小敵之堅，大敵之擒也。

夫將者，國之輔也。輔周則國必強，輔隙則國必弱。故君之所以患於軍者三：不知軍之不可以進而謂之進，不知軍之不可以退而謂之退，是謂縻軍；不知三軍之事而同三軍之政，則軍士惑矣；不知三軍之權而同三軍之任，則軍士疑矣。三軍既惑且疑，則諸侯之難至矣。是謂亂軍引勝。

故知勝有五：知可以戰與不可以戰者勝，識眾寡之用者勝，上下同欲者勝，以虞待不虞者勝，將能而君不御者勝。此五者，知勝之道也。

故曰：知己知彼，百戰不殆；不知彼而知己，一勝一負；不知彼不知己，每戰必敗。

軍形第四

孫子曰：昔之善戰者，先為不可勝，以待敵之可勝。不可勝在己，可勝在敵。故善戰者，能為不可勝，不能使敵必可勝。故曰：勝可知而不可為。

不可勝者，守也；可勝者，攻也。守則有餘，攻則不足。善守者藏於九地之下，善攻者動於九天之上，故能自保而全勝也。

見勝不過眾人之所知，非善之善者也；戰勝而天下曰善，非善之善者也。故舉秋毫不為多力，見日月不為明目，聞雷霆不為聰耳。

古之所謂善戰者，勝於易勝者也。故善戰者之勝也，無智名，無勇功。故其戰勝不忒。不忒者，其所措勝，勝已敗者也。故善戰者，立於不敗之地，而不失敵之敗也。是故勝兵先勝而後求戰，敗兵先戰而後求勝。善用兵者，修道而保法，故能為勝敗之正。

兵法：一曰度，二曰量，三曰數，四曰稱，五曰勝。地生度，度生量，量生數，數生稱，稱生勝。故勝兵若以鎰稱銖，敗兵若以銖稱鎰。稱勝者之戰民也，若決積水於千仞之溪者，形也。

兵勢第五

孫子曰：凡治眾如治寡，分數是也；鬥眾如鬥寡，形名是也；三軍之眾，可使必受敵而無敗者，奇正是也；兵之所加，如以碫投卵者，虛實是也。

凡戰者，以正合，以奇勝。故善出奇者，無窮如天地，不竭如江河。終而復始，日月是也。死而更生，四時是也。聲不過五，五聲之變，不可勝聽也；色不過五，五色之變，不可勝觀也；味不過五，五味之變，不可勝嘗也；戰勢不過奇正，奇正之變，不可勝窮也。奇正相生，如環之無端，孰能窮之哉？

激水之疾，至於漂石者，勢也；鷙鳥之疾，至於毀折者，節也。故善戰者，其勢險，其節短。勢如彍弩，節如發機。

治亂，數也；勇怯，勢也；強弱，形也。紛紛紜紜，鬥亂而不可亂也；渾渾沌沌，形圓而不可敗也。亂生於治，怯生於勇，弱生於強。故善動敵者，形之，敵必從之；予之，敵必取之。以此動之，以卒待之。故善戰者，求之於勢，不責於人，故能擇人而任勢。任勢者，其戰人也如轉木石。木石之性，安則靜，危則動，方則止，圓則行。故善戰人之勢，如轉圓石於千仞之山者，勢也。

虛實第六

孫子曰：凡先處戰地而待敵者佚，後處戰地而趨戰者勞。故善戰者，致人而不致於人。能使敵人自至者，利之也；能使敵人不得至者，害之也。故敵佚能勞之，飽能饑之，安能動之。出其所必趨，趨其所不意。行千里而不勞者，行於無人之地也。

攻而必取者，攻其所不守也；守而必固者，守其所必攻也。故善攻者，敵不知其所守；善守者，敵不知其所攻。微乎微乎，至於無形；神乎神乎，至於無聲，故能為敵之司命。

進而不可禦者，衝其虛也；退而不可追者，速而不可及也。故我欲戰，敵雖高壘深溝，不得不與我戰者，攻其所必救也；我不欲戰，雖畫地而守之，敵不得與我戰者，乖其所之也。

故形人而我無形，則我專而敵分。我專為一，敵分為十，是以十攻其一也，則我眾敵寡。能以眾擊寡者，則吾之所與戰者約矣。吾所與戰之地不可知，不可知則敵所備者多，敵所備者多，則吾所與戰者寡矣。故備前則後寡，備後則前寡，備左則右寡，備右則左寡，無所不備，則無所不寡。寡者，備人者也；眾者，使人備己者也。

故知戰之地，知戰之日，則可千里而會戰；不知戰之地，不知戰日，則左不能救右，右不能救左，前不能救後，後不能救前，而況遠者數十里，近者數里乎！以吾度之，越人之兵雖多，亦奚益於勝哉？故曰：勝可為也。敵雖眾，可使無鬥。

故策之而知得失之計，作之而知動靜之理，形之而知死生之地，角之而知有餘不足之處。故形兵之極，至於無形。無形，則深間不能窺，智者不能謀。因形而措勝於眾，眾不能知。人皆知我所以勝之形，而莫知吾所以制勝之形。故其戰勝不復，而應形於無窮。

夫兵形象水，水之形，避高而趨下；兵之形，避實而擊虛。水因地而制流，兵因敵而制勝。故兵無成勢，無恒形；能因敵變化而取勝者，謂之神。故五行無常勝，四時無常位，日有短長，月有死生。

軍爭第七

孫子曰：凡用兵之法，將受命於君，合軍聚眾，交和而舍，莫難於軍爭。軍爭之難者，以迂為直，以患為利。故迂其途，而誘之以利，後人發，先人至，此知迂直之計者也。

故軍爭為利，軍爭為危。舉軍而爭利則不及；委軍而爭利則輜重捐。是故卷甲而趨，日夜不處，倍道兼行，百里而爭利，則擒三軍將，勁者先，罷者後，其法十一而至；五十里而爭利，則蹶上將軍，其法半至；三十里而爭利則三分之二至。是故軍無輜重則亡，無糧食則亡，無委積則亡。故不知諸侯之謀者，不能豫交；不知山林、險阻、沮澤之形者，不能行軍；不用鄉導者，不能得地利。故兵以詐立，以利動，以分合為變者也。

故其疾如風，其徐如林，侵掠如火，不動如山，難知如陰，動如雷震。掠鄉分眾，廓地分利，懸權而動。先知迂直之計者勝，此軍爭之法也。

《軍政》曰：「言不相聞，故為金鼓；視不相見，故為之旌旗。」夫金鼓旌旗者，所以一民之耳目也。民既專一，則勇者不得獨進，怯者不得獨退，此用眾之法也。故夜戰多金鼓，晝戰多旌旗，所以變人之耳目也。

三軍可奪氣，將軍可奪心。是故朝氣銳，晝氣惰，暮氣歸。善用兵者，避其銳氣，擊其惰歸，此治氣者也；以治待亂，以靜待嘩，此治心者也；以近待遠，以佚待勞，以飽待饑，此治力者也。無邀正正之旗，無擊堂堂之陣，此治變者也。

故用兵之法，高陵勿向，背丘勿逆，佯北勿從，銳卒勿攻，餌兵勿食，歸師勿遏，圍師必闕，窮寇勿迫，此用兵之法也。

九變第八

孫子曰：凡用兵之法，將受命於君，合軍聚眾。圮地無舍，衢地合交，絕地無留，圍地則謀，死地則戰。途有所不由，軍有所不擊，城有所不攻，地有所不爭，君命有所不受。故將通於九變之利者，知用兵矣；將不通於九變之利，雖知地形，不能得地之利矣；治兵不知九變之術，雖知五利，不能得人之用矣。

是故智者之慮，必雜於利害，雜於利而務可信也，雜於害而患可解也。是故屈諸侯者以害，役諸侯者以業，趨諸侯者以利。

故用兵之法，無恃其不來，恃吾有以待之；無恃其不攻，恃吾有所不可攻也。

故將有五危：必死可殺，必生可虜，忿速可侮，廉潔可辱，愛民可煩。凡此五者，將之過也，用兵之災也。覆軍殺將，必以五危，不可不察也。

行軍第九

孫子曰：凡處軍相敵，絕山依谷，視生處高，戰隆無登，此處山之軍也。絕水必遠水，客絕水而來，勿迎之於水內，令半渡而擊之，利；欲戰者，無附於水而迎客；視生處高，無迎水流，此處水上之軍也。絕斥澤，惟亟去無留，若交軍於斥澤之中，必依水草而背眾樹，此處斥澤之軍也。平陸處易而右背高，前死後生，此處平陸之軍也。凡此四軍之利，黃帝之所以勝四帝也。

凡軍好高而惡下，貴陽而賤陰，養生而處實，軍無百疾，是謂必勝。丘陵堤防，必處其陽而右背之，此兵之利，地之助也。上雨，水沫至，欲涉者，待其定也。

凡地有絕（天）澗、天井、天牢、天羅、天陷、天隙，必亟去之，勿近也。吾遠之，敵近之；吾迎之，敵背之。軍旁有險阻、潢井葭葦，山林蘙薈者，必謹覆索之，此伏奸之所處也。

敵近而靜者，恃其險也；遠而挑戰者，欲人之進也；其所居易者，利也；眾樹動者，來也；眾草多障者，疑也；鳥起者，伏也；獸駭者，覆也；塵高而銳者，車來也；卑而廣者，徒來也；散而條達者，樵采也；少而往來者，營軍也；辭卑而益備者，進也；辭強而進驅者，退也；輕車先出居其側者，陳也；無約而請和者，謀也；奔走而陳兵者，期也；半進半退者，誘也。杖而立者，饑也；汲而先飲者，渴也；見利而不進者，勞也。鳥集者，虛也；夜呼者，恐也；軍擾者，將不重也；旌旗動者，亂也；吏怒者，倦也；粟馬肉食，軍無懸缻，不返其舍者，窮寇也；諄諄翕翕，徐與人言者，失眾也；數賞者，窘也；數罰者，困也；先暴而後畏其眾者，不精之至也；來委謝者，欲休息也。兵怒而相迎，久而不合，又不相去，必謹察之。

故兵非貴益多也，惟無武進，足以並力、料敵、取人而已。夫惟無慮而易敵者，必擒於人。

卒未親而罰之則不服，不服則難用也。卒已親附而罰不行，則不可用也。故令之以文，齊之以武，是謂必取。令素行以教其民，則民服；令素不行以教其民，則民不服。令素行者，與眾相得也。

地形第十

孫子曰：凡地形有通者、有挂者、有支者、有隘者、有險者、有遠者。我可以往，彼可以來，曰通；通形者，先居高陽，利糧道，以戰則利。可以往，難以返，曰挂。挂形者，敵無備，出而勝之；敵若有備，出而不勝，難以返，不利。我出而不利，彼出而不利，曰支；支形者，敵雖利我，我無出也；引而去之，令敵半出而擊之，利。隘形者，我先居之，必盈之以待敵；若敵先居之，盈而勿從，不盈而從之。險形者，我先居之，必居高陽以待敵；若敵先居之，引而去之，勿從也。遠形者，勢均難以挑戰，戰而不利。凡此六者，地之道也，將之至任，不可不察也。

故兵有走者、有弛者、有陷者、有崩者、有亂者、有北者。凡此六者，非天之災，將之過也。夫勢均，以一擊十，曰走；卒強吏弱，曰弛；吏強卒弱，曰陷；大吏怒而不服，遇敵懟而自戰，將不知其能，曰崩；將弱不嚴，教道不明，吏卒無常，陳兵縱橫，曰亂；將不能料敵，以少合眾，以弱擊強，兵無選鋒，曰北。凡此六者，敗之道也，將之至任，不可不察也。

夫地形者，兵之助也。料敵制勝，計險隘遠近，上將之道也。知此而用戰者必勝，不知此而用戰者必敗。故戰道必勝，主曰無戰，必戰可也；戰道不勝，主曰必戰，無戰可也。故進不求名，退不避罪，唯民是保，而利合於主，國之寶也。

視卒如嬰兒，故可以與之赴深溪；視卒如愛子，故可與之俱死。厚而不能使，愛而不能令，亂而不能治，譬若驕子，不可用也。

知吾卒之可以擊，而不知敵之不可擊，勝之半也；知敵之可擊，而不知吾卒之不可以擊，勝之半也；知敵之可擊，知吾卒之可以擊，而不知地形之不可以戰，勝之半也。故知兵者，動而不迷，舉而不窮。故曰：知彼知己，勝乃不殆；知天知地，勝乃可全。

九地第十一

孫子曰：凡用兵之法，有散地，有輕地，有爭地，有交地，有衢地，有重地，有圮地，有圍地，有死地。諸侯自戰其地者，為散地；入人之地不深者，為輕地；我得亦利，彼得亦利者，為爭地；我可以往，彼可以來者，為交地；諸侯之地三屬，先至而得天下眾者，為衢地；入人之地深，背城邑多者，為重地；山林、險阻、沮澤，凡難行之道者，為圮地；所由入者隘，所從歸者迂，彼寡可以擊吾之眾者，為圍地；疾戰則存，不疾戰則亡者，為死地。是故散地則無戰，輕地則無止，爭地則無攻，交地則無絕，衢地則合交，重地則掠，圮地則行，圍地則謀，死地則戰。

古之善用兵者，能使敵人前後不相及，眾寡不相恃，貴賤不相救，上下不相收，卒離而不集，兵合而不齊。合於利而動，不合於利而止。敢問敵眾而整將來，待之若何？曰：先奪其所愛則聽矣。兵之情主速，乘人之不及，由不虞之道，攻其所不戒也。

凡為客之道，深入則專，主人不克。掠於饒野，三軍足食。謹養而勿勞，並氣積力，運兵計謀，為不可測。投之無所往，死且不北。死焉不得，士人盡力。兵士甚陷則不懼，無所往則固，深入則拘，不得已則鬥。是故其兵不修而戒，不求而得，不約而親，不令而信。禁祥去疑，至死無所之。吾士無餘財，非惡貨也；無餘命，非惡壽也。令發之日，士卒坐者涕沾襟，偃臥者涕交頤。投之無所往，諸、劌之勇也。

故善用兵者，譬如率然。率然者，常山之蛇也。擊其首則尾至，擊其尾則首至，擊其中則首尾俱至。敢問兵可使如率然乎？曰：可。夫吳人與越人相惡也，當其同舟而濟而遇風，其相救也如左右手。是故方馬埋輪，未足恃也；齊勇如一，政之道也；剛柔皆得，地之理也。故善用兵者，攜手若使一人，不得已也。

將軍之事，靜以幽，正以治。能愚士卒之耳目，使之無知；易其事，命其謀，使民無識；易其居，迂其途，使民不得慮。帥與之期，如登高而去其梯；帥與之深入諸侯之地，而發其機。若驅群羊。驅而往，驅而來，莫知所之。聚三軍之眾，投之於險，此謂將軍之事也。九地之變，屈伸之利，人情之理，不可不察也。

凡為客之道，深則專，淺則散。去國越境而師者，絕地也；四徹者，衢地也；入深者，重地也；入淺者，輕地也；背固前隘者，圍地也；無所往者，死地也。是故散地吾將一其志，輕地吾將使之屬，爭地吾將趨其後，交地吾將謹其守，衢地吾將固其結，重地吾將繼其食，圮地吾將進其途，圍地吾將塞其闕，死地吾將示之以不活。故兵之情：圍則禦，不得已則鬥，過則從。

是故不知諸侯之謀者，不能預交；不知山林、險阻、沮澤之形者，不能行軍；不用鄉導者，不能得地利。四五者，一不知，非霸王之兵也。夫霸王之兵，伐大國，則其眾不得聚；威加於敵，則其交不得合。是故不爭天下之交，不養天下之權，信己之私，威加於敵，則其城可拔，其國可隳。施無法之賞，懸無政之令。犯三軍之眾，若使一人。犯之以事，勿告以言；犯之以害，勿告以利。投之亡地然後存，陷之死地然後生。夫眾陷於害，然後能為勝敗。故為兵之事，在順詳敵之意，並敵一向，千里殺將，是謂巧能成事。

是故政舉之日，夷關折符，無通其使；厲於廊廟之上，以誅其事。敵人開闔，必亟入之，先其所愛，微與之期，踐墨隨敵，以決戰事。是故始如處女，敵人開戶；後如脫兔，敵不及拒。

火攻第十二

孫子曰：凡火攻有五：一曰火人，二曰火積，三曰火輜，四曰火庫，五曰火隊。行火必有因，因必素具。發火有時，起火有日。時者，天之燥也。日者，月在箕、壁、翼、軫也。凡此四宿者，風起之日也。

凡火攻，必因五火之變而應之：火發於內，則早應之於外；火發而其兵靜者，待而勿攻，極其火央，可從而從之，不可從則止；火可發於外，無待於內，以時發之；火發上風，無攻下風；晝風久，夜風止。凡軍必知五火之變，以數守之。故以火佐攻者明，以水佐攻者強。水可以絕，不可以奪。

夫戰勝攻取而不修其功者，凶，命曰「費留」。故曰：明主慮之，良將修之，非利不動，非得不用，非危不戰。主不可以怒而興師，將不可以慍而致戰。合於利而動，不合於利而止。怒可以復喜，慍可以復悅，亡國不可以復存，死者不可以復生。故明主慎之，良將警之，此安國全軍之道也。

用間第十三

孫子曰：凡興師十萬，出征千里，百姓之費，公家之奉，日費千金，內外騷動，怠於道路，不得操事者，七十萬家。相守數年，以爭一日之勝，而愛爵祿百金，不知敵之情者，不仁之至也，非民之將也，非主之佐也，非勝之主也。故明君賢將所以動而勝人，成功出於眾者，先知也。先知者，不可取於鬼神，不可象於事，不可驗於度，必取於人，知敵之情者也。

故用間有五：有鄉間，有內間，有反間，有死間，有生間。五間俱起，莫知其道，是謂神紀，人君之寶也。鄉間者，因其鄉人而用之；內間者，因其官人而用之；反間者，因其敵間而用之；死間者，為誑事於外，令吾間知之，而傳於敵間也；生間者，反報也。

故三軍之事，莫親於間，賞莫厚於間，事莫密於間，非聖智不能用間，非仁義不能使間，非微妙不能得間之實。微哉！微哉！無所不用間也。間事未發而先聞者，間與所告者皆死。

凡軍之所欲擊，城之所欲攻，人之所欲殺，必先知其守將、左右、謁者、門者、舍人之姓名，令吾間必索知之。必索敵人之間來間我者，因而利之，導而舍之，故反間可得而用也；因是而知之，故鄉間、內間可得而使也；因是而知之，故死間為誑事，可使告敵；因是而知之，故生間可使如期。五間之事，主必知之，知之必在於反間，故反間不可不厚也。

昔殷之興也，伊摯在夏；周之興也，呂牙在殷。故明君賢將，能以上智為間者，必成大功。此兵之要，三軍之所恃而動也。

從易經看孫子兵法：劉君祖以《易》演兵 / 劉君祖著 . -- 初版 . -- 臺北市 : 大塊文化 , 2018.10
面；　　公分 . --（劉君祖易經世界 ；16）

ISBN　978-986-213-920-2（平裝）

1. 易經　2. 孫子兵法　3. 研究

121.17　　107015455

劉君祖易經世界16

從易經看孫子兵法

——劉君祖以《易》演兵

作　　者：劉君祖
責任編輯：李濰美
封面設計：張士勇
校　　對：趙曼如、鄧美玲、劉君祖
法律顧問：董安丹律師、顧慕堯律師
出　　版：大塊文化出版股份有限公司
地　　址：台北市 105022 南京東路四段二十五號十一樓
網　　址：www.locuspublishing.com
讀者服務專線：0800-006689
電　　話：(02) 87123898　傳眞：(02) 87123897
郵撥帳號：18955675　戶名：大塊文化出版股份有限公司
總 經 銷：大和書報圖書股份有限公司
地　　址：新北市 24890 新莊區五工五路二號
電　　話：(02) 89902588（代表號）　傳眞：(02) 22901658
初版一刷：二〇一八年十月
初版七刷：二〇二三年四月
定　　價：新台幣四〇〇元
Printed in Taiwan
版權所有　翻印必究